高等院校财经专业精品教材

PRINCIPLES OF ECONOMICS

经济学原理

（第四版）

孙亚锋 主编　何宏伟 副主编

东北财经大学出版社
Dongbei University of Finance & Economics Press
大连

图书在版编目（CIP）数据

经济学原理 / 孙亚锋主编．—4版．—大连：东北财经大学出版社，2015.12（2018.1重印）
（高等院校财经专业精品教材）
ISBN 978-7-5654-1734-4

Ⅰ．经… Ⅱ．孙… Ⅲ．经济学-高等学校-教材 Ⅳ．F0

中国版本图书馆CIP数据核字（2014）第269890号

东北财经大学出版社出版
(大连市黑石礁尖山街217号 邮政编码 116025)
教学支持：（0411）84710309
营 销 部：（0411）84710711
总 编 室：（0411）84710523
网 址：http：//www.dufep.cn
读者信箱：dufep@dufe.edu.cn

大连永盛印业有限公司印刷 东北财经大学出版社发行

幅面尺寸：170mm×240mm 字数：333千字 印张：16.25

2015年12月第4版 2018年1月第16次印刷

责任编辑：时 博 责任校对：贺 鑫
封面设计：潘 凯 版式设计：钟福建

定价：29.00元

第四版前言

自亚当·斯密以来，经过一代又一代学者的不懈努力，经济学形成了自成一体的完整理论体系，该体系对市场经济的运行方式、运行结果以及所产生的各种问题进行了比较详尽的理论分析，在一定程度上揭示了市场经济现象的内在本质。

进入21世纪，中国在世界经济舞台上呈现出勃勃生机，也开始遇到前所未有的困难。在市场经济不断完善的道路上，中国经济的发展为经济学在中国的进一步传播发展提供了舞台。理解各国市场机制运行的共性，认识其基本规律并根据中国的国情加以借鉴，对中国未来的经济发展具有十分重要的意义。

就个人而言，学好经济学，至少会有这样几个好处:一是可以更好地了解我们所处的世界。经济学有能力帮助我们了解发生在我们周围的各种经济现象、经济政策乃至人间万象，因为它们在很大程度上都产生于行为主体在稀缺条件下的选择。二是可以打造在经济学科和管理学科进一步深造的理论根基，为将来从事的职业做好准备。三是有助于增加个人财富。经济学家未必有钱，但通过个人奋斗而致富者多半是对经济学原理深有领悟的人。四是提升个人每单位收入和财富的质量。经济学中关于选择和效用的研究，为人们对快乐和满足的认同提供了又一种思路，所以，经济学又被称为研究快乐的学问。

目前，传入中国的各种经济学教科书不胜枚举，本书试图以重点突出、深入浅出、简明扼要为特点，打造适合中国读者思维方式和理解习惯的、具有中国特色的经济学教科书。在追求简洁明快的同时，本书力求内容体系完整。微观经济学部分在基本经济理论的基础上，介绍了微观经济政策存在的必要性及政府作用的局限性。宏观经济学部分，从凯恩斯的理论出发展开分析，对国民收入决定的各相关因素及经济增长、经济周期等长期问题进行介绍，并分析了宏观经济政策在经济中的作用。另外，本书附加了"综合训练"、"标准试题"，启发读者加深对所学知识的运用和理解。

本书由孙亚锋、何宏伟和刘倩倩共同编写。

由于水平有限，书中难免有不当之处，恳请读者批评、指正。

编　者

2015年10月

录

第一章　经济与经济学 …… 1
　第一节　稀缺和选择 …… 1
　第二节　经济体制 …… 4
　第三节　市场经济的三个基本概念 …… 6
　第四节　经济学的研究对象 …… 8
　第五节　经济学的研究方法 …… 9
　关键概念 …… 12
　综合训练一 …… 12
第二章　供给与需求 …… 13
　第一节　需求 …… 13
　第二节　供给 …… 16
　第三节　均衡价格 …… 18
　第四节　价格机制与价格控制 …… 20
　第五节　供求弹性 …… 21
　关键概念 …… 28
　综合训练二 …… 28
第三章　消费者行为 …… 30
　第一节　效用 …… 30
　第二节　消费者如何进行选择 …… 33
　第三节　替代效应和收入效应 …… 39
　第四节　从个人需求到市场需求 …… 39
　关键概念 …… 41

综合训练三 …… 41
第四章 生产者行为 …… 43
第一节 生产理论 …… 43
第二节 成本理论 …… 51
关键概念 …… 57
综合训练四 …… 57
第五章 完全竞争市场 …… 59
第一节 完全竞争市场的特征 …… 59
第二节 企业的短期均衡 …… 62
第三节 企业的长期均衡 …… 65
关键概念 …… 69
综合训练五 …… 69
第六章 完全垄断市场 …… 71
第一节 不完全竞争市场 …… 71
第二节 完全垄断的市场条件 …… 71
第三节 垄断者的利润最大化 …… 74
第四节 价格歧视 …… 76
第五节 垄断的福利代价 …… 79
关键概念 …… 81
综合训练六 …… 81
第七章 寡头和垄断竞争市场 …… 84
第一节 寡头垄断市场 …… 84
第二节 垄断竞争市场 …… 90
第三节 博弈论与竞争策略 …… 94
关键概念 …… 98
综合训练七 …… 98
第八章 要素价格与收入分配 …… 100
第一节 生产要素的价格决定 …… 100
第二节 收入的社会分配 …… 109
第三节 收入再分配 …… 113
关键概念 …… 115
综合训练八 …… 115
第九章 政府和资源配置 …… 117
第一节 完全竞争与经济效率 …… 117
第二节 市场失灵与政府 …… 119
第三节 市场失灵与政府失灵 …… 126
关键概念 …… 127

综合训练九 …… 127

第十章 宏观经济学导论及国民收入核算 …… 129

第一节 宏观经济学导论 …… 129

第二节 国民收入核算体系 …… 130

第三节 对现行SNA核算体系的进一步解释 …… 138

关键概念 …… 140

综合训练十 …… 140

第十一章 总支出与国民收入决定 …… 142

第一节 总支出的构成 …… 142

第二节 均衡国民收入的决定 …… 152

第三节 乘数原理 …… 155

关键概念 …… 156

综合训练十一 …… 157

第十二章 产品市场和货币市场的均衡 …… 158

第一节 货币概述 …… 158

第二节 货币供给 …… 161

第三节 货币需求 …… 163

第四节 货币市场均衡及LM曲线 …… 165

第五节 产品市场均衡及IS曲线 …… 167

第六节 IS-LM模型分析 …… 169

关键概念 …… 170

综合训练十二 …… 171

第十三章 总供给和总需求 …… 172

第一节 总供给曲线 …… 172

第二节 总需求曲线 …… 174

第三节 宏观经济均衡 …… 175

第四节 总需求-总供给模型的应用 …… 179

关键概念 …… 179

综合训练十三 …… 180

第十四章 经济增长与经济周期 …… 181

第一节 经济增长 …… 181

第二节 经济周期 …… 187

关键概念 …… 191

综合训练十四 …… 191

第十五章 失业理论 …… 192

第一节 失业的衡量及失业的影响 …… 192

第二节 失业的类型及成因 …… 194

第三节 自然失业率 …… 198
关键概念 …… 201
综合训练十五 …… 201
第十六章 通货膨胀理论 …… 202
第一节 什么是通货膨胀 …… 202
第二节 通货膨胀的原因 …… 204
第三节 通货膨胀的经济影响 …… 207
第四节 菲利普斯曲线 …… 210
第五节 通货膨胀的治理 …… 213
关键概念 …… 214
综合训练十六 …… 214
第十七章 宏观经济政策 …… 216
第一节 宏观经济政策概述 …… 216
第二节 财政政策 …… 219
第三节 货币政策 …… 224
第四节 财政政策和货币政策的配合 …… 228
关键概念 …… 228
综合训练十七 …… 228
各章练习题参考答案 …… 230
附录 …… 238
经济学原理标准试题（一） …… 238
经济学原理标准试题（二） …… 242
经济学原理标准试题（一）参考答案 …… 246
经济学原理标准试题（二）参考答案 …… 248
主要参考文献 …… 251

第一章　经济与经济学

第一节　稀缺和选择

作为我们使用频率极高的一个词——“经济”，其含义有许多。其中，最常用的解释有两个：其一是中性词，广义地指人类社会生产、消费等活动及组织这些活动的制度。其二是褒义词，指节省和效率，即以较少的人力、物力、时间获得较大的成果。这两个含义其实包含着一种内在的联系。因为任何经济活动，从个人消费、企业生产到整个国民经济，都必须考虑节省和效率问题。英文“economy”一词源于希腊文，原意指家计管理，特别是指家庭收支方面的管理。而这所谓家计管理的核心问题是节俭。可见，无论中外，对经济的理解是完全一致的。之所以如此，是因为在人类发展的漫长历史中，始终存在着一个无法回避的问题——无法按照满足每个人的欲望的方式来分配资源。任何社会和个人总是无法得到自己想要的一切东西。人们时时刻刻面临着所谓的稀缺性（scarcity）——稀少和缺乏的状况。

这种稀缺产生于人们的欲望。如果没有人们的欲望，自然界的物质无所谓多与少，只是一种客观的存在而已。就像《菜根谭》中所言，“空谷幽兰，不以人不知而不香。”由于有了人们的感知，所以有了所谓的香气。由于有了人们的欲望，所以有了所谓的稀缺。因为人们消费商品的欲望及由这些欲望所引起的对物品和劳务的需要是多种多样、多种层次和永无止境的，这使得对于人们的欲望而言，物品和劳务总是不足的。

经济学家把满足人们欲望的物品分为两类，即自由物品（free goods）和经济物品（economic goods）。前者是指在大自然中大量存在，需要者在通常情况下可以自由取用而无需付费的物品，如空气、阳光等。而后者则是指就总需求量而言，总是稀缺的那些物品。为获得这些物品，需要者通常必须支付一个正的价格。环顾周围，我们发现，任何社会物品的绝大部分都是经济物品。对于这一部分物品而言，人们需要的数量总是远远大于社会所能提供的数量。物品是有限的，而人们的欲望却是无限的。为获得物品的消费，人们必须付出一定的代价。

正是由于这种稀缺性的存在，便产生了如何利用现有的资源去生产经济物品来更有效地满足人们欲望的所谓的选择问题。这种资源的选择使得任何一个社会必须解决三个基本问题：第一，生产什么?一个社会必须决定，在诸多可能的物品和劳务当中，每一种应该生产多少以及何时生产。第二，如何生产?一个社会必须决定由谁来生产，使用何种资源、运用何种技术。第三，为谁生产?即解决社会生产的成果由谁来享受的问题。它涉及社会产品如何在不同的居民之间进行合理分配。这三个问题的解决，是人类社会面临稀缺性所不得不解决的共有的基本问题，经济学正是为了解决这一问题而产生的。

可见，经济学是研究社会如何进行选择，以利用具有多种用途的、稀缺的生产资源在现在或将来生产各种商品，并将它们在不同的人群中进行分配的科学。所以，人们常说，经济学是一门研究使人们幸福的学问。由于它解决的是所有人都面临的问题，所以，还有一些经济学家称经济学是社会科学的“皇后”。

一、机会成本

由于资源的有限性，任何社会都无法生产出人们所想要生产的一切物品。为了得到某一物品，人们必须投入资源。人们面临投入的资源和生产出产品的选择。比如，一个国家必须要生产军用产品和民用产品，那么，有限的资源用来生产什么呢?这就存在一个选择的问题。由于稀缺性的存在，我们在选择的时候必须付出代价，即在选择某一物品的时候必须放弃对另一物品的获得。如果国家把有限的资源用来生产武器，那么，居民生活需要的产品必然减少。所以，生产武器的代价是消费者福利的减少。但如果减少对武器的生产，虽然民用产品的产量可以增加，但这是以武器的减少可能会增加对国家安全的威胁为代价的。可见，选择的实质是把既定目标和达到这一目标所需的代价联系起来权衡比较。

我们实际上时时刻刻面临着选择。从个人来看，人们必须做出各种决策，大到是否读大学，是否选择一个高收入但风险比较大的职业，小到是否去看电影，是否买一件衣服还是省下去买书或是储蓄。我们在做出这些选择的时候，实际上就是在权衡目标与代价。因为无论选择什么我们都是要付出代价的。如果选择读大学，实际上我们放弃了在同样的时间里闯荡世界、增长社会才干及获得收入的机会。而一个人如果选择了看电影的话，其代价除了要付出货币之外，在这段时间里，他将放弃再干其他任何事情。企业在选择时也必须付出代价，一笔资金，如果企业用于投资某个项目的话，那么，它就失去了投资其他项目或把这笔钱存入银行获得利息的机会。这种由于选择而不得不付出的代价被称为机会成本（opportunity cost）。如上述例子，多生产民用产品的机会成本是武器生产量的下降和因此可能引起的社会不安定因素的增加。上大学的最大的成本是时间，因为无法在这段时间工作。机会成本是经济学中的一个极其重要的概念。它是指为了得到某种东西所必须放弃的东西。机会成本这一概念可以帮助我们在确定资源的利用时做出判断：这种选择是否值得。所以学习西方经济学，我们首先应该树立的一个概念就是：某种东西的成本是为了得到它而放弃的东西。

二、生产可能性边界

对一个国家资源利用的选择和机会成本问题，可以通过生产可能性边界曲线来说明。举例来说，假设一个国家的全部资源用来生产军用产品和民用产品两大类产品（如图1-1所示）。全部资源用来生产民用产品的话，能生产7万个单位；全部资源用来生产军用产品的话，能生产5万个单位。在7万个单位的民用产品和5万个单位的军用产品之间，有无数个可能的两种产品的生产组合，如图中的A、B、

C等点。把所有这样的点连接起来，就形成了图中的下凹的曲线，由于这条曲线上的任何一点表明了在现有资源条件下和现有技术水平条件下，全社会能够达到的两种产品最大产出组合，所以，这样的曲线被人们称为生产可能性曲线（production possibilities curve）。生产可能性曲线揭示了一个社会生产全部产品的边界。

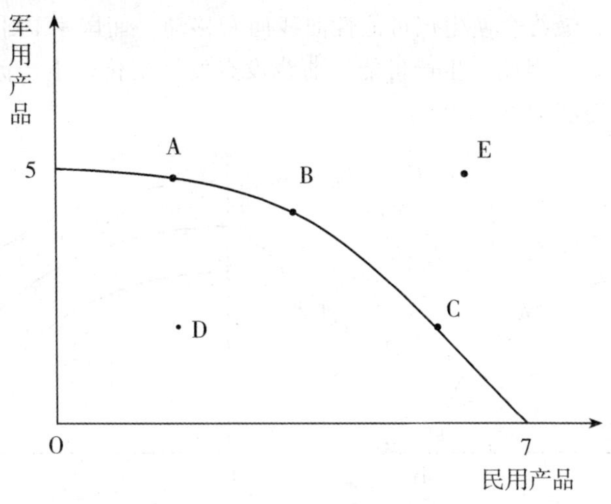

图1-1 社会生产可能性曲线

生产可能性曲线可以帮助我们理解前面介绍的一些概念。第一，关于稀缺。这条曲线把所有的两类产品组合划分为三个区间。曲线上的点、曲线以内的点和曲线以外的点。曲线以内的点，如D点，表示生产效率的低下或资源利用的不充分，如机器设备的闲置和失业的存在，这是一种资源浪费时的情况。曲线以外的点说明了稀缺的存在。由于资源的有限性，在现有的条件下，即使以最有效率的方法，也无法生产出这些产品的组合，以满足人们的欲望，如E点。第二，关于选择。既然在现有条件下，能够生产出的产品组合有无数种，图1-1中，A点表示生产了很多的军用产品而生产了很少的民用产品，而C点则相反，军用产品生产了很少，民用产品生产了很多。那么，如何在这些组合间进行选择就变得非常重要，因为不同的产品组合将带来不同的福利水平。第三，关于机会成本。在A、B、C等各点选择的时候，我们必须考虑做出一个选择需要放弃多少其他的东西。比如从A点到B点的变化，民用产品的增加是以军用产品的减少为代价的。

需要说明的是，对于一个社会而言，生产可能性曲线不是一成不变的，它随着社会的进步和技术水平的变化而变化。生产可能性曲线是我们在假设全部资源被有效率地充分利用时的产品组合，如果这些条件变化，如新资源的发现、技术水平的突破等导致效率水平提高的因素，都会使曲线位置向右移动。同样地，我们也可以考虑在现有条件下，在资本投资（为了将来而放弃现在的消费）和现在消费之间的资源分配情况及对未来的生产可能性曲线的影响。

图1-2说明了这种变化对生产可能性曲线的影响。假设三个国家的初始情况是

相同的，具有相同的生产可能性曲线。但三个国家做了不同的选择。它们在投资和消费之间的选择组合分别为C_1、C_2、C_3，即国家1除了更换机器之外，没有进行扩大生产规模的投资；国家2则适度地压制了目前的消费，进行了一定量的投资；国家3则为了将来的消费而大幅度减少了目前的消费。在一定时期的经济发展之后，各国的经济状况会呈现出不同的特色。投资较多的国家由于生产技术积累雄厚，导致效率的提高，最终会使生产可能性曲线向右移动。而国家1则由于没有进行扩大生产规模的投资，因此，生产可能性曲线没有发生变化，生产保持在原有的状态，将来不会实现经济增长。

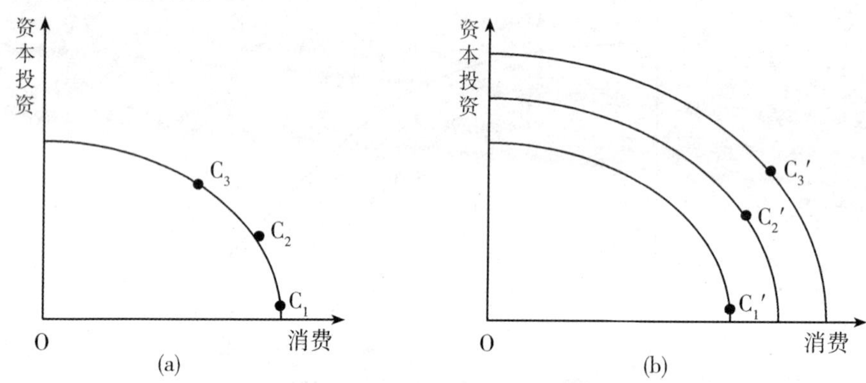

图1-2　资本投资和现在消费的生产可能性曲线

一般地，导致经济能力增长的原因主要有两个：第一，生产资源供给的增加。如新资源的发现、人口增加导致的劳动力的增加，以及储蓄、投资的增加导致的厂房、机器和其他资本物品存量的增加。第二，技术的改进。它可以使我们从同一数量的资源中，获得更多的产品，即从一定的资源投入中，获得产量的增加。

可见，社会在军用产品和民用产品、公共用品和私人用品及现在消费和未来消费之间的选择，都会对经济产生影响，使社会的产出组合发生变化甚至使生产可能性曲线的位置发生变化导致经济增长。因此，实现资源的合理配置，解决生产什么、如何生产和为谁生产的问题，在任何一个社会中都是极其重要的事情。只不过，经济体制的不同，决定了对这一问题的解决方式的不同。

第二节　经济体制

对于生产什么、如何生产、为谁生产等问题的解决，是任何社会都必须面临的问题。根据解决方式的不同，经济体制（economic system）可分为四种类型，即自给自足经济、计划经济、市场经济和混合经济。它们分别以不同的方式实现资源的配置和资源的利用。

一、自给自足经济

自给自足经济（self-sufficiency economy）的基本特征，是每个家庭生产它们所需要的每件产品并消费这些产品。它们不需要与其他经济主体交易，也不需要货币。所以这种经济体制不会出现生产和需求之间的严重冲突。

在此种经济中，资源的配置和利用由家庭的直接消费所决定。由于整个经济由各自封闭的、孤立的经济主体构成，所以经济效率一般比较低下。

二、计划经济

计划经济（command economy）的基本特征，是生产资料归政府所有、政府制定几乎所有有关生产和分配的重大决策。企业归政府所有，并按政府的指令进行生产。政府制定大部分的经济政策，处于统治集团的最高层的部门以层层下达的形式传达它们的指令。资源的配置即生产什么、如何生产和为谁生产的问题，基本上是由政府决定的。

政府一般在三个层次上计划配置资源：第一层次是国家在当前消费和面向未来消费的投资之间计划配置资源。第二层次是在微观层次上，国家计划每一行业和企业的产出、所要使用的技术以及每一行业和企业所需要的劳动和其他资源。第三层次是国家在消费者之间计划分配产出。

政府可以站在全局的角度根据特定的目标引导一国的资源，但实践证明，由于政府无法获得关于生产的足够信息、很难设计出适当的激励措施等原因，这种体制无法很好地解决资源配置的问题。很多实施这一经济体制的社会主义国家在20世纪80年代纷纷进行了经济体制改革。

三、市场经济

市场经济（market economy）是一种主要由个人和私人企业解决生产和消费的经济制度。在市场经济中，经济决策是高度分散的。劳动者可以自由地选择他的职业，家庭可以用自己的收入决定购买所需要的产品，企业则各自决定生产什么、如何生产等问题。这时，资源配置问题的解决是由市场来决定的，是由自由竞争市场中的价格机制来解决的。价格作为一种信号，支配调节着人们的行为。

市场经济的优点是具有自发调节的功能，不需要付出代价和复杂的官僚主义机构来协调经济政策。经济可以对正在变化的需求和供给条件做出迅速的反应。

四、混合经济

现实生活中，纯粹的计划经济和纯粹的市场经济都是很少见的。正如纯粹的计划经济存在问题一样，纯粹的市场经济也会存在一些问题。比如竞争的有限性、权利和财产分配的不公平，以及产品市场无法提供人们需要的一切产品等。经济学家用混合经济（mixed economy）这一概念，来说明现实经济中广泛存在的一种经济体制。这里的所谓混合，是指在经济的运行过程中，一方面，市场机制自发地调节着人们的经济行为，即人们常说的看不见的手对经济发挥作用；另一方面，政府也在对一些经济活动进行有意识的干预，即看得见的手也在发挥作用。

这种由市场机制和政府调控相结合的经济便是一种混合经济。我们经常说的资本主义市场经济，实质上就是一种混合经济。萨缪尔森曾经这样描述了美国的经济特征：今天，美国的大多数决策都是在市场中进行的。但是，政府在监督市场运行方面扮演着重要的角色：政府制定法律来监管经济生活，提供教育和治安服务，并管制污染。

需要说明的是，本书中所涉及的经济问题，是以市场经济为核心展开研究的。

第三节　市场经济的三个基本概念

一、市场

“假如另一个星球上的生物能够俯瞰地球上发达的现代经济，他们可能会把人类的活动比做一个巨大的蚂蚁王国。这些奇怪的人蚁似乎各有分工，有的负责警卫，有的喂养幼子，有的收集食物，有的分配食物。有些人蚁还花费大量的时间摆弄纸张，在书上做笔记，或者在电脑旁敲打键盘。另一些人蚁在工厂工作，拧螺丝、开机器等等。还有一些把物品从一处搬到另一处。”这是经济学家斯蒂格里茨对我们这个星球上人类活动的一个描述。这么多人在干这么多事情，难怪他认为外星人一定会问：所有这些活动是如何协调起来的?谁决定哪些人做什么?其实我们自己也经常感叹我们的经济，一般地，我们可以随时随地地买到我们需要的产品，它是从哪儿来的呢?要解释这个问题，有两个词的含义必须清楚，那就是市场和价格。

市场（market）是买者和卖者相互作用并共同决定商品或劳务的价格和交易数量的机制。市场是市场经济的心脏。它原来的含义是买者和卖者在一定时间集中交易的场所，但现在的含义要广泛得多，一切按照公开价格交易的领域都可以叫做市场。市场可能是集中的，如股票市场、百货商场，也可能是分散的，如房地产市场、劳动力市场。市场可能是有实在的空间场所，也可能是无形的，如日益发展起来的网上交易等。市场的核心是买者和卖者之间的关系的存在。在市场经济中，没有一个单独的个人或组织负责生产、消费、分配和定价问题。

它通过供求关系来确定商品或劳务的价格。市场经济是一部复杂而精良的机器，它通过价格和市场体系对个人或企业的各种经济活动进行协调。它也是一个传送信息的机器，能将成千上万的各个不相同的个人的知识和活动汇集在一起。在没有集中的智慧或计算的情况下，它解决了一个连当今最快的超级计算机也无能为力的设计。

二、价格

上述运转实际上是通过价格来实现的。所谓价格（price），是供求双方愿意交换的各自拥有物品的数量对比关系。比如一个苹果的交易，如果双方以5元钱成交，那么，一个苹果的价格就是5元。价格是市场经济的核心，亚当·斯密的思想在今日仍然广泛被人们接受。他认为，在买者和卖者之间的自愿交易中，也就是说，在自由市场上，出现的价格能够协调千百万人的活动，人们各自谋求自身的利益，却能使每一个人都得益。这种市场通过价格对经济的自发调节，被形象地称为看不见的手的作用。

对于价格在经济运行中的作用，美国经济学家米尔顿·弗里德曼在其著作《自由选择》中进行了清晰的归纳。他认为，价格在组织经济活动方面起到三个作用：

第一，传递情报；第二，提供一种刺激，促使人们采用最节省成本的生产方法，把可得到的资源用于最有价值的目的；第三，决定谁可以得到多少产品——收入的分配。

由于价格的作用，产品供求状况的变化得到反映，并且价格的变动作为一种刺激，调节着人们的需求和供给行为，最终实现社会资源的合理配置。比如消费者购买电脑的需求增加，在全社会经济的运转过程中，这一信息是如何传递给生产者的呢?这种传递是通过价格进行的。因为电脑需求增加，会导致电脑的价格上升。这一上升的价格，向生产者传递供给不足的信号，刺激生产者增加生产。

综上所述，市场的生产是为了解决生产什么、如何生产和为谁生产这三个基本问题，从而解决资源稀缺和资源配置的问题。

三、专业化分工

在经济生活中，人们的生产都有不同的特征。可能是生产所有自己需要的产品，也可能是集中精力生产一种或几种产品，然后用自己生产的产品去和别人交换自己所需要的产品。这种只集中生产一种或几种产品的方式就是专业化的生产方式。在专业化的生产方式下，每个人没有必要生产自己需要的衣食住行的全部产品，他们专门生产自己所具有特长的产品，而这些产品往往不是他们自己需要而是为别人生产的。这样，全社会出现了分工，即所有的生产被划分为许多细小的专业化步骤或任务，而每一个步骤或任务由最适合的人来承担。比如，让心灵手巧的人做鞋，让身强力壮的人打铁，让精于算计的人经商，让善辩的人去当律师等。在一个专业化的社会，每个人只生产了消费品中极小的一部分，但是，通过这种专业化分工劳动的付出，人们得到的报酬可以购买所有他所需要的产品。

生产者生产一种产品所需的投入量较少，就可以说，该生产者在生产这种物品时具有绝对优势。但现实会出现这样的问题，就是有一些人，他们既心灵手巧又身强力壮，甚至可能同时还精于算计和善辩，这时我们说他们具有绝对优势。但这并不说明那些不具有绝对优势的人就不参加社会分工。

谈到分工，还有一个更基本的决定因素，就是生产者的比较优势。比较优势是根据机会成本比较一种物品的生产者。可以说，生产一种物品机会成本比较少的生产者在生产这种物品时具有比较优势。比如，世界上打字最快的人同时是一个优秀的篮球运动员，他需要打一份材料，他自己打字仅需要30分钟就能完成，而他可以雇一个打字员替他来打，打完这份材料需要两个小时。这时该如何选择呢?绝对优势角度的分析不能解决这个问题，因为他在各方面均具有绝对优势。我们可以通过机会成本的概念来分析。对于30分钟来说，假设运动员可以有许多选择，最好的选择是拍广告，可以获得的收入是5 000元，这也是运动员打字的机会成本。而雇来的打字员这两个小时能够找到的工作的收入是50元，也就是说，打字员打两个小时字的机会成本是50元。很显然，分工应该这样进行，运动员去拍广告，而让打字员来替他打字。因为就打字而言，打字员具有比较优势，他的机会成本要低。所以，从理论上说，两者只要以在50元~5 000元之间的任何一个价格进行交易，对双方都是有利的。

比较优势和机会成本的差异，使得交易出现，而且交易会使双方获得好处。每个人专门生产自己有比较优势的产品时，经济的总量就增加了。所以，交易可以使社会上的每一个人受益，因为它使人们可以专门从事他们具有比较优势的活动。

第四节　经济学的研究对象

现实中存在各种各样不同的经济问题。一些是和个体的选择相关的。如一个消费者在现有的收入和市场条件下，通过消费选择获得满足程度的最大化。一个企业，在现有条件下，通过选择使得利润最大化。而另外一些则和总体的经济有关，如社会的价格水平怎样、失业是否严重等。前一种类型的问题是微观经济学的研究对象，而后一种类型的问题是宏观经济学的研究对象。

一、微观经济学

微观经济学（microeconomics）是研究经济的基本单元——生产者、消费者和资源拥有者的个体决策的科学。它所要解决的基本问题是资源的配置问题。这种配置，是通过价格机制完成的。价格如亚当·斯密所言，如同一只看不见的手，调节着整个社会的经济活动，使资源的配置实现最优。这也是微观经济理论又被称为价格理论的原因。微观经济学的主要内容包括价格理论、消费者行为理论、生产理论、成本理论、厂商均衡理论、收入分配理论以及福利经济学和一般均衡分析。

二、宏观经济学

宏观经济学（macroeconomics）则是研究宏观经济总量的一门学科。它通过研究现有的资源是否充分利用、达到充分利用的途径等来解决资源的利用问题。1936年凯恩斯的《就业、利息和货币通论》的出版，标志着宏观经济学的诞生。由于宏观经济学把国民收入作为最基本的总量，以国民收入的决定为中心来研究资源的利用问题，分析整个经济的运行，其他理论都围绕这一理论展开，因此，宏观经济理论又被称为国民收入决定理论。宏观经济学一般包括国民收入决定理论、失业理论、通货膨胀理论、经济周期理论、经济增长理论、财政与货币政策理论等。

不能忽视的是，微观经济学和宏观经济学是西方经济学中的基本原理，其他的经济学分支，如管理经济学、国际经济学、发展经济学、财政学、货币银行学等，都是在这一基础上发展而来的，是微观经济学和宏观经济学的原理在其他领域的具体应用。因此，对微观经济学和宏观经济学的基本理论的掌握，将会对其他经济学科的学习起到奠定基础的作用。

近年来，一些经济学家认为，宏观经济学必须建立在微观经济学的基础之上。因此，研究宏观经济学的微观基础成为经济学发展的一个趋势。

第五节　经济学的研究方法

一、实证经济学和规范经济学

"因为老年人的医疗开支比较大，所以，政府应该增加对老年人的医疗救济支出。"如果听到某人发表这样一种看法，你是否会赞同?实际上，经济学家除了对经济活动进行纯粹的科学描述、提供合乎逻辑的论断和预测之外（上述看法的前半句），有时，也常对经济系统应该如何运行发表意见（上述看法的后半句）。这反映了对经济学研究的不同的方法。对经济进行分析时，人们经常运用两种方法，即实证分析方法和规范分析方法。在经济学中，运用这两种不同的方法研究时，人们通常将经济学分为实证经济学和规范经济学。

实证经济学（positive economics）所要研究的是经济本身的内在规律，并根据这些规律，分析和预测人们的经济行为的效果。在研究中，它要回答的问题是：经济现象是什么?出现了什么问题?有几种可供选择的解决方案?后果如何?在探讨这些问题时，舍弃价值上的判断，不研究好与不好、应不应该的问题。实证经济学的研究具有客观性，即能用客观事实来检验并且不以人的意志为转移。

如果在研究和分析时，以一定的价值观为基础的话，就是规范经济学（normative economics）的研究方法。规范经济学在分析经济现象时，以一定的价值判断为基础，提出某些标准作为分析处理经济问题的标准。它回答的是"应该怎样"（what ought to be）的问题，比如公共政策的价值判断、公共政策的目标等。前面我们提到的那句"政府应该增加对老年人的医疗救济支出"就是一种规范经济学的研究方法。规范经济学本身没有客观性，它所得出的结论受到不同价值观的影响。人们的价值观不同、地位不同，对同一事物的观点也就不同。由于没有统一的标准，规范经济学的研究无法进行检验。

实际上，无论实证经济学还是规范经济学，都与经济目标相关。经济目标是分层次的，一般来说，越是具体的问题，实证的成分越多，而越是高层次、带有决策性的问题，越具有规范性。近年来，西方经济学，特别是其中的宏观经济学的规范化分析有所加强。

二、实证分析的方法

在西方经济学的发展中，早期比较重视从规范经济学的角度研究经济问题。19世纪中期以后，实证经济学的方法逐渐增强，成为当代经济学中最重要的分析方法。

（一）理论和模型

在运用实证分析的方法研究经济问题时，首先，要通过定义明确界定所使用的变量。其次，要提出一组假设，来表明研究所能应用的条件。最后，在此基础上，提出解释经济现象的假说来对现象进行预测并对预测做出检验。这就是形成经济理论的过程。这一过程如图1-3所示。

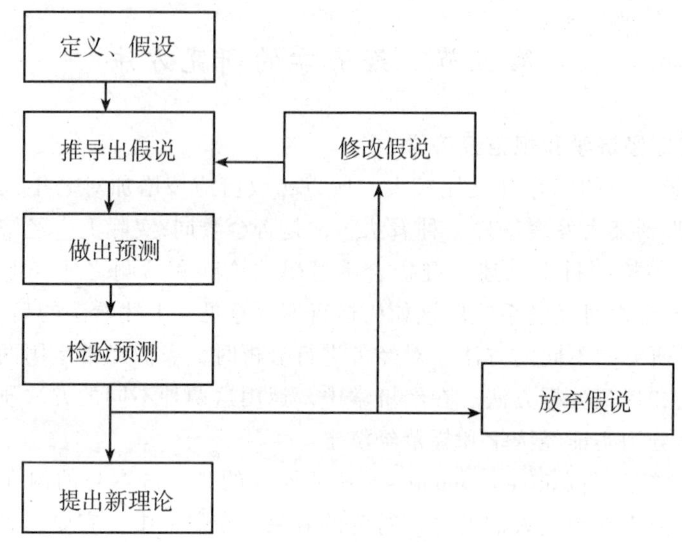

图 1-3 理论形成的过程

经济模型则是对经济理论的简明表述。在进行经济理论研究时，为找出现象之间的因果关系，往往采用比较简练的模型，这种模型将问题的枝节问题去掉，只保留问题的主要部分。如人们常见的汽车模型、飞机模型一样，只抽象出事物本身最本质的东西。比如，在经济学的分析中，有一个最常见的模型，即两部门的经济流量循环模型。这个模型是对我们所面对的现实经济世界的一个精练的描述。因为我们所面临的往往不是这样的世界。这里不仅有企业和家庭，也有政府机构等各种各样的经济主体。对经济系统的研究，如果面面俱到则很难揭示出一个清晰的世界。于是，问题被简化为只有两个部门。这个模型虽然省略了一些复杂的具体内容，但却带给我们许多灵感。我们可以从此出发，不断地充实我们的模型，使我们的研究更接近于现实，进行三部门、四部门的模型研究。

图 1-4 中反映的模型对现实的经济状况进行了最简单的描述。有两个经济部门，在社会经济的循环过程中，家庭向企业提供生产要素，企业向家庭提供产品和劳务。这种实物量的流转用虚线表示。与此同时，企业向家庭支付生产要素的使用费用，家庭向企业支付产品和劳务的使用费用。这些货币量的循环流转用实线表示（如图 1-4 所示）。

这个模型虽然简单，但对于我们以后的研究是非常必要的。当然，模型的表达方式，除了可以用几何法、画图法之外，还可以用文字说明、数学方程式和代数法表示。这些方法在我们以后的内容中都将涉及。

（二）实证分析工具

在经济学运用实证方法进行分析时，要涉及一些具体的分析工具。我们在此只介绍最常用的几种：

1.均衡分析方法

均衡分析法在经济学尤其是在微观经济学中，是主要的分析工具。均衡（equilibrium）

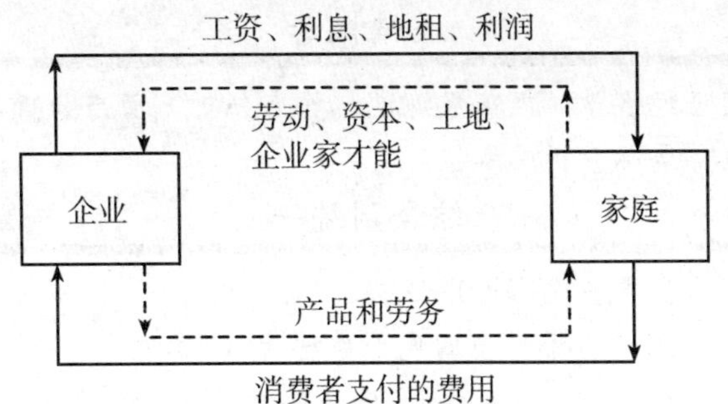

图1-4　两部门的经济流量循环模型

原是物理学中的名词，指某一物体同时受到方向相反的两个外力的作用，这两种力量恰好相等时，该物体由于受力相等而处于静止状态，这种状态就是“均衡”。最初在经济学中使用这一概念的是19世纪末的英国经济学家马歇尔。均衡在经济学中，用来指经济中各种对立的、变动着的力量处于一种力量相当、相对静止和不再变动的状态。这种状态一旦形成，如果有外力使其离开均衡位置的话，则它会自动恢复到原来的水平。对经济均衡的形成和变动条件的分析，就是均衡分析方法。运用这一方法，经济学分析均衡价格、均衡国民收入等许多问题。

均衡可以分为局部均衡和一般均衡。局部均衡（partial equilibrium）是在假定其他条件不变的情况下，研究单个市场的均衡的建立与变动。一般均衡（general equilibrium）则是分析各个市场之间均衡的建立与变动，是在各个市场的相互关系中来考察一个市场的均衡问题。

2.静态分析、比较静态分析和动态分析

这是一种与均衡密切相关的分析方法。静态分析（static analysis）是指完全抽掉了时间因素和经济变动的过程，在假定各种条件处于静止的情况下，分析经济现象的均衡形成和变化条件的方法，即考察的是某一时点上的均衡。比较静态分析（comparative static analysis）是指对个别经济现象的一次变动后，不对转变时间和变动过程本身进行分析而只是对两个和两个以上的均衡位置进行比较的一种均衡分析方法。动态分析（dynamic analysis）是考虑了时间因素，把经济现象当做一个变化的过程，对从原有的均衡过渡到新的均衡的实际变化过程进行分析的方法。由于这种分析方法变量太多，研究的难度太大，所以我们会发现，在微观经济学中，更多的是使用静态分析和比较静态分析的方法。

在西方经济学的分析中，有一个基本的假定：理性人（rational man）假定。许多命题和研究都是在这一假定条件下进行的。

3.边际分析方法

边际分析方法（marginal analysis）是指分析自变量每增加一个单位或增加最后一个单位的量值会如何影响和决定因变量的量值。边际分析方法在经济学中随处可见。正是因为边际分析方法的创建和发展，20世纪30年代才建立起完整的微观经济学体系。可以说，没有边际分析方法，就没有现代西方经济学。

关键概念

机会成本　实证经济学　规范经济学　静态分析　动态分析　局部均衡　一般均衡　均衡分析法　边际分析法

综合训练一

一、选择题（单项或多项选择）

1.由于选择，人们不得不付出的代价被称为（　　）。

A.费用　　B.成本　　C.机会成本　　D.支出

2.在现有资源条件下和现有技术水平条件下，全社会能够达到的两种产品的最大产出组合，这样的曲线被人们称为（　　），它揭示了一个社会生产全部产品的边界。

A.需求曲线　　B.供给曲线

C.生产可能性曲线　　D.消费预算线

3.以下经济问题中，不是微观经济学所考察的问题的是（　　）。

A.一个厂商的产出水平　　B.某市场上香蕉的价格

C.某企业发给职工的薪酬　　D.失业率的上升或下降

4.均衡在经济学中，用来指经济学领域各种对立的、变动着的力量处于一种相当、相对静止和不再变动的状态。这种状态一旦形成，如果有外力使其离开均衡位置的话，则它会自动恢复到原来的水平。对经济均衡的形成和变动条件的分析就是（　　）方法。运用这一方法，经济学分析均衡价格、均衡国民收入等许多问题。

A.边际分析　　B.均衡分析　　C.实证分析　　D.规范分析

5.政府通过征税给家庭补贴最直接的影响是（　　）。

A.生产什么　　B.如何生产

C.为谁生产　　D.生产可能性曲线的位置

二、填空题

1.经济体制可分为四种类型，即________、________、________、________。它们分别以不同的方式实现资源的配置和利用。

2.对经济进行分析时，人们经常运用两种方法，即________和________。

3.________是研究经济的基本单元——生产者、消费者与资源拥有者的个体决策的科学。________是研究宏观经济总量的一门科学。

三、简答题

1.什么是市场经济？它是如何运行的？

2.为什么人们常说，经济学是一门研究使人幸福的学问？

3.什么是机会成本？举例说明机会成本的含义。

第二章　供给与需求

在现实的经济生活中，我们每个人都伴随着衣食住行等行为，都有通过购买商品或服务来实现这些行为的愿望，这和我们要研究的需求有关；而一个企业存在的意义就是生产出人们需要的商品和服务，这也就构成了我们所说的供给。需求和供给融入到我们每一次的经济行为中，是构成市场的两个基本要素，也是影响商品价格的两个决定因素，是我们经济分析的基石。理解需求、供给以及两者之间的关系对于理解整个经济学是十分重要的。因此，西方有一句非常流行的谚语：你甚至可以使鹦鹉成为经济学家，因为你只要教会它说供给和需求就可以了。

第一节　需求

在定义需求之前，我们先看一下什么是需求量。需求量是指在一定时期内，在一定条件下，消费者愿意购买并且有能力购买某种商品或服务的数量。这里需要注意的是，“一定条件”是指影响需求的因素（产品的价格、消费者的收入以及消费者的偏好等因素）既定不变。那么，需求（demand）就是表示某一商品的需求量和价格之间的关系。需要指出的是，这里的需求是一种有效需求，意味着消费者不但有购买的意愿，而且还能买得起。

需求的表示形式通常有需求表、需求曲线和需求函数，这些形式是我们研究需求的基本工具。

需求表是某种商品或服务的价格与需求量之间关系的表格表示形式。通过表格将某种商品的每一个价格与其对应的需求量结合起来，就形成了需求表。表2-1就是一个反映某种商品的需求量随价格的变化而变化的需求表。

表2-1　**需求表**

价格(元)	数量(个)
50	200
40	300
30	400
20	700

需求曲线是某种商品或服务的价格与需求量之间关系的图形表示形式，也就是根据需求表所绘制的曲线。图2-1是根据需求表所绘制的需求曲线，其中，横轴代表商品的需求量（Q），纵轴代表商品的价格（P），则曲线D就是商品的需求

曲线。

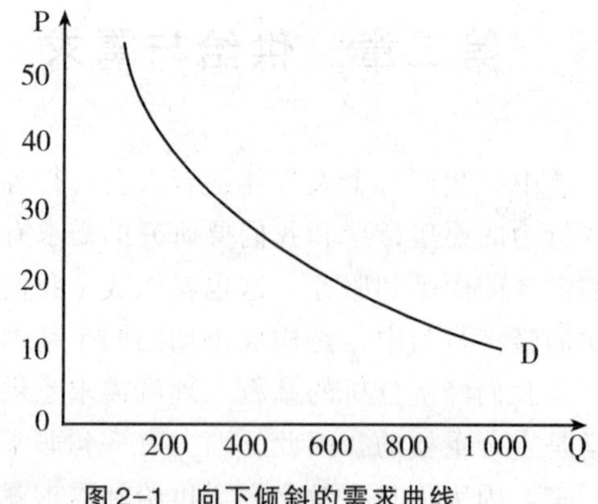

图 2-1 向下倾斜的需求曲线

从图 2-1 中可以看出，需求曲线是一条向右下方倾斜的曲线，表明需求量和价格成反向变动关系。需求曲线的形状可能是曲线，也可能是直线。

在现实生活中，我们经常发现这样的现象，一种商品的价格下降后，对于这种商品的需求量会增加。但引起需求量增加的因素并不仅仅是这种商品的价格，还有收入的增加、偏好的变化等。如何说明这种不同的变化呢?我们可以通过需求量的变化和需求的变化的区别来研究。

在图 2-2 中，需求量的变化沿着同一条需求曲线 D_1 移动，它是在其他条件不变的情况下，仅仅是由于价格的上升与下降而引起的。如由 A 点到 B 点，需求量由 Q_1 增加到 Q_2，是因为价格从 P_1 下降到 P_2 而引起的；而需求的变化是由于诸如收入水平、偏好、相关商品价格变化等其他非价格因素的变化而引起的需求曲线的移动。在图中，假如由于收入水平提高，需求曲线由 D_1 移动到 D_2，比较 A、C 两点，价格没有发生变化，需求量却由 Q_1 增加到 Q_3，这种变化就是需求的变化。

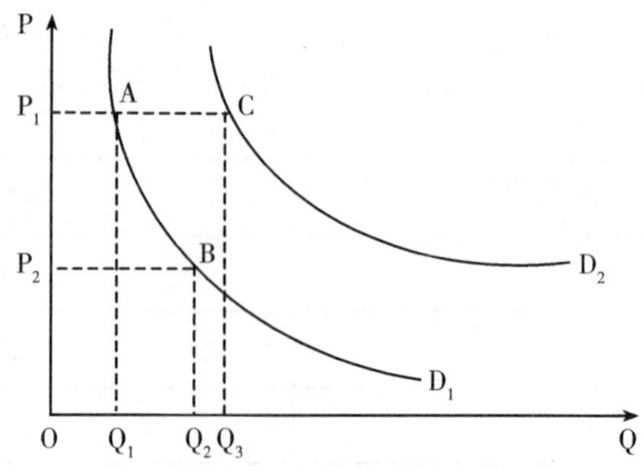

图 2-2 需求的变化与需求量的变化

图 2-2需求的变化与需求量的变化需求函数是以数学函数表示的需求量和价格之间的关系。在其他条件不变的情况下，将需求量 Q 写成价格 P 的函数表达式，则有 Q=f（p）。

一、需求定律

根据价格和需求量之间的关系，我们可以总结出需求定律（law of demand）：在其他条件相同的情况下，一种商品的价格和人们对其的需求量是一种反向变动的关系：价格上升，需求量下降；价格下降，需求量上升。

在现实生活中，绝大部分商品的交易是遵循这一规律的，但有一类被经济学家称为“吉芬商品”的商品却与之相悖。这种商品的特点是价格下降，需求量也随之减少；价格上升，需求量也随之增加。

二、影响需求的因素

前面，我们经常假设“在一定条件下”、“其他条件相同”，而事实上却并非如此，更多的时候，其他条件是变化的。之所以做如此假设，是为了简化我们的模型，以便于研究。那么，除了价格因素之外，还有哪些非价格因素影响需求的变化呢？

（一）消费者的实际收入

实际收入的变化，将会导致需求的变化，从而使需求曲线本身的位置移动。对于大多数商品来说，消费者收入的增加将导致需求的增加，需求曲线向右移动。

（二）消费者的偏好

消费者的偏好也叫消费者嗜好，表示消费者喜欢或愿意消费的各种物品和劳务的数量，或者说，对各种物品和劳务喜欢和愿意消费的程度。如果消费者对某种商品的偏好增强，就会导致这种商品的需求曲线向右移动。比如，同样质量和价钱的服装，仅仅因为一种款式比另一种款式新颖，对它的需求就会大于另一种。

（三）相关商品的价格

这里，相关商品（relative goods）是指那些需求相互依赖的商品。换句话说，如果一种商品的价格变化影响了另一种商品的需求，那么这两种商品就是相关商品。相关商品包括两种类型，即替代品和互补品。

替代品（substitute goods）是指那些在一定程度上可以相互替代满足人们同一种需求的商品，如羊肉和牛肉、大米和白面等。替代品之间的价格和需求具有正相关关系，也就是说，当A商品的价格上升时，人们就会把需求转移到另一种有替代关系的B商品上，从而使B商品的需求增加；反过来，如果A商品的价格下降，人们就会更多地消费A商品，同时也使一些以前消费B商品的人转而购买A商品，从而引起B商品需求的减少。所以，一种商品的需求与其替代品的价格是按同方向变化的。

互补品（complement goods）是指那些共同作用来满足消费者需求的商品，如照相机和胶卷、录音机和磁带等。互补品之间的价格和需求具有负相关关系，也就是说，A商品的价格的上升，会引起A商品需求的减少，从而使B商品的需求也随之减少；反过来，A商品的价格下降，会引起B商品需求的增加。所以，一种商品的需求与其互补品的价格是按反方向变化的。

（四）消费者对未来的预期

对某种商品的需求不仅取决于它自身的价格，还取决于消费者对这种商品未来价格的预期。如果消费者预期某种商品的价格在未来要上升，那么目前对该商品的需求就会增加；反之则会减少对其的需求。我国曾出现的抢购风潮，就是因为人们预期商品的价格要上涨，都想在涨价之前多买一些，结果导致某些生活必需品的需求大幅度增加。

收入的预期也会影响到需求的变化，如果人们预期收入增加，那么，现在的需求就会增加。

以上只是影响需求的一般因素，其他诸如人口的数量与构成、广告、政府政策、民族习惯以及时令等都会对商品的需求产生影响，在此不予赘述。

第二节　供给

供给量是指在一定时间内，在一定条件下，生产者愿意生产并能够生产和销售某种商品或服务的数量。这里，“一定条件”的含义也意味着除了价格，其他影响供给的因素保持不变。那么，供给（supply）就是某种商品的供给量和价格之间的关系。需要说明的是，这里的供给是有效供给，生产者不但愿意生产，同时有能力生产出来。

同研究需求相类似，我们研究供给的基本工具是供给表、供给曲线和供给函数。

供给表是某种商品或服务的价格与供给量之间关系的表格表示形式。通过表格将生产者愿意生产并有能力生产的商品或服务的供给量与商品的每一个价格结合起来。表2-2就是一个反映某种商品的供给随价格变化的供给表。

表2-2　**供给表**

价格(元)	数量(个)
50	700
40	600
30	500
20	200

供给曲线是某种商品或服务的价格与供给量之间关系的图形表示形式，也就是根据供给表所绘制的曲线，图2-3是根据表2-2所绘制的供给曲线。其中，横轴代表商品A的供给量（Q），纵轴代表商品A的价格（P），则曲线S就是商品A的供给曲线。

从图2-3中可以看出，供给曲线是一条向右上方倾斜的曲线，表明供给量和价格呈同方向变动。供给曲线可以是直线，也可以是曲线。

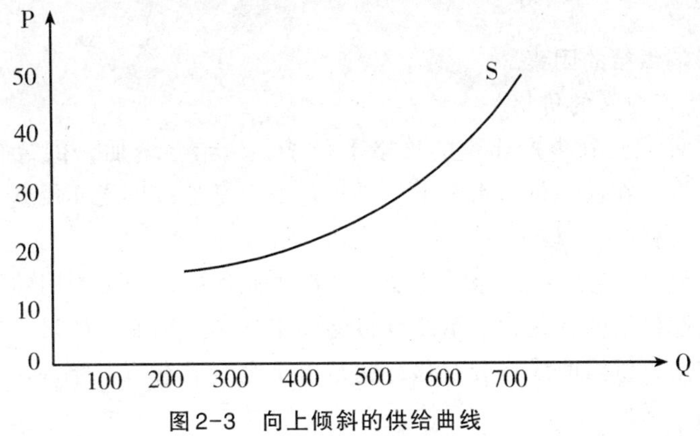

图2-3 向上倾斜的供给曲线

就像价格不是影响需求的唯一因素一样，价格也不是影响供给的唯一因素，我们可以用供给量变化和供给的变化来分析价格因素和非价格因素对供给数量的影响。

在图2-4中，供给量由Q_1增加到Q_2，仅仅是价格由P_1上升到P_2而引起的，供给量是沿着同一条供给曲线S_1而滑动，这种变化我们称之为供给量的变化；当价格为P_2不变时，供给量由Q_2增加到Q_3，是因为相关商品价格变化、厂商的技术水平、生产要素价格等非价格因素发生了变化而使供给曲线由S_1移动到S_2引起的，这种变化我们称之为供给的变化。

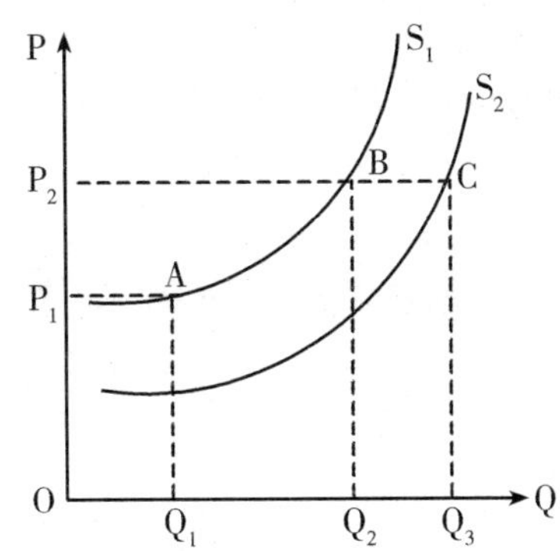

图2-4 供给变化与供给量的变化

一、供给定律

下面我们给出供给定律（law of supply）：在其他条件保持不变的情况下，一种商品或服务的价格和它的供给量之间呈一种正向变动关系，供给量随着价格的上升而上升，随着价格的下降而下降。

供给法则比较符合实际的市场状况，但正如需求法则有例外一样，也有一些特殊的商品在某些时候与供给法则相悖，如劳动的供给。劳动是一种特殊的商品，在低工资水平阶段，工资水平提高后，人们愿意增加劳动的供给，当工资水平上升到一定程度时，人们对闲暇的需求大于对货币的需求，人们宁愿获得闲暇也不为了获得高的工资而增加劳动的供给，所以随着劳动价格的上升，劳动的供给相反却有可能下降。

二、影响供给的因素

（一）生产要素的价格

如果一种或几种生产要素的价格下降了，供给会增加，供给曲线将会向右移动，也就是说，在任一价格水平下，供给量都会增加；反之亦成立。

（二）厂商的生产技术

供给曲线是在假设技术水平不变的情况下画出的，当可利用的技术水平发生变化时，会引起供给的变化，供给曲线将会发生移动。例如，如果一种更好的生产技术可投入使用，供给曲线将会右移，这是由于生产成本的下降，导致每一价格水平的供给量都会增加。

（三）相关商品价格的变化

当某种商品的替代品的价格上升时，生产这种商品的厂商就会转向生产替代品，因而减少这种商品的供给；当某种商品的互补品的价格上升时，这种产品的价格也会随之上升，厂商就会增加这种商品的供给。

（四）厂商对未来价格的预期

对某种商品的未来价格预期的变化会影响到厂商目前的生产愿望，就像价格预期会影响到消费者目前的购买欲望一样。如果厂商预期某种商品的价格在未来会上升，则这种商品的目前供给就可能会减少，因为厂商认为在以后以更高的价格出售会获得更多的收益。

除了上述一些主要因素外，诸如政府政策、意外情况（战争、自然灾害等）、新原材料的发现以及旧原材料的枯竭等都将对供给产生影响。

第三节　均衡价格

一、供给、需求与均衡

到目前为止，我们都是孤立地研究需求与供给，而在现实中，供给与需求是相互影响的。它们共同作用的结果将影响市场的价格，达到市场均衡。均衡的含义来源于物理学，是指一种势均力敌的稳定状态。市场的均衡是指买卖双方共同作用的结果，使得市场的供给量等于需求量时的相对稳定的状态。这种均衡包括均衡价格和均衡产量。

均衡价格（equilibrium price）是指消费者对某种商品的需求量等于生产者所提供的该商品的供给量时的市场价格。

均衡产量（equilibrium quantity）则是指市场在均衡价格时的交易量。

结合供给曲线和需求曲线，我们可以在图形中找出均衡点，也就是需求曲线与供给曲线相交的点，这一点确定了均衡价格和均衡产量，如图2-5所示。

图2-5中，S表示供给曲线，D表示需求曲线。两条线的交点E为均衡点。均衡价格为P_1，均衡产量为Q_1。

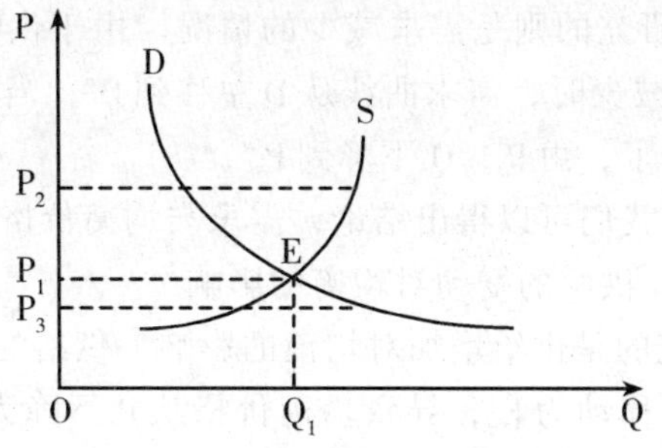

图2-5 供给与需求的均衡

均衡价格和均衡产量都是通过市场供求双方自发调节而达到的。在短期内，市场可能并不处于均衡之中，价格可能高于也可能低于均衡价格，产量可能高于也可能低于均衡产量，使市场形成过剩或短缺，但市场的力量将使这种不均衡的状况得以调整，趋于均衡。

假如当价格高于均衡价格为P_2的时候，由于价格比较高，与此相对应的供给量就大于需求量，存在超额供给。在完全竞争市场的条件下，必然会导致企业之间的竞争，结果使价格下降，供给量逐渐减少，需求量逐渐增加。这个过程将会一直持续，直到供给量和需求量相等，价格会稳定在P_1。

相反，当价格小于均衡价格为P_3的时候，由于价格比较低，与此相对应的供给量就小于需求量，存在超额需求，即有部分购买者不能买到所需要的商品。在完全竞争市场条件下，必然导致购买者之间的竞争，结果使价格上升，需求量逐渐减少，供给量逐渐增加，直至供给量等于需求量，价格在P_1处保持稳定。

二、供求变动与均衡

在现实中，市场并不总是处于均衡之中，更多的是处于非均衡的变动中。我们以图2-6与图2-7来分析需求变动和供给变动给均衡带来的影响。

（一）供给不变，需求的变动对均衡的影响

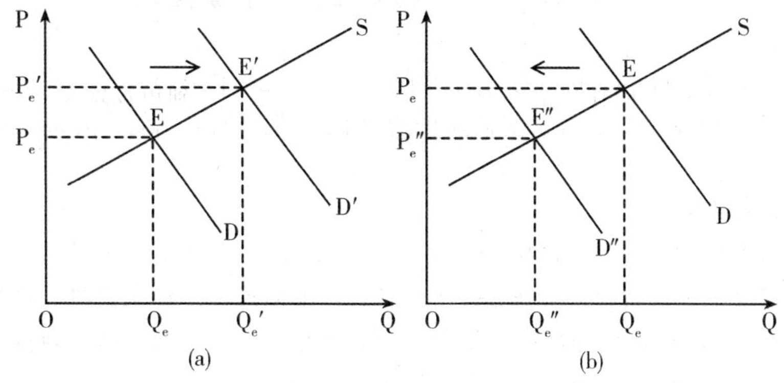

图2-6 需求的变动

在图2-6（a）中，供给曲线固定在S。需求的变动会引起需求曲线的移动。当需求增加时，需求曲线从D右移到D′，均衡价格和均衡数量从P_e、Q_e上升到P_e'、

Q_e'。图2-6（b）中研究的则是需求减少的情况。由于供给不发生变化，供给曲线同样固定在S，需求减少时，需求曲线从D左移到D″，当新的均衡实现时，均衡价格和均衡数量都下降了，由P_e、Q_e下降到P_e''、Q_e''。

根据以上分析，我们可以得出结论，需求与均衡价格和均衡数量同向变化。

（二）需求不变，供给的变动对均衡的影响

图2-7（a）研究的是供给增加对均衡的影响。供给的增加导致供给曲线从S右移至S′，均衡点由E移动为E′，导致均衡价格从P_e下降为P_e'，均衡数量从Q_e增加为Q_e'。在图2-7（b）中，供给减少了，供给曲线从S左移到S″，在需求不变的情况下，导致均衡价格从P_e上升为P_e''，均衡数量从Q_e下降到Q_e''。

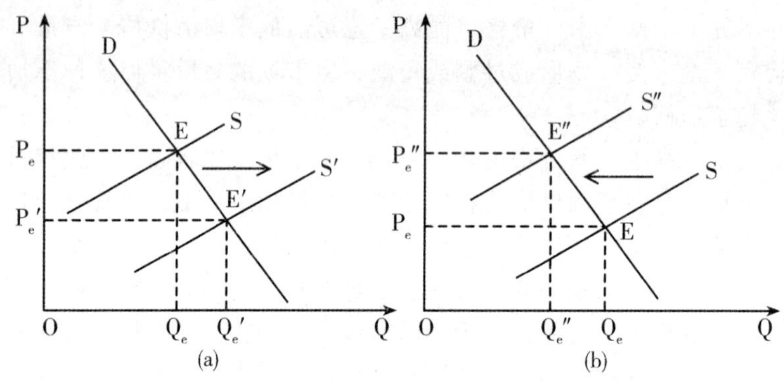

图2-7 供给的变动

通过分析我们能够得出结论：供给与均衡价格反向变动，与均衡数量同向变动。

有时候，供给和需求会同时发生变化，这时情况要复杂得多，因为两者变动方向、变动程度的不同，会对均衡产生不同的影响。

第四节 价格机制与价格控制

我们知道，价格机制具有自发调节经济的功能。但在现实生活中，政府通常会因为某种原因或需要，对一些商品的价格做出人为规定，通常有最高限价、最低限价。

一、最高限价

最高限价，又称限制价格，是政府为了限制某些生活必需品的价格上涨而规定的这些产品的最高价格。如图2-8所示，在没有政府的最高限价时，市场价格会自发均衡在E，均衡价格和均衡数量分别为P_e和Q_e。然而，当政府实施低于均衡价格的最高限价P′时，市场的需求量在Q_d，而供给量却只有Q_S，产生了数额为（Q_d-Q_S）的短缺。为了保证最高限价的实施，或是通过排队解决，或是政府采取定量分配的办法解决存在的短缺问题。

最高限价一般是针对生活必需品的价格政策，目的是为了维持大多数人的基本

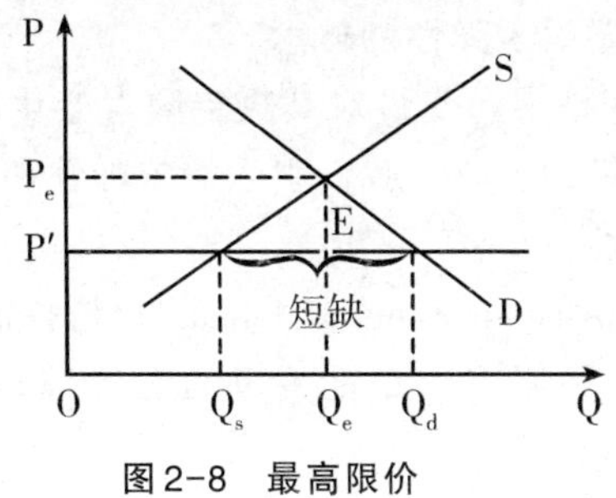

图2-8 最高限价

的生存需要。但在实施过程中，伴随着许多的副作用，对于配给制的分配形式而言，虽然似乎保证了公平的供应，但在保证了以前无力购买产品的一些人得到产品的同时，却使以前有购买能力的人在配给制下买不到产品。同时这种机制还导致其他一些社会、经济与政治问题，诸如以权谋私、黑市等。因为一些愿意支付高价却由于配给制而得不到产品的人会寻求其他途径来获得这种产品；同时，卖者也会通过其他途径来获得高于最高限价的价格。

二、最低限价

最低限价，又称支持价格，是政府为了扶持某一行业的生产而规定该行业产品的最低价格。如图2-9所示，市场自身力量的相互作用使市场在E点达到均衡，均衡价格为P_e，均衡数量为Q_e，为了实现某些特殊的目的，当政府实行高于均衡价格的最低限价P′时，市场的自发调节作用被打破，市场的需求量为Q_d，而市场的供给量却是Q_s，产生了数量为（Q_s-Q_d）的过剩。与最高限价一样，最低限价也使市场处于非均衡状态，由政府来进行过剩产品的收购，这也增加了政府的负担。

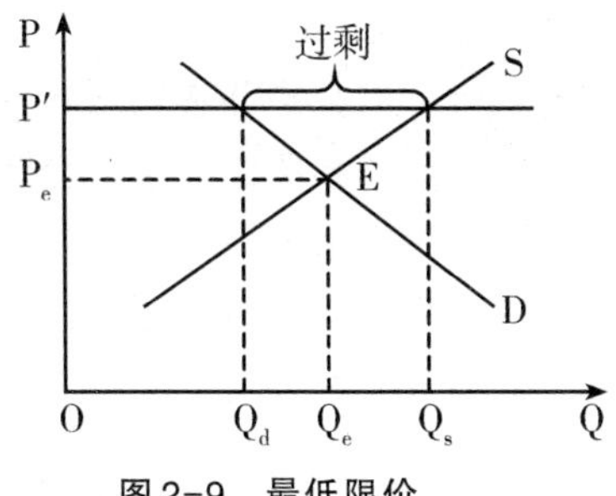

图2-9 最低限价

价格控制虽然能够在一定时期内实现政府设定的目标，比如保证特殊时期的物价稳定、扶持某些特定行业的发展等，但终究是违反价格机制的运行规律的。长期使用的结果，会使市场失去自我调节的能力，供求失衡的情况会越发严重。因此，价格控制行为必须慎之又慎并且避免长期实施。

第五节 供求弹性

至此，我们对引起需求和供给变化的各种因素进行了定性的分析，但这个变动有多大呢?价格的变动会引起需求量或供给量多大程度的变动呢?为对这一问题进行定量的分析，我们就需要引入弹性的概念。

弹性（elasticity）就是某一变量对其决定因素变化的反应程度。为了研究价格等因素对需求与供给数量的影响，我们引入需求弹性和供给弹性的概念。

一、需求的价格弹性

需求的价格弹性（price elasticity of demand）是指需求量对价格的变动的反应程度。其数学表达式，是用需求量的变动百分比除以价格变动的百分比，用E_d表示。

$$需求的价格弹性=\frac{需求量的变动百分比}{价格的变动百分比}$$

我们称E_d为需求的价格弹性系数。这一系数是一个纯数字，没有度量单位，不同商品的弹性系数可以直接进行比较。

如果我们定义Q为需求量，P为价格，ΔQ为需求变化量，ΔP为价格变化量，则有：

$$E_d=\frac{\frac{\Delta Q}{Q}}{\frac{\Delta P}{P}}=\frac{\Delta Q}{\Delta P}\cdot\frac{P}{Q} \tag{2-1}$$

例如，如果面包的价格从2元上升到2.2元，会使人们对面包的需求从10个减少到8个，那么，我们可以计算面包的需求价格弹性。

$$价格的变动百分比=\frac{\Delta P}{P}=\frac{2.2-2}{2}\times100\%=10\%$$

$$需求量的变动百分比=\frac{\Delta Q}{Q}=\frac{8-10}{10}\times100\%=-20\%$$

所以，需求的价格弹性$E_d=-20\%\div10\%=-2$

注意，在这里，弹性是负数，但是它并不表示数学意义上的数字大小，只是说明一种商品的需求量与它的价格是负相关的关系，变化方向恰好相反。由于一般商品都具有这种特性，所以，需求的价格弹性系数一般都是负的。所以我们在计算弹性的时候，通常去掉负号，只计算其绝对值，这样，需求弹性越大，说明需求量对价格变化的反应程度越大，即价格的一个小的变化将导致需求量发生很大的变化，意味着需求量对价格敏感。

（一）需求价格弹性的分类

根据弹性系数的大小，我们可以把弹性分成富有弹性、单位弹性、缺乏弹性三种。当一种产品的需求的价格弹性大于1时，价格变动1个百分点引起需求量的变动超过1个百分点，我们称这样的商品为需求对价格富有弹性；当一种产品的需求的价格弹性等于1时，价格变动1个百分点引起需求量的变动恰好也是1个百分点，我们称这样的商品具有单位弹性；当一种产品的需求的价格弹性小于1时，价格变动1个百分点引起需求的变动小于1个百分点，我们称这样的商品为需求对价格缺乏弹性。

图2-10是几种弹性的几何图形的表示。当需求富有弹性时，需求曲线是一条

比较平缓的曲线，如图2-10（a）所示。当需求为单位弹性时，需求曲线为一条双曲线，如图2-10（b）所示。而当需求缺乏弹性时，需求曲线为一条比较陡峭的曲线，如图2-10（c）所示。

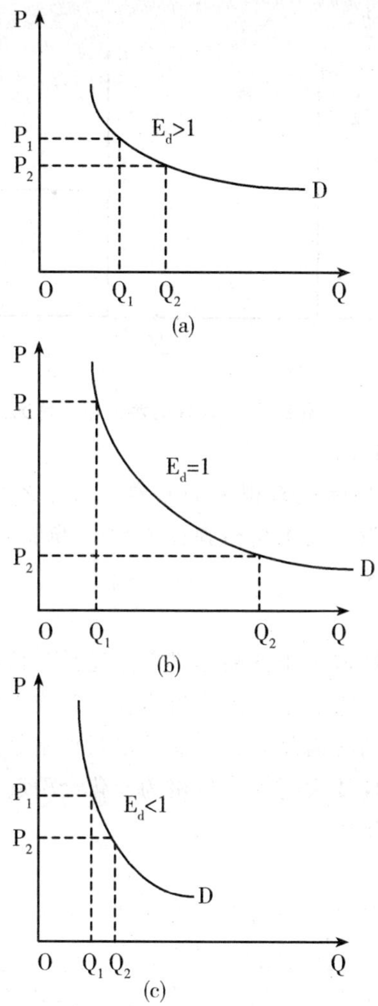

图2-10 需求价格弹性的三种情况

从图2-10中可以看出，弹性大小与需求曲线的倾斜程度，即斜率有很大的关系，但两者却又有实质性的差别。从公式来看，需求曲线的斜率$k=\frac{\Delta P}{\Delta Q}$，弹性$E_d=$（$\frac{\Delta Q}{\Delta P}$）×（$\frac{P}{Q}$），所以弹性的大小，取决于$\frac{\Delta Q}{\Delta A}$和$\frac{P}{Q}$的共同作用，其中，$\frac{\Delta Q}{\Delta P}$是需求曲线斜率的倒数，所以，弹性的大小与需求曲线斜率的大小是反方向变动的。注意，不是反比例，因为弹性还取决于$\frac{P}{Q}$，即需求曲线上弹性测定的点的位置。所测点的位置越高，$\frac{P}{Q}$也就越大，弹性也就越大；反之则越小。

另外，弹性存在两种极端的情况，如图2-11所示。图2-11（a）说明的是需求完全无弹性，需求曲线是一条垂直线，无论价格怎样变化，需求量固定不变。图2-11（b）说明的是需求完全有弹性，需求曲线是一条水平线，价格的极小变动会引起需求量无穷大的变动。

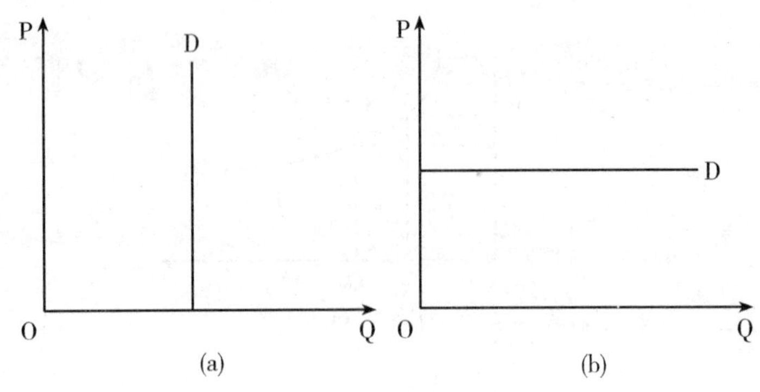

图2-11　弹性的两种极端情况

（二）影响需求价格弹性的因素

不同商品的需求价格弹性有很大的差异。为什么有些商品的需求价格弹性很高，而有些商品却几乎没有需求价格弹性呢?需求价格弹性是由什么因素决定的呢?下面我们来研究这个问题。

1.产品的性质

商品的需求价格弹性取决于商品是必需品还是奢侈品。必需品倾向于需求缺乏弹性，如食盐、大米等必需品不会因为价格的上升或下降而对其需求有很大的减少或很大的增加，即对生活必需品而言，需求量对价格是缺乏弹性的。而像古玩、航空旅行等奢侈品，其弹性要大得多，价格的变化会引起需求量的大幅度变化，即需求量对价格的变化非常敏感。

2.产品的可替代性

有相近替代品的产品往往较富有需求弹性，因为消费者从这种产品转向其他产品较为容易，因此，对价格的变化会非常敏感。例如，牛肉和羊肉容易相互替代，如果牛肉的价格不变，羊肉的价格一旦上升，就会引起羊肉需求量的减少，人们转而购买牛肉。

3.调整时间的长短

需求弹性的大小还取决于人们对价格变动做出反应的时间的长短。商品往往随着时间的变长而需求弹性增加。因为在较长的时间里，人们的偏好的变化、新的替代品的出现会使人们对价格的变化更加敏感。

4.购买某种物品的支出在总收入中所占的比例

当用于购买某种物品的支出在收入中所占的比例较大时，价格的变化对消费者的购买计划有很大的影响，该种物品的弹性也就较大；反之亦然。

（三）弹性与总收益

我们知道，某种物品的收益是其价格和销售数量的乘积。当一种物品的价格发生变化时，由于弹性不同，会引起需求的不同变化，从而使收益会以不同的形式变化。了解这种变化，对于企业制定销售价格、增加收益是具有非常重要的意义的。

我们举例来说明这一问题。假设一种商品，其价格为50元时，销售量是100个，这时的总收益是单价和销售量的乘积，为5 000元。下面我们来分析一下，对于不同需求价格弹性的产品，价格变化所引起的收益的不同变化。

当这种商品的需求富有价格弹性的时候，假设弹性系数为2，那么，涨价10%，即价格上升为55元时，销售量减少20%，变为80个，总收益将变为55×80，为4 400元，即涨价使总收益减少了；而降价10%，价格变为45元时，销售量会增加20%，变为120个，总收益变为5 400元，即降价使销售量以更大的幅度增加。可见，当商品需求富有弹性时，价格的下降引起总收益的增加。

而当需求缺乏弹性时，我们假设弹性系数为0.5，那么，涨价10%，即价格变为55元时，销售量将减少5%，变为95个，这时的总收益变为55×95，为5 225元，由于价格缺乏弹性，价格的上升只引起需求很小幅度的减少，使得总收益反而增加；而降价10%，价格变为45元时，销售量会增加5%，变为105个，总收益成为4 725元，总收益减少了。

我们可以列表反映需求的价格弹性和总收益之间的关系（如表2-3所示）。

表2-3　**需求价格弹性与总收益之间的关系**

需求价格弹性	价格变动	需求变动	总收益变动
富有弹性 $E_d>1$	上升	更大幅度减少	减少
	下降	更大幅度增加	增加
缺乏弹性 $E_d<1$	上升	更小幅度减少	增加
	下降	更小幅度增加	减少

我们日常生活中经常说的“薄利多销”的理论依据就在于此，“薄利”就是每一单位产品的收入减少，而降低价格能产生“多销”的结果，“多销”则使总收益增加，所以能产生“薄利多销”效果的产品一定是需求富有弹性的产品。又如中国有句古语叫做“谷贱伤农”，也说的是商品的需求弹性的问题。粮食丰收了，导致供给增加，因此价格下跌，结果使农民的收入减少了。其原因就在于粮食是生活必需品，它的需求是缺乏弹性的，由于丰收造成的价格下跌，并不会使需求量同比例增加，从而使总收益减少，农民受到损失。

二、需求的收入弹性

需求的收入弹性（income elasticity of demand）是指需求量对收入变化的反应程度，数学表达式为需求量的变动百分比除以收入的变动百分比。以E_M表示需求的收入弹性系数的话，则其公式为：

$$需求的收入弹性=\frac{需求量的变动百分比}{收入的变动百分比}$$

如果我们用M表示收入量，ΔM表示收入变量，则有：

$$E_M=\frac{\frac{\Delta Q}{Q}}{\frac{\Delta M}{M}}=\frac{\Delta Q}{\Delta M}\cdot\frac{M}{Q} \tag{2-2}$$

我们可以根据需求的收入弹性系数来判断产品的性质。在影响需求的其他因素既定的条件下，需求的收入弹性可正可负。如果为正，说明这种产品为正常品，即随着收入水平的提高，消费者对这种商品的需求量随之增加。正常品的收入弹性可能有三种情况：

（1）$E_M>1$，收入富有弹性。收入变动一个百分点引起需求量超过一个百分点的变动。奢侈品大多富有弹性。

（2）$E_M=1$，收入为单位弹性。收入的变动引起需求量的相同比例的变动。

（3）$0<E_M<1$，收入缺乏弹性。收入变动一个百分点引起需求量小于一个百分点的变动。生活必需品大多缺乏弹性。

如果某种商品的需求的收入弹性为负值，意味着当人们的收入增加时，人们会减少对这种商品的消费。这种商品被称为低档商品，吉芬商品即属此类。

需要进一步指出的是，不同的商品在一定的收入范围内具有不同的收入弹性，同一商品在不同的收入范围内也具有不同的收入弹性。收入弹性不仅取决于商品本身的属性，而且还取决于消费者购买时的收入水平。因为随着收入水平的变化，本来是奢侈品的东西可能会变为必需品，本来被认为是正常品的东西可能会被认为是低档品。

三、需求的交叉弹性

需求的交叉弹性（cross elasticity of demand）是指一种商品的需求量的变动对另一种相关商品价格变化的反应程度。我们假定X和Y是两种相关商品，则：

$$需求的交叉弹性=\frac{X商品的需求量变动百分比}{Y商品的价格变动百分比}$$

如果Y商品的价格P_Y变化ΔP_Y，从而引起X商品的需求量变化ΔQ_X，则需求的交叉弹性E_{XY}的数学表达式为：

$$E_{XY}=\frac{\frac{\Delta Q_X}{Q_X}}{\frac{\Delta P_Y}{P_Y}}=\frac{\Delta Q_X}{\Delta P_Y}\cdot\frac{P_Y}{Q_X} \tag{2-3}$$

根据两种商品的不同的相互关系，需求的交叉弹性具有不同的值。

前面我们已经知道，当两种商品为替代关系时，其价格和需求量呈同方向变动，因此有，$E_{XY}>0$；同理可知，当两种商品为互补品时，$E_{XY}<0$；同时，如果两种商品互不相关，或者说一种商品的价格变动对另一种商品的需求量的变动影响甚微，此时，$E_{XY}=0$，或E_{XY}趋近于零。

四、供给弹性

供给弹性（supply elasticity）是指供给数量对影响供给因素变化的反应程度。这里，我们只研究供给的价格弹性（price elasticity of supply），又称供给弹性，即供给量对于价格变化的敏感程度。

$$供给弹性=\frac{供给量变化的百分比}{价格变化的百分比}$$

如果我们用Q_s表示供给量，ΔQ_s表示供给的变化量，E_s表示供给弹性的话，供给弹性的数学表达式有：

$$E_s=\frac{\frac{\Delta Q_s}{Q_s}}{\frac{\Delta P}{P}}=\frac{\Delta Q_s}{\Delta P}\cdot\frac{P}{Q_s} \tag{2-4}$$

供给的价格弹性系数通常为正值，这是因为价格与供给量通常是同向变化的。

（一）供给弹性的分类

根据E_s的大小，我们可以将供给的价格弹性分为五种类型：

（1）供给完全无弹性，$E_s=0$。这时，供给曲线是一条垂线（如图2-12中的SC段），即无论价格如何变化，供给量总是相等的。

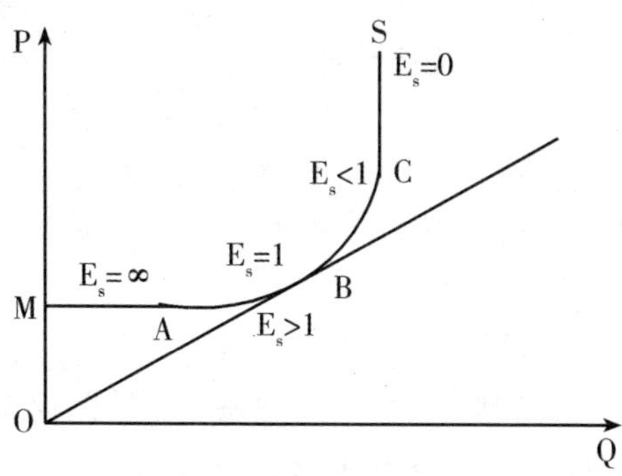

图2-12　供给的弹性

（2）供给完全有弹性，E_s趋于无穷大。这时的供给曲线是一条水平线（如图2-12中的MA段）。这意味着价格极小的变动会引起供给量很大的变动。

（3）供给缺乏弹性，$0<E_s<1$。这时的供给曲线是一条比较陡峭的曲线（如图2-12中的CB段），意味着价格变动一个百分点引起供给量小于一个百分点的变动。

（4）供给单位弹性，$E_s=1$。图2-12中的B点满足这一条件。供给量和价格以相同比例发生变动。

（5）供给弹性充足，$E_s>1$。供给曲线是一条比较平缓的曲线（如图2-12中的AB段），意味着价格变动一个百分点会引起供给量超过一个百分点的变动。

（二）影响供给价格弹性的因素

供给弹性的大小取决于生产者改变产量的难易程度。而决定产量调整的难易程度的因素主要有以下两个方面：第一个是行业中增加某种商品生产的困难程度，包括自然条件的限制、原材料的限制、生产周期的限制等等。第二个是我们考察供给时间的长短。一种商品的价格上升后，在短期内，企业或许无法增加生产该种商品的人、财、物，从而无法增加产量，因此供给是缺乏弹性的。然而，随着时间推移，这些限制就会得到解决，增加产量就可以实现，供给也就会变得富有弹性。

关键概念

替代品　互补品　最高限价　最低限价　弹性　需求的交叉弹性

综合训练二

一、选择题（单项或多项选择）

1.需求曲线是一条向（　　）倾斜的曲线，表明需求量和价格呈反方向变动，需求曲线可能是曲线，也可能是直线。

A.上方　　B.下方　　C.右下方　　D.右上方

2.互补品是指那些共同作用来满足消费者需求的商品，如照相机和胶卷、录音机和磁带等。互补品之间的价格和需求量有（　　）相关关系。

A.正　　B.负　　C.零　　D.无限

3.当乘坐出租车的价格下调后，对公共汽车服务的（　　）。

A.需求量减少　　B.需求曲线左移

C.需求量增加　　D.需求无法确定

4.如果某种商品的需求的收入弹性为负值，意味着当人们的收入增加时，人们会减少对这种商品的需求和消费。这种商品被称为（　　）商品，吉芬商品就是这类商品。

A.高档　　B.低档　　C.中档　　D.劣质

5.在得出玉米种植户的供给曲线时，下列除（　　）因素外，其余保持为常数。

A.玉米的种植面积　　B.技术水平

C.玉米的价格　　D.土壤的肥沃程度

二、填空题

1.根据价格和需求量之间的关系，我们可以总结出需求定律：在其他条件相同的情况下，一种商品的价格和人们对其的需求量是一种________的关系。

2.根据价格和供给量之间的关系，我们可以总结出供给定律：在其他条件相同的情况下，一种商品的价格和它的供给量之间是一种________的关系。

3.当某商品的价格上升6%，而需求量减少9%时，该商品的需求价格弹性为________。

三、简答题

1.什么是需求的价格弹性?它有几种类型?

2.什么是需求的收入弹性?它有几种类型?

3.影响需求的因素有哪些?

4.影响供给的因素有哪些?

5.影响需求价格弹性的因素有哪些?它与销售收入变动有何关系?

6.影响供给价格弹性的因素有哪些?

四、计算题

已知某商品的需求方程和供给方程分别是:

$Q_D=14-3P$

$Q_S=2+6P$

要求:

请计算该商品的均衡价格、均衡数量以及价格提高10%时的需求价格弹性和供给价格弹性。

第三章 消费者行为

在前一章，我们指出，需求是消费者的行为，需求之所以发生了变化是因为人们做出了不同选择。那么，人们是如何进行选择的呢?这一章我们运用边际效用理论和无差异曲线理论来进行分析。

第一节 效用

在现实生活中，我们每一个理性的消费者在做出购买某件商品或服务时，都期望从中获得好处或满足，这种好处或满足在经济学中被称为效用（utility）。效用是纯粹主观性的，也就是说，效用不是商品的客观属性，而是人们对商品的一种消费者获得满足程度的主观评价。所以，即使是同一件商品，对不同的人来说，效用也可能是不一样的。这也就同时引出了另一个问题，即效用的衡量。

一、基数效用和序数效用

基数效用是基数效用论对效用的一种观点。基数效用（cardinal utility）就是运用数学中的基数（1，2，3…）来精确计量人们的心理满足程度，衡量的标准就是一件商品的效用大小是多少效用单位。比如说，一个消费者可以评价一场电影的效用是5个效用单位，一顿饭的效用是100个效用单位。当然，由于效用完全是一种个人的主观评价，不同的消费者对同一件商品的效用完全可以有不同评价，所以，另外的一个消费者就可能评价一场电影的效用是100个效用单位，而一顿饭的效用是5个效用单位等等。基数效用论认为，效用是可以明确计量并加总的。

序数效用则是序数效用论关于效用的基本观点。这一理论认为人们主观评价的效用的大小是不能精确计量的，只能进行程度上的比较，也就是可以对不同商品的效用大小进行排序。在一顿饭和一场电影之间，我宁愿选择一顿饭而不是一场电影，只是说明我对一顿饭的评价大于对一场电影的评价，两者的效用水平中一顿饭的效用第一，一场电影的效用第二，却并不意味着一顿饭的效用是一场电影的效用的20倍（100÷5）。

对效用的两种不同的看法，导致了两种不同的对消费者行为的研究方法，即基数效用论的边际效用分析法和序数效用论的无差异曲线分析法。

二、总效用和边际效用

总效用（total utility）是人们消费某种商品或劳务获得的效用总量。边际效用（marginal utility）则是追加或增加的效用，即总效用的变量，就是每增加一个单位商品所带来的效用。同样的商品每一单位所带来的效用并不是一样的，通常，随着消费数量的增多，虽然总效用是增加的，但增加的幅度是逐步减小的。举个通俗的例子，当我们饥饿的时候，我们吃第一个馒头会感到很大的满足，随着吃的馒头的数量增多，我们从每一个馒头上感到的满足程度是越来越小的，当我们已经吃得很饱的时候，如果我们再吃一个馒头，这时就不但不能感到满足，反而会感到难受了。所以说，虽然一开始总效用是增加的，但却是以递减的比例增加的，达到一定程度后，反而开始减少了，这就是因为边际效用在起作用。我们用表3-1来更好地理解总效用和边际效用。

表3-1　　**总效用、边际效用表**

馒头的数量	总效用	边际效用
0	0	
1	6	6
2	10	4
3	12	2
4	12	0
5	11	-1

这里我们给出了表3-1的数字计量，边际效用就是从消费每一个馒头，即Q个馒头中所获得的总效用和从Q+1个馒头中所获得的总效用的差额。在我们的例子中，当已经吃了两个馒头而再吃第3个时，总效用由10个效用单位增加到12个效用单位，因此第三个馒头的边际效用就是2单位效用（12-10）。我们将表3-1以图形形式表示如图3-1所示（将长方条形取平滑曲线，就得到总效用曲线和边际效用曲线）。

从图3-1（b）中，我们可以看出，边际效用曲线是递减的，边际效用这个特性被称为边际效用递减规律（law of diminishing marginal utility）。其内容可表述为：在一定的时间内，消费者消费某种商品的边际效用随着消费数量的增加而减少。

在理解这一规律时，我们有两点需要强调：第一，这一规律只是在特定时间内有效。这是因为我们得到的满足具有反复性和时间性。再如上面的例子，今天在饥饿的时候，我们吃到第三个馒头的时候，就已经得到了满足，第四个馒头的边际效用已经为零了，若再多吃就会感到难受。但在下一次饥饿的时候，馒头对我们的边际效用并不是在前次消费的基础上继续递减，而是又具有了很大的效用。第二，在理论上，边际效用会达到负值，但在实际生活中，边际效用总是正的。因为一个理性的消费者，在消费一种商品时，当其边际效用达到零时，他就会改变其消费选择，转而消费其他具有较大边际效用的商品，以获得更大的满足。

边际效用递减规律至今还没有精确的证明，但人们从不同的角度对其做出了解释。一种普遍的解释是从心理学角度出发的，认为效用是消费者的一种心理感受，是消费者对消费商品获得满足的一种评价和主观看法。在消费某种商品时，开始的时候对获得的满足感到很兴奋，做出的评价自然就高，但不断地消费同一种商品，

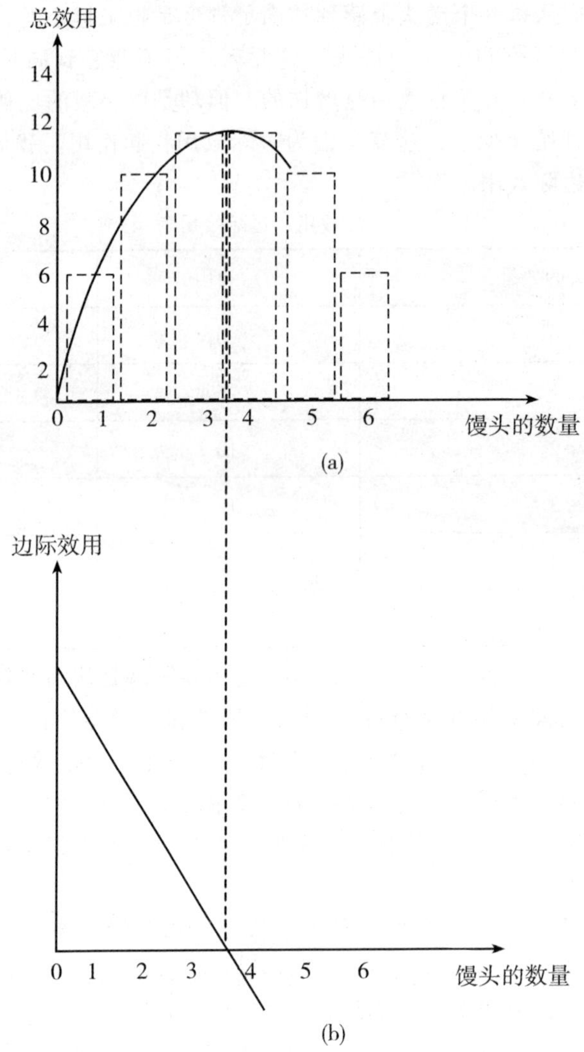

图3-1 总效用和边际效用

这种兴奋程度或满足就必然减小，从而做出的评价也就逐步降低了。这种感受我们每个人在日常生活中都有体会。但不管怎样解释，这一规律是客观存在的，也就成为解释消费者行为的基本规律。下面，我们就运用这一规律解释经济学中的一个重要概念——消费者剩余。

三、消费者剩余

人们对某种商品愿意支付的价格取决于自身对该商品效用的评价，效用越高，他愿意支付的价格就越高。但实际购买该商品时，他支付的并不是他愿意支付的最高价格，而是由市场的供求关系形成的均衡价格。消费者剩余（consumer's surplus）就是消费者愿意支付的价格和实际支付的价格的差额。这一差额是消费者额外获得的好处。正是因为边际效用是递减的，消费者也就可以获得消费者剩余。

我们举例来说明。一般地，消费者对第一个单位的商品的评价最高（商品给他带来的效用最大），假设愿意支付10元的价格，但实际并不一定支付这一价格。如果市场上该产品的价格是4元的话，他只需支付4元的价格就可以购买第一个单位的商品，这样该消费者就获得了6元的消费者剩余。当他继续购买该商品时，由于边际效用递减，他所愿意支付的价格也就随之减少，假设分别为8元、6元、4元、2元，则每单位获得的消费者剩余就分别为4元、2元、0元、-2元，而实际上，在购买第4个单位的商品时，就已经没有消费者剩余了，因此他不会再购买第5个单位的商品了（买了不如不买）。他购买3单位的商品获得的消费者剩余就是每一个单位的消费者剩余的总和，为12元。

我们用图3-2来具体说明这个问题。图3-2中，D为消费者对某商品的需求曲线，表示消费者对不同量的商品愿意支付的价格，P_e为市场的均衡价格，就是消费者购买商品实际支付的价格。这时消费者剩余的总和就是阴影部分，也就是消费者从这一交易中额外获得的好处。如果我们将价格和商品数量进行细分，则消费者剩余就是市场价格线以上、需求曲线以下的部分。

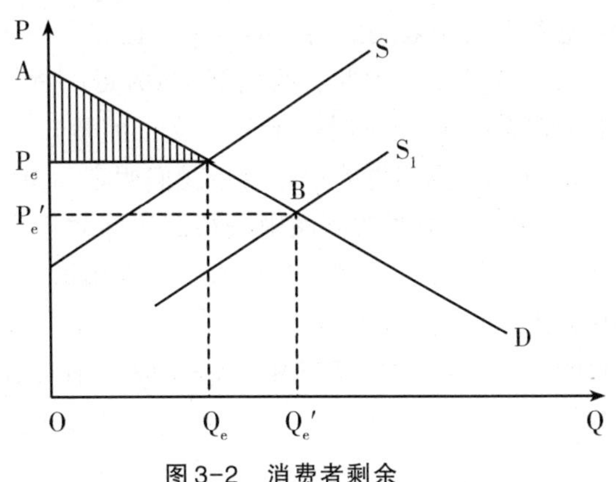

图3-2 消费者剩余

从图3-2中我们可以很容易地看到，如果某种产品的供给增加，市场价格下降，则消费者剩余会增加。比如，该商品的供给从S曲线增加到S_1曲线，市场价格下降到P_e'，则消费者剩余增加到三角形$AP_e'B$的面积。

当然，消费者剩余只是一种心理感觉，它衡量的是消费者在购买过程中享受到额外好处的主观感受。

第二节 消费者如何进行选择

怎样花钱最有效?换句话说，消费者如何进行选择，进行最佳的购买行为，才能使其既定收入带来最大的效用，从而使总效用最大化?这是个很有趣的问题，也是个很现实的问题。下面我们以两种不同的方法给出答案。

在研究消费者的选择问题时，我们假设消费者的偏好是既定的，消费者的收入是既定的，消费者所购买的产品的价格也是既定的。

一、边际效用分析

边际效用分析法就是衡量消费者在购买不同商品时，每单位货币支付所获得的边际效用，从而使货币收入合理分配于各种商品的购买，以使总效用达到最大化的一种研究消费者行为的方法。

当消费者所选择的各种商品或服务的组合达到总效用最大时，这种选择就是效用最大化选择，也就实现了消费者均衡。消费者均衡（consumers equilibrium）就是消费者配置其收入的一种状态，这种配置使其效用达到最大化，也就是说，在既定收入下，其他收入的使用方式都不会使总效用增加，而只会使其减少。当实现了这一状态以后，消费者将没有愿望进行进一步的调整。下面，我们说明消费者均衡的条件。

消费者达到消费均衡，意味着消费者的选择进入了一种稳定状态，也就是说，其他的商品组合不会再给该消费者带来新的效用增加，也就说明消费者所拥有的每一元钱（每一单位货币）花在不同的商品上给他带来的边际效用是相同的，否则的话，他就会减少给他带来较小效用的商品的购买，而将节省下来的货币用来购买更多的给他带来较大效用的商品。因此，我们假定λ为每一货币的边际效用，当消费者为某一价格为P的商品进行支付时，他从所支付的货币上获得的边际效用就为$\lambda \cdot P$，而他从消费该商品上所获得的边际效用我们假定为MU，则有$MU=\lambda \cdot P$，否则的话，如果$MU>\lambda \cdot P$，则说明从商品中获得的边际效用大于支付的货币的边际效用，这时，扩大对该商品的购买将是有利的（总效用增加）。如果$MU<\lambda \cdot P$，则意味着从该商品中所获得的边际效用小于支付的货币的边际效用，这时，减少对该商品的购买是有利的。所以，当且仅当$MU=\lambda \cdot P$时，消费者对该商品的购买达到了均衡。变换上式有：

$$\lambda = \frac{MU}{P} \tag{3-1}$$

即一种商品的边际效用和其价格之比等于每一单位货币的边际效用。也就是说，消费者用一个单位货币所购买的一种商品的边际效用等于这一个单位货币对消费者的边际效用。

但是消费者在既定收入的条件下，并不是只购买一种商品，而是将收入分配于不同商品的购买，但$\lambda = \frac{MU}{P}$的原则是不变的，所以消费者均衡的条件就是：

$$\lambda = \frac{MU_1}{P_1} \quad \frac{MU_2}{P_2} = \quad = \cdots = \frac{MU_n}{P_n} \tag{3-2}$$

MU_1，MU_2，…，MU_n和P_1，P_2，…，P_n分别为商品1，2，…，n的边际效用和价格。

这一条件说明，消费者所付出的每一单位货币的边际效用等于他购买任何一种商品所支付的一单位货币所获得的边际效用。可以看出，在衡量收入的效用最大化时，并没有使用总效用的概念，而只是计算边际效用和价格就可以确定如何使效用最大化，也就回答了我们的钱该怎样花才是最有效的。

二、无差异曲线分析

（一）无差异曲线

我们以边际效用法分析了收入最优配置的问题，其理论前提是基于基数效用的判断。在这一部分，我们以另一种建立在序数效用理论基础上的无差异曲线方法来进行分析。

首先我们先来说明什么是无差异。无差异（indifference）就是指此种情况与彼种情况对于一个消费者的选择来说是无所谓的，对于两种情况的选择具有相同的倾向。举个例子，假定某消费者现有100元用于购买A、B两种商品，他既可以购买40单位A、60单位B（假定价格都是1元），也可以购买60单位A、40单位B，也可以各购买50单位，同时，他从不同的购买组合中获得了相同效用，这就是说，对该消费者来说，这3种组合是无差异的，每种组合都带来了相同的总效用水平。我们将这些组合列在表3-2中，并将这些描绘在图形中的点用平滑的曲线连接起来就得到无差异曲线（indifference curve）——一条曲线上各点的两种商品不同数量的组合给消费者带来相同满足程度的曲线。把所有效用可能的组合点连接起来，我们就会得到如图3-3所示的无差异曲线。同理，我们可以画出不同收入水平下的无差异曲线，得到一个无差异曲线族。

表3-2 **无差异表**

X	Y
1	5
2	4
3	3
4	2

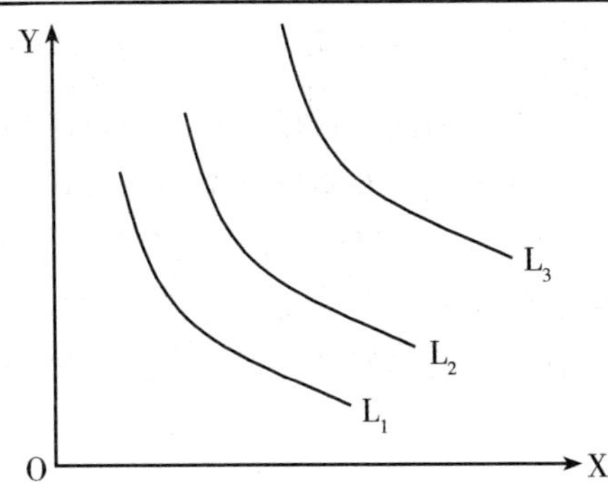

图3-3 无差异曲线

无差异曲线是序数效用论分析消费者行为的重要工具。其具有如下的性质：

（1）无差异曲线是一条向右下方倾斜的曲线。说明在收入和价格不变的条件下，为了保持总效用不变，在增加一种商品的购买量的同时必须减少对另一种商品的购买。

（2）不同的无差异曲线代表不同的效用水平。位置越高，其效用水平也越大；位置越低，其效用水平也越小。

（3）两条无差异曲线不能相交。如果两条无差异曲线若有一点相交，说明两条无差异曲线上有一点的效用相等，而根据无差异曲线的性质，同一条无差异曲线上，消费者对商品的选择具有一致性，则相交于一点的两条无差异曲线的其余各点的效用也应该是具有一致性，那么可以推导出两条无差异曲线实际上是重合的。所以，这反证出了两条无差异曲线不可能相交。

（4）无差异曲线凸向原点。我们用边际替代率的概念来说明这一点。边际替代率（marginal rate of substitution，MRS）是消费者在使效用水平不变的前提下，为了得到更多A商品与所必须放弃的B商品的比率。其计算公式为：

$$MRS_{XY}=\frac{\Delta y}{\Delta x} \tag{3-3}$$

通常这一数值是负数，表示Δy与Δx呈反方向变动关系。在计算时，可只取其绝对值。从公式可以看出，边际替代率等于无差异曲线的斜率，因此，我们可以根据无差异曲线的斜率来衡量边际替代率。无差异曲线倾斜程度越大（斜率大），边际替代率也越大，也就是说，在保持效用水平不变时，消费者愿意放弃较多的Y商品来换取较少量的X商品。无差异曲线倾斜程度越小（斜率小），边际替代率也越小，也就是在保持效用水平不变时，消费者只愿意以较少量的Y商品来换取较多量的X商品。所以，消费者在沿着一条无差异曲线进行选择的时候，减少Y商品的消费，同时增加X商品的消费的比率是递减的。因为边际替代率是递减的，使得无差异曲线的形状是凸向原点的。

然而，虽然边际替代率是递减的，但效用水平却没有变化，也就是说，减少一种商品失去的效用与增加另一种商品得到的效用是相等的，所以有：

$$\Delta Y\cdot MU_Y=\Delta X\cdot MU_X \tag{3-4}$$

变换上式有：$\frac{\Delta Y}{\Delta X}=\frac{MU_X}{MU_Y}$，也就是边际替代率等于边际效用之比。

需要说明的是，上述无差异曲线的性质只是普通商品的无差异曲线，是说两种商品只在一定程度上可以相互替代，并不能完全相互替代，这种替代在现实中也存在。但有些商品却不是如此，它们可能是完全能替代的，也可能是完全不可替代的。如果是这样的话，它们的无差异曲线就不是斜率递减并凸向原点的。完全可替代商品的无差异曲线是具有一定斜率的直线，而完全不可替代商品的无差异曲线是一条弯折线。

（二）消费预算线

要了解消费者的选择，我们还需要研究决定消费者行为的另一个因素——消费者的收入。这个通过预算线能够得到反映。

消费预算线（budget line），又称为消费可能线，是表示消费者在收入水平和商品价格一定的条件下，能够购买的两种商品不同组合的曲线。假定某消费者现有可支配收入50元，购买X、Y两种商品，价格P_X=10元，P_Y=5元。那么，他购买X、Y两种商品的最高组合有如下几种（如表3-3所示）：

表3-3 **消费者的收入与可能发生的购买**

消费可能	X	Y
A	0	10
B	1	8
C	2	6
D	3	4
E	4	2
F	5	0

根据表3-3，连接各点可以画出消费者在现有价格水平和收入水平下的购买的最大可能，这样的一条线我们称之为消费预算线，如图3-4所示。在现实中，有些商品具有可分性，如汽油；有些商品是不可分的，如电视机。这样，预算线就可能是一些离散点，为了研究的方便起见，我们将预算线都画成连续的，这并不对可分性商品研究结果产生影响。

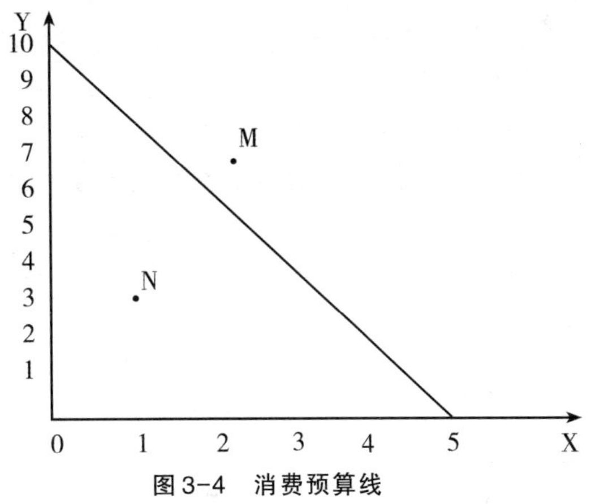

图3-4 消费预算线

预算线是消费者在现有收入水平下的可实现的最大消费组合，预算线之外的消费组合（如M点）超出了消费者的消费能力，是不可实现的。预算线内部的消费组合（如N点）都是可实现的，并且消费者没有消费全部可支配收入。预算线的决定因素是消费者的收入和商品的价格，不同的收入水平和价格有不同的预算线，预算线随着收入水平和价格的变动而变动。

假定消费者的收入为R，商品X、Y的价格和购买量分别为P_X、P_Y和Q_X、Q_Y，在既定的条件下，R、P_X、P_Y都是不变的，则有预算方程：

$$R=P_X \cdot Q_X+P_Y \cdot Q_Y$$

变换上式有：

$$Q_Y=\frac{R}{P_Y}-\frac{P_X}{P_Y}\cdot Q_X \tag{3-5}$$

这里，$\frac{P_X}{P_Y}$是两种商品的相对价格，就是两种商品的价格之比，即用一种商品的价格除以另一种商品的价格，其前面的负号表示向右下方倾斜。可见，消费预算线的斜率是由两种商品的价格比率来决定，截距则和收入有关。

（三）消费者均衡

现在，我们就可以用无差异曲线和预算线来解释消费者均衡，也就是消费者在收入一定的情况下，怎样消费才是最有效的。

我们知道，在假设条件下，当收入和价格都既定时，消费者面临一条预算线，这条预算线也就是消费者可实现的最大商品消费组合，那么哪一点的组合是最佳的呢?也就是说，效用最大呢?运用无差异曲线问题便可迎刃而解。前面我们讲过，在一个平面中可以有无数条无差异曲线，代表不同的效用水平，在图3-5中，我们画出其中的三条，其效用水平排列为：$L_1>L_2>L_3$。可以看出，无差异曲线L_1处于预算线之外，无论其代表多大的效用水平，消费者都无能力消费。L_3与预算线相交于M、N两点，说明消费者在现有消费能力下可以达到这一效用水平，那么，消费者是不是在M、N两点达到消费者均衡呢?我们看，如果将L_3向外稍微移动一些，比如说，移到L_3'，这时，消费者仍旧有消费能力，但效用水平却提高了，$L_3'>L_3$，所以，消费者不会在M、N两点达到均衡。这一过程将一直持续下去，同时消费者就一直实现着有消费能力的效用水平的提高，直至达到L_2，实现无差异曲线与消费预算线的相切。这时，消费者实现了最大消费能力下的效用最大化，形成消费者均衡，E点为均衡点。在该点，无差异曲线的斜率与预算线的斜率相等（E点是切点），所以有：

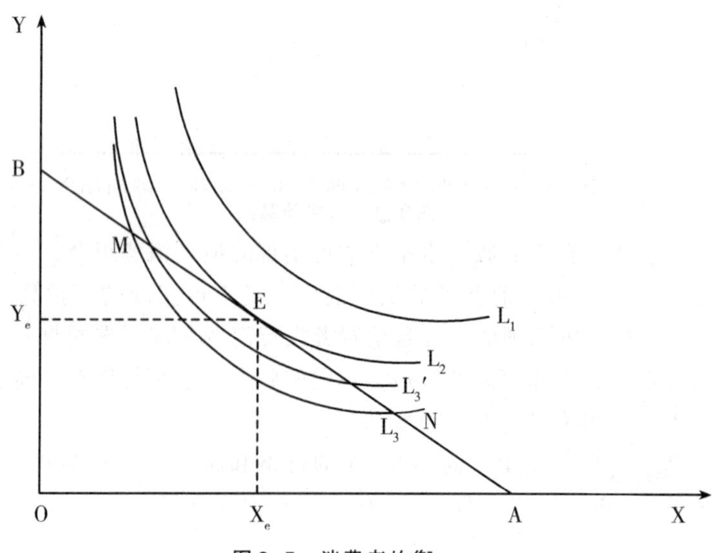

图3-5 消费者均衡

$$MRS=\frac{\Delta Y}{\Delta X}=\frac{P_X}{P_Y} \tag{3-6}$$

又由前面推导有：

$$\frac{\Delta Y}{\Delta X}=\frac{MU_X}{MU_Y}$$

所以可以得到：

$$\frac{MU_X}{MU_Y}=\frac{P_X}{P_Y}$$

即为：

$$\frac{MU_X}{P_X}=\frac{MU_Y}{P_Y} \tag{3-7}$$

这就是消费者均衡的条件。这一结论与用基数效用理论的方法得到的结论是完全一样的。

到此，我们通过基数效用理论的边际效用分析法和序数效用理论的无差异曲线分析法得到了同样的消费者均衡的条件，也同时解决了怎样花钱最有效的问题。

第三节　替代效应和收入效应

在上一小节，我们分析了消费者在收入和商品价格不变的情况下，如何实现消费者均衡。实际上，当价格发生变化的时候，会产生两种效应——替代效应和收入效应。

我们首先假定两种具有可替代性的商品——牛肉和羊肉，如果牛肉的价格上升，人们会做出怎样的消费选择呢?必然是减少牛肉的消费，增加羊肉的购买量，也就是用相对便宜的羊肉来替代相对昂贵的牛肉。这种假定消费者的实际收入不变，仅仅由于商品价格变化所引起的需求量的变化，我们称为替代效应(substitution effect)。这时消费者倾向于用其他相对便宜的商品来替代相对昂贵的商品，从而更经济地获得满足。另外，当我们的货币收入不变时，价格的变化（上升或下降）却会影响我们的实际收入或实际购买力的水平。当牛肉的价格上升时，我们对牛肉的实际购买力就会下降，用同样数量的货币只能购买相对较少的牛肉。这种由于商品价格变化而影响消费者实际收入发生变化，进而引起商品需求量的变化，我们称之为收入效应（income effect)。两种效应之和就是总效应（total effect)，表示一种商品价格变化所引起需求量的总变化。

第四节　从个人需求到市场需求

一、个人需求曲线

我们可以运用序数效用论的方法来推导出个人需求曲线。

图3-6（a）中，假设初始价格为P_1时，均衡点是E_1。现在我们研究当价格发

生变化后，需求量的变化。为了简化问题，我们假设只有X商品的价格发生变化。当X商品的价格发生变化时，对于均衡的影响首先从消费预算线的变化开始。由于Y商品的价格不变，所以，消费预算线在纵轴的截距不发生变化，也就是说，预算线的A点的位置不会发生变化，当X商品的价格变化后，预算线会以A点为轴转动。假如X商品的价格下降为P_2，那么，消费预算线在横轴的截距将会增加，也就是说，消费预算线将会向右转动。图中由AB_1转动到AB_2。这样，新的消费预算线会和一条更高水平的无差异曲线L_2相切，形成均衡点E_2。这时X商品的消费量由X_1增加到了X_2。而当价格上升时，消费预算线将会向左移动到AB_3，新的均衡点为E_3。对应的X商品的消费量则减少为X_3。

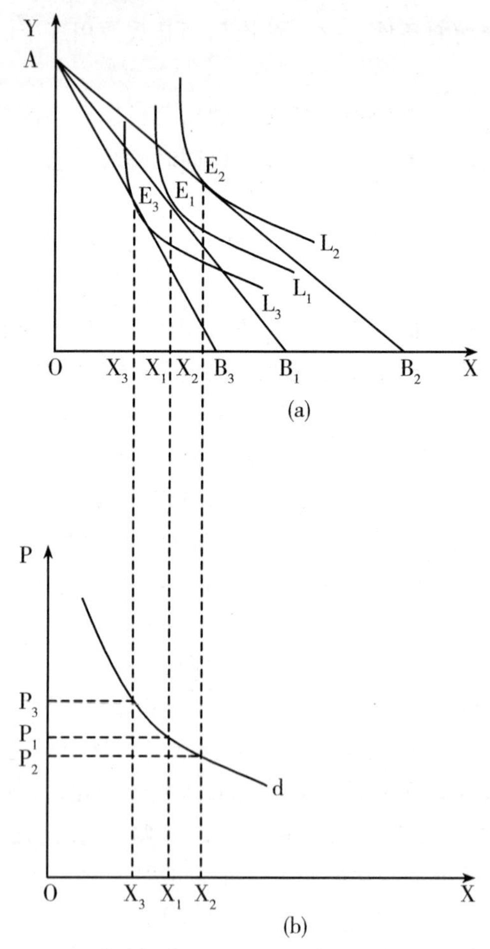

图3-6 消费者的需求曲线

根据均衡点的变化，我们可以进一步分析消费者在均衡点上的消费量和价格之间的关系。我们可以作图3-6（b），横轴同样是X商品的消费量，但纵轴为X商品的价格，这样，我们可以画出与不同的价格水平相对应的消费量。把这些点连接起来，我们可以得到一条向右下方倾斜的曲线d。这条曲线上的每一点都反映了X商品与每一个价格水平相对应的需求量。所以，它实际上是消费者的个人需求曲线，说明为了实现最大化的效用，消费者会在价格下降的时候，增加商品的消费，而在价格上升的时候，减少商品的消费。

二、个人需求曲线与市场需求曲线

在研究供求理论的时候，我们研究的是市场的均衡价格的决定。那时我们所研究的需求曲线是市场的需求曲线，即某种商品的市场需求量和其价格之间的关系。市场需求曲线可以通过个人需求曲线加总获得。通过把所有消费者对某种商品的需求量进行加总，我们就可以得到该商品的市场需求曲线。在图3-7中，假设市场只有两个消费者A和B，那么，在每一价格水平上，将消费者A和消费者B的需求量进行横向加总，就可以得到市场需求曲线。

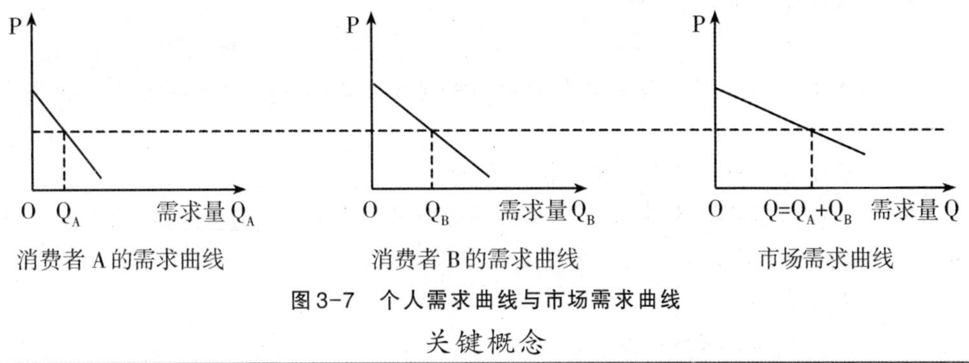

图3-7 个人需求曲线与市场需求曲线

关键概念

替代效应 收入效应 总效用 边际效用 消费者均衡 边际替代率 消费预算线

综合训练三

一、选择题（单项或多项选择）

1.边际效用曲线是递减的，边际效用这个特性被称为（ ）。其内容可表述为：在一定的时间内，消费者消费某种商品的边际效用随着消费数量的增加而减少。

A.边际效用递减规律 B.边际技术替代率递减

C.边际收益递减规律 D.边际效用递增规律

2.不同的无差异曲线代表不同的效用水平，位置越高，其效用水平也越（ ），位置越低，其效用水平也越（ ）。

A.小 大 B.大 小 C.大 大 D.小 小

3.某消费者消费更多的某种商品时，（ ）。

A.消费者获得的总效用递增 B.消费者获得的总效用递减

C.消费者获得的边际效用递增 D.消费者获得的边际效用递减

E.以上都不正确

4.消费者的无差异曲线具有以下特点：（ ）。

A.具有正的斜率　　　　　　　　　　B.其斜率是递减的

C.位置越高，表明效用水平越大　　　D.任意两条无差异曲线都不能相交

E.无差异曲线凸向原点

5.如果商品X对于商品Y的边际替代率小于X和Y的价格之比，即MRS_{XY}小于$\frac{P_X}{P_Y}$，那么（　）。

A.该消费者获得了最大效用

B.该消费者没有获得最大效用

C.该消费者应该增加X的消费，减少Y的消费

D.该消费者应该减少X的消费，增加Y的消费

E.应该调整X和Y的价格

二、填空题

1.消费者剩余是指消费者在购买商品和劳务时，________和实际支付价格之间的差额。

2.一种商品的边际效用与其价格之比等于________。

3.________理论认为效用是可以明确计量并加总的，________理论则认为效用是不能精确计量的，只能进行程度上的比较。

三、简答题

1.无差异曲线具有哪些性质？

2.什么是边际效用递减规律？

3.用图形说明，在消费者收入和商品价格不变的情况下，如何实现消费者均衡。

4.为什么富人对于丢失500元现金表现得无所谓，而穷人对于丢失50元现金却非常焦虑不安？

四、计算题

若消费者张某的收入为270元，他在商品X与Y的无差异曲线上斜率为$\frac{dy}{dx}=\frac{20}{Y}$的点上实现均衡。已知X和Y的价格分别是$P_X=2$，$P_Y=5$。

要求：

请计算此时张某将消费X和Y各多少。

第四章　生产者行为

第三章我们介绍了在市场中，理性的消费者是如何进行消费选择的。但是，他们消费的商品或服务是从哪里来的呢?这一章，我们就来解释是谁为我们生产出我们需要的商品或服务，他们又是如何生产的，以及他们是怎样进行最优生产选择的。

第一节　生产理论

所谓的生产，从经济学的角度看，就是一切能够增加或创造效用的人类活动。它是企业对投入的各种生产要素进行组合制造产品的过程。当我们一提到生产的时候，我们自然就会想到企业，可是，究竟什么是企业?我们每个人都可以回答出很多具体企业的名字，却未必知道它们共同的特征是什么，它们又是怎样的组织形式，为什么有这样的组织形式，这一小节，我们将给出答案。

一、企业概述

企业（firm）又称厂商，是一种将诸如劳动、资本和土地等不同生产要素集合起来，从而生产出产品与服务，并通过对这些产品和服务的销售以获得利润的组织。一般来说，企业包括以下三种组织形式：

业主制企业（ownership），这是一种只有一个所有者（业主）的企业。该所有者独自出资、独自经营、独自承担风险，对企业具有无限清偿责任。这里无限清偿责任是指如果企业无力偿还其债务，所有者就要以其个人全部财产承担全部清偿责任。业主制企业是企业组织的最早形式。现在的街头小店大多是这种组织形式。这种企业的数目很多，但在总销售额中所占份额很小。

合伙制企业（partnership），是由两个或两个以上所有者共同出资、共同经营、共担风险，对企业具有无限清偿责任的组织形式。每个出资者都分享一定比例的利润，分摊一定的亏损和负债。大多数律师事务所和会计师事务所采取的是这种组织形式。它们同样要承担无限责任。每一个合伙人对整个企业的债务具有无限责任。一般而言，合伙制企业的风险比较高。

公司制企业（corporation），是由两个或两个以上具有有限责任的所有者共同所有的组织形式。有限责任是指所有者对公司债务的负担以其初始出资额为限。公司的资本分为若干等份，每一份就是一股，并且股份可以进行转让。公司是一种最为有效的融资方式，筹资的公司制企业是现代市场经济中最普遍、最重要的组织形式。公司制的连续性很强，不会因为股东和经理人的变更而消失。因此，公司制是一种比较现代的企业组织形式。

上述三种企业尽管形式不同，但在经济分析中，我们始终假设它们具有相同的企业目标——利润最大化，就是使收益减去成本的差额具有尽可能大的正值。当然，在现实中，企业的目标可能是多样的，如销售量最大化、市场份额最大化等，但利润最大化是企业进行生产的一个基本原则，我们使用利润最大化假定也有助于我们分析企业供给量、成本和产出之间的关系。根据这一目标，企业投入各种生产要素，并通过生产技术将其结合起来，最终生产出商品。

二、生产函数

生产需要投入要素，但不同的生产要素是怎样结合的呢?产出又是如何呢?产出与生产要素之间的关系，我们称之为生产函数（production function）。简单的生产函数仅仅包括两类生产要素，即劳动和资本。我们常见的一种生产函数的形式是：$Q=AL^{\alpha}K^{\beta}$，称为柯布-道格拉斯生产函数。其中，A、α、β是大于零的参数。这一生产函数我们在以后还要经常用到。

我们根据生产要素的变动情况，来定义生产的短期与长期。

短期（short run）是至少有一种生产要素是固定不变的时期。长期（long run）则是指所有投入要素都是可以变动的时期。可见，这里的短期与长期并不是以一个具体的时间标准来划分的，而是以生产要素可否全部变动为依据。因此，我们不能说一个月或一年就是短期，十年或二十年就是长期。如果在一个月的时间里，所有的生产要素都是可变的，那么这就是一个长期；而如果在十年的时间里，至少有一种生产要素没有发生变动，那么十年也是一个短期。这种不以具体时间来划分短期与长期的定义方法，在我们后面的章节中有许多和生产有关的理论都要运用到。

（一）短期生产函数

短期中，只有一部分生产要素能够变化。在简单生产函数中，我们把资本视为不变要素，而把劳动视为可变要素。首先我们来研究几个和产量有关的概念。

总产量（total product，TP），是指企业在某一时期，在一定的技术水平条件下所生产出来的全部产品。总产量曲线则表明了在某一投入要素不变而另一投入要素发生变动时可以达到的总产量与某一投入要素之间的相互关系。当投入的劳动比较少的时候，总产量随着劳动投入的增加而增加，但是这个增加的速度会越来越慢。当劳动的投入超过某一数量之后，随着劳动投入的增加，总产量反而会减少。所以，总产量曲线的形状是一条“倒U”形的曲线。

平均产量（average product，AP），是指在一定技术水平条件下，平均每个单位某种可变生产要素所能生产出的产量。平均产量曲线就是表示某种投入要素与其所生产出的平均产量之间的关系。平均产量随劳动投入的变化会呈现先升后降的趋势。

边际产量（marginal product，MP），是指投入要素增加一单位所带来的总产量的增加量。在简单生产函数中，短期只有劳动的投入发生变化，所以边际产量一般指劳动的边际产量，即在资本量不变时劳动投入量增加一单位所带来的总产量的增加量。边际产量曲线就是反映要素投入增加量与总产量增加量之间关系的曲线。边际产量也具有先上升后下降的趋势。但是，边际产量比平均产量先达到最高点。此后，边际产量随劳动投入的增加而下降，同平均产量曲线相交于平均产量曲线的最高点。然后，边际产量继续下降，最终会出现负值。

如果以L表示劳动的投入量，K表示资本的投入量，ΔTP、ΔL、ΔK分别表示总产量、劳动投入量和资本投入量的变化量，则上述三种产量之间具有如下关系：

劳动的平均产量=$\frac{总产量}{劳动投入量}$，即$AP_L=\frac{TP}{L}$

资本的平均产量=$\frac{总产量}{资本投入量}$，即$AP_K=\frac{TP}{K}$

劳动的边际产量=$\frac{总产量的变化量}{劳动投入的变化量}$，即$MP_L=\frac{\Delta TP}{\Delta L}$

三条曲线之间的关系如图4-1所示。

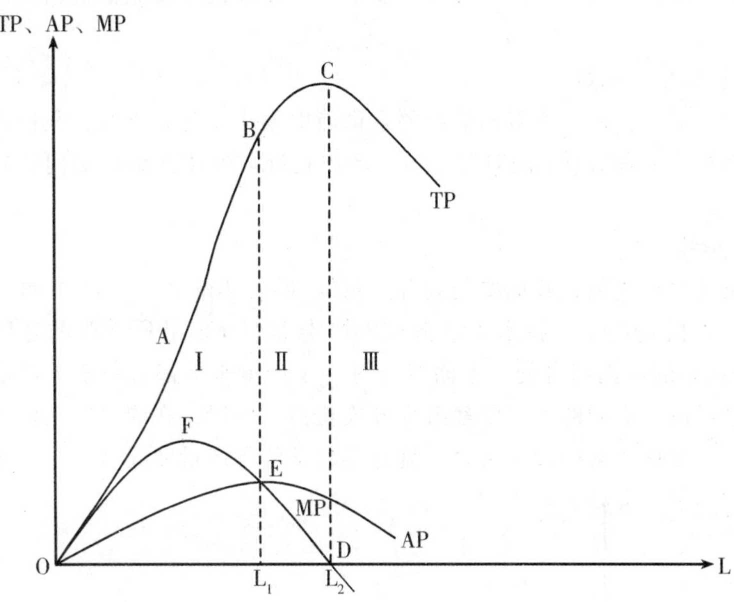

图4-1　总产量曲线、边际产量曲线与平均产量曲线

这里有几点需要注意：

（1）三条曲线都是先递增后递减。

（2）边际产量减少到零时，总产量达到最大值。边际产量为负，总产量开始递减。边际产量为总产量的一阶导数，即总产量的斜率。

（3）边际产量先达到最高点，后递减时穿越平均产量的最高点。

三条最终都递减的产量曲线，表明了短期生产中存在的边际收益递减规律（law of diminishing returns）。该规律的内容是：当其他投入不变时，随着某一要素投入量的增加，我们获得的产出增量越来越少，即其他投入不变时，随着某一投入要素的增加，每一单位该种投入要素的边际产量会下降。这是一条被人们普遍观察到的经验性的规律。

这一规律给我们的启示是：在一定条件下，高投入并不必然带来高产出。因此，必须探寻企业投入的合理区间，确定最佳的投入数量。我们可以根据图4-1对这一问题进行具体的分析。图4-1中，与平均产量线的最高点相对应的劳动投入量为L_1，与总产量线最高点相对应的劳动投入量为L_2。低于L_1的投入量我们称之为区间I，劳动投入量在L_1和L_2之间为区间II，劳动投入量大于L_2为区间III。在区间I，和可变投入劳动相比，固定投入资本的投入过多，相对来说，增加劳动投入量会有利可图，因此，作为理性的选择，企业是不会把劳动的投入量限制在这一区间内的，也就是说，相对于固定的那部分投入，变动投入部分过小。而在区间III，边际产量为负，说明劳动的投入已经过多了，减少劳动投入量反而能增加产量，即与固定要素的投入相比，可变要素劳动的投入太多了，也不经济。所以，劳动投入量处于区间III，也是一种非理性行为。只有区间II是劳动和资本这两种要素的配置最为合理的区间。当然，具体投入多少要素，还要取决于要素的价格等与成本有关的因素。

（二）长期生产函数

与短期不同，长期中所有的生产要素都能够发生变化。下面，我们研究当两种生产要素即资本K和劳动L同时变动时的产出情况以及生产者是如何达到生产者均衡的。

1.等产量线

研究长期生产函数，我们要用到等产量线（equal-product curve）这一工具。这一曲线表示在既定的生产技术条件下，生产出等产量商品所需要的各种生产要素（资本和劳动）的不同组合的一条曲线。每一个产量水平都有一条等产量曲线，表明这一产量可以由不同的生产要素组合方式获得。所以，在同一个坐标系里，横轴和纵轴分别为两种要素的投入量时，就有无数条的等产量曲线（如图4-2所示）。

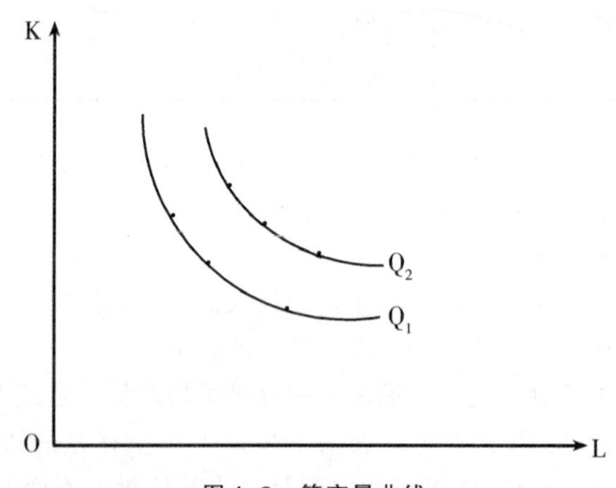

图4-2 等产量曲线

等产量曲线具有如下性质：（1）凸向原点，斜率递减。这是由于生产要素的边际技术替代率递减规律在起作用。（2）不同的等产量曲线不能相交。（3）等产量曲线的位置离原点越远，产量越高。与等产量线相关的一个概念是边际技术替代率。由等产量曲线可知，保持既定的产量水平不变，增加一种要素的使用量就必须减少另一种要素的使用量。我们用边际技术替代率（marginal rate of technology substitute，MRTS）来表示这种关系。就是在保持产量不变时，增加一单位的某种投入要素（L）所必须减少的另一种投入要素（K）的数量。这意味着，生产要素之间具有一定的替代性。根据定义有：$MRTS_{LK}=-\frac{\Delta K}{\Delta L}$，这里的负号表示两种要素的变动是一种相反的方向。同理，我们还可以定义资本对劳动的边际技术替代率。同上一章效用理论的边际替代率一样，生产要素之间的边际技术替代率也具有递减的规律，这一规律说明，随着劳动量增加和资本量减少，劳动对资本的边际技术替代率是减少的，也就是说，同样的劳动量所能替代的资本量是越来越少的，资本变得相对昂贵，而劳动变得相对廉价了，这一规律存在于所有生产过程。

2.等成本线

在其他条件不变的情况下，企业的意愿是尽可能多地增加产量，也就是尽可能实现产量水平处于离原点远的等产量线上，但生产者在购买生产要素时不能任意无限量地购买。在生产要素市场上，生产要素是有价格的，生产者在选择要素组合时，必须考虑成本。成本是厂商为获得生产要素和各种费用所进行的支付，是一种代价。在下一章我们将详细研究成本理论，这里我们考虑的是生产要素的总支出。如果用C表示成本，P_L、P_K表示生产要素L、K的价格，则有表达式：

$$C=P_LL+P_KK \tag{4-1}$$

我们称之为成本方程，表示成本和投入要素之间的关系。一般假定生产要素的价格是一定的，这样，在成本为已知时，可以在以要素L、K为坐标轴的坐标系中，画出一条直线，称为等成本线（isocost curve）（如图4-3所示）。直线上各点表示全部成本可以买得到的L、K的各种组合。

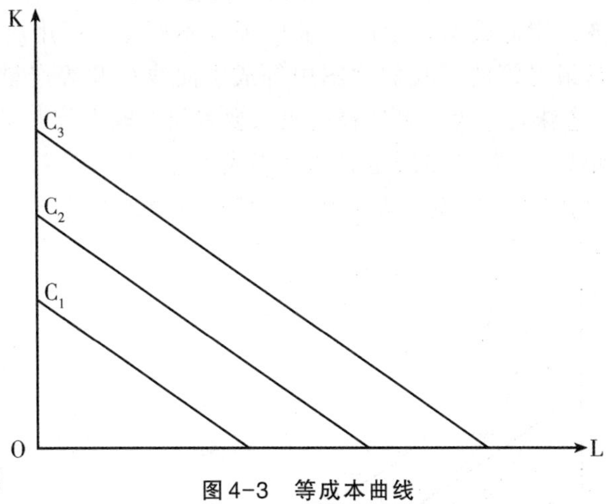

图4-3 等成本曲线

在图4-3中，我们画出了三条等成本曲线C_1、C_2、C_3。每条等成本曲线代表不同的总成本水平，总成本越大，所能购买的各种要素的量就越多，等成本曲线离原点就越远。等成本曲线的斜率为负值，即$\frac{-P_L}{P_K}$，意味着购买一种要素的量增加，就必须减少另一种要素的购买量。

（三）生产者均衡的实现

我们可以利用等产量曲线和等成本曲线来分析生产者均衡——利润最大化的实现。

首先我们通过图4-4分析在产量既定时使成本最小的情况。

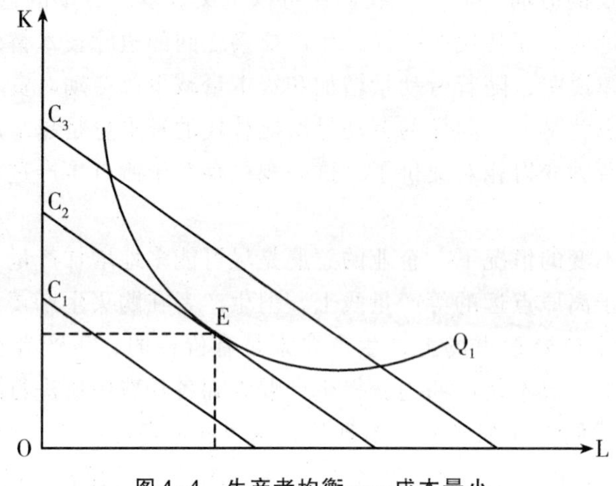

图4-4 生产者均衡——成本最小

由于产量既定，所以只有一条等产量曲线，如图4-4中的Q_1，既定的等产量曲线可以和许多条等成本曲线相交，即可以通过许多种要素组合和不同的成本投入获得。但要想实现既定产出的最小投入，必须满足下面的条件，即等产量曲线必须是和一条等成本曲线相切，图中等产量曲线Q_1和等成本曲线C_3相交，同等成本曲线C_2相切，同等成本曲线C_1既不相交也不相切。这意味着，用高成本C_3可以生产产量Q_1，但太不经济；用低成本C_1生产产量Q_1根本不可能；而用成本C_2生产产量Q_1既是可能的，又是最经济的。我们称图中等成本曲线C_2和等产量曲线Q_1的切点E为生产者均衡点。意味着，生产者选择的投入要素组合既在等产量曲线上又在可能的最低的等成本曲线上，是产量既定时的最小成本组合。

通过图4-5，我们还可以说明成本既定时使产量最大的情况。

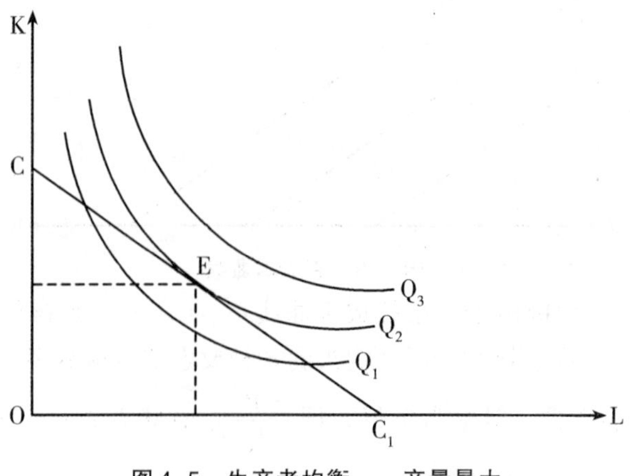

图4-5 生产者均衡——产量最大

当然，现实中企业面临的选择可能是另外的一种情况，即成本是给定的，假设为C。企业的选择是有多少钱就办多少事。那么，既定成本可以由图中等成本曲线CC_1表示。既定的等成本曲线可以和许多条等产量曲线相交，但只和一条等产量曲线相切。图4-5中等成本曲线CC_1同等产量曲线Q_1相交，同等产量曲线Q_2相切，同等产量曲线Q_3既不相交也不相切。这意味着，用成本C可以生产产量Q_1，但不经济；用成本C生产产量Q_3则是不可能的；用成本C生产产量Q_2既是可能的又是最经济的。同样，我们称图中的E点为生产者均衡点，这意味着生产者选择的要素投入组合既在等成本曲线上又在可能的最高的等产量曲线上，是成本既定时的最大产量组合。

无论是产量既定时的最小成本的要素组合，还是成本既定时的最大产量的要素组合，都是最优要素组合，都是等产量曲线和等成本曲线切点的组合，也就是以最小成本生产最大产量的组合。在生产者均衡点上，生产者达到了用最小成本生产最大产量，也就达到了利润最大化。

在生产者均衡点上，等产量曲线的斜率恰好等于等成本曲线的斜率。又由于等产量曲线斜率的负值等于两种生产要素的边际技术替代率，而等成本曲线的斜率等于两种生产要素价格比值的负值，我们可以推导出生产者均衡的条件：

两种生产要素的边际技术替代率=两种要素的价格之比

即：

$$MRTS_{LK}=\frac{\Delta K}{\Delta L}=\frac{P_L}{P_K} \quad (4-2)$$

同时，我们还可以证明，两种生产要素的边际技术替代率等于两种生产要素的边际产量之比，所以又有：

$$\frac{\Delta K}{\Delta L}=\frac{MP_L}{MP_K}$$

$$\frac{\Delta K}{\Delta L}=\frac{MP_L}{MP_K}=\frac{P_L}{P_K} \quad (4-3)$$

于是，我们可以得到下列式子：

$$\frac{MP_L}{MP_K}=\frac{P_L}{P_K}$$

即：$$\frac{MP_L}{P_L}=\frac{MP_K}{P_K} \quad (4-4)$$

式中：MP_L、MP_K表示生产要素L和K的边际产量。

我们还可以推至多生产要素的最佳投入组合的符合条件：

$$\frac{MP_1}{P_1}=\frac{MP_2}{P_2}=\frac{MP_3}{P_3}=\cdots=\frac{MP_n}{P_n} \quad (4-5)$$

这一式子表明，生产者均衡时，它的每一单位货币购买不同的生产要素所获得的边际产量都是相等的，这时，生产者实现了利润最大化。换言之，企业会这样去组合自己的各种生产要素投入，使得每种生产要素每增加一元钱投入所带来的边际产量应该是相等的。

三、规模收益

长期中，所有的生产要素的投入量都是可以变动的。投入和产出的关系，我们可以用规模收益来进行研究。所谓规模收益（returns to scale）是指所有生产要素同时同比例增加时，所引起的产量以及收益的变化。根据产量和生产规模之间的关系，规模收益分为三种情况：

规模收益递增（increasing returns to scale）：这时由于生产要素投入的增加，总产量增加的百分比大于生产要素增加的百分比，即产量变化率大于投入要素变化率。

规模收益不变（constant returns to scale）：这时由于生产要素投入的增加，总产量增加的百分比等于生产要素增加的百分比，即产量变化率等于投入要素变化率。

规模收益递减（decreasing returns to scale）：这时由于生产要素投入的增加，总产量增加的百分比小于生产要素增加的百分比，即产量变化率小于投入要素变化率。

规模收益可以用图4-6来表示。

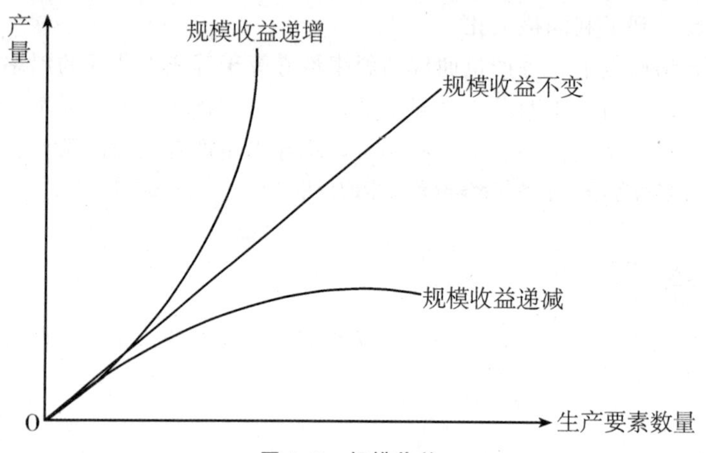

图4-6 规模收益

需要说明的是，规模收益反映的是当所有生产要素以相同的比例增加时，投入与产出变量的关系。而我们以前研究过的边际收益，反映的是一种可变生产要素投入变化时，投入和产出变量之间的关系。我们可以用表4-1反映投入要素为两种时投入和产出变量的关系。

表4-1 产出变量的短期增加和长期增加

短期			长期		
要素1投入量	要素2投入量	产出变量	要素1投入量	要素2投入量	产出变量
2	1	25	1	1	15
2	2	45	2	2	35
2	3	60	3	3	60
2	4	70	4	4	90
2	5	75	5	5	125

短期中，产量的增加是由于要素2投入的增加所引起的，而长期中，两种投入都增加了，使得产出变量增加。

第二节　成本理论

由于资源的稀缺性，企业必须为自己的投入付出代价，这种代价就是成本。成本及其相关概念是我们研究生产者行为的一个重要方面，这一节，我们来研究成本理论。

一、成本

我们知道，成本（cost）就是一种代价，就是一个企业为生产各种产品所投入的各种生产要素的总价值。成本的衡量通常有两种方法：一种是会计成本；一种是经济成本。会计成本（accounting cost）是指企业根据会计方法计算出来的货币费用的大小。衡量的是一种历史成本，即实际发生的所投入要素的价值。通常这可以通过企业的账面反映出来，这是会计师所采用的方法。因此，这样的成本也被称为显性成本。经济成本（economic cost）则不仅衡量企业实际发生的各种支付，还要包括那些隐性成本，即在生产过程中使用的，但又未被支付报酬的那一部分费用。这通常是与各企业的自有生产要素相关的生产产品和劳务的所有机会成本。

从以上关系我们可以知道各种成本具有以下的关系：

利润=收入-成本

会计成本=显性成本

经济成本=显性成本+隐性成本

根据成本的不同，我们可以定义不同的利润。

会计利润=收入-会计成本

经济利润=收入-经济成本

会计利润是会计核算时使用的利润计算方法，经济利润是我们经济学中所使用的利润计算方法。所以，当我们说一个企业的利润等于零时，并不意味着在会计上没有挣到钱，而是意味着这个企业所使用的生产要素都得到了补偿。无论是在市场上购买的，还是自己拥有的，都得到了市场上能够得到的最好报酬，其为零的含义是没有超过现有情况下能够得到的报酬。图4-7反映了这几个概念之间的关系。

根据生产要素的可调整程度，我们把成本的研究分成短期成本和长期成本进行。

二、短期成本

短期成本是企业在短期里所承担的成本，这里的短期是指至少有一种生产要素不能发生变动的一个时期。短期成本包括如下一些成本：

总成本（total cost，TC）是指企业生产一定产量所必须承担的全部费用。在短期内，投入分为可变投入和不变投入。相应地，总成本也分为两个部分，即总不变成本（fixed cost，FC）和总可变成本（variable cost，VC）。前者又称固定成本，是

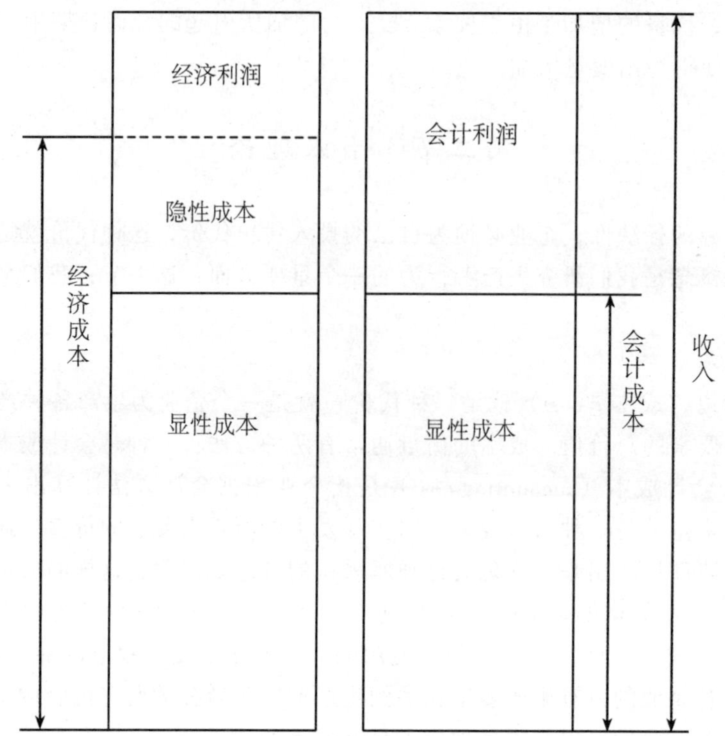

图4-7 经济利润和会计利润的比较

指不随产量变化而变化的成本。无论生产的产量是多少，也不论企业是否进行生产，企业都必须支付这一成本，通常这一成本包括厂房、机器设备、管理人员工资等。可变成本又称变动成本，是随产量变化而变化的成本，产量为零时，可变成本也为零，产量越多，可变成本也就越大，通常这一成本包括原材料、燃料、生产工人工资等。于是，短期总成本就可以写为：

$$TC=FC+VC \tag{4-6}$$

边际成本（marginal cost，MC）是指增加一个单位产量的生产所增加的成本，用公式表示为：

$$MC=\frac{\Delta TC}{\Delta Q} \tag{4-7}$$

式中：ΔTC、ΔQ表示总成本的变化量和产量的变化量。

平均成本（average cost，AC）是指平均每单位产品所耗费的成本，它随产量变动而变动，用公式表示为：

$$AC=\frac{TC}{Q}=\frac{FC+VC}{Q}=AFC+AVC \tag{4-8}$$

其中，AFC我们定义为平均不变成本（或平均固定成本），是指每单位产品所耗费的固定成本，也就是按产量平均计算的固定成本。AVC我们定义为平均可变成本（或平均变动成本），是指平均每单位产品所耗费的可变成本，也就是按产量平均计算的可变成本。

下面我们通过几何图形来考察上面几种成本之间的关系。

我们先从总变动成本来看，由于总变动成本和产量有关，所以，变动成本会随产量的增加而增加。而且一般地，变动成本曲线先是以递减的速度上升，后以递增的速度上升。

由于总固定成本在短期内是不变的，所以它是一条平行于横轴的直线，而总成本是变动成本和固定成本之和，所以总成本的形状与总变动成本的形状是一样的，且在总变动成本的正上方，两者垂直距离等于总固定成本的大小。总成本曲线如图4-8所示。

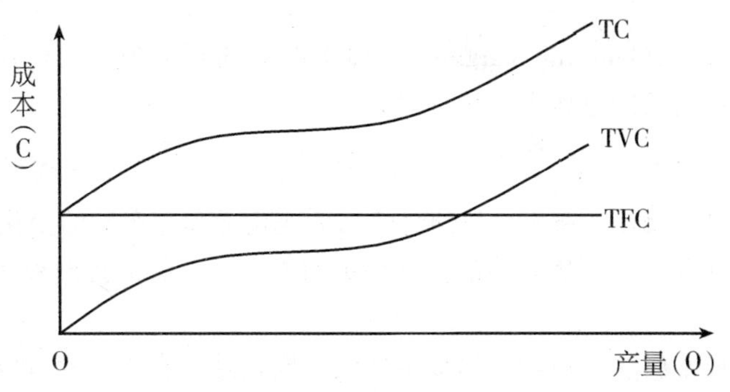

图4-8 总成本曲线

平均固定成本随产量的增加而递减，这是显而易见的，并渐渐接近于零，趋近于横轴，因此，平均固定成本曲线是向右下方倾斜的。平均变动成本曲线和平均总成本曲线呈“U”形，平均总成本曲线在平均变动成本曲线的上方，两者之间的垂直距离为相应产量下的平均固定成本的大小，由于平均固定成本是递减的，所以，随着产量的增加，平均总成本和平均变动成本之间的距离是逐渐缩小的，两者越来越接近。边际成本曲线也是呈“U”形的，边际成本曲线先后向上穿越平均变动成本曲线和平均总成本曲线的最低点。也就是说，当边际成本小于平均变动成本和平均总成本时，平均变动成本和平均总成本是递减的；当边际成本大于平均变动成本和平均总成本时，平均变动成本和平均总成本是递增的（如图4-9所示）。

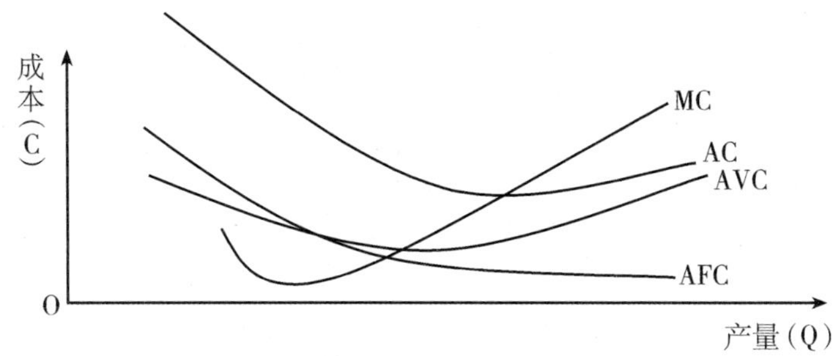

图4-9 各种平均成本之间的关系

三、长期成本

在长期中，企业有足够的时间来调整各种生产要素的投入，以便用最低的成本进行生产。也就是说，在长期中，所有投入都是可变的，因此，长期成本没有可变成本与不变成本之分，只有三个成本变量，即长期总成本、长期平均成本和长期边际成本。

长期总成本（long-run total cost，LTC）是厂商预期的在长期中改变生产规模以生产各种产量所需的最低成本。如果各种产量都在最优生产规模上生产，也就是说，以最优的生产要素的组合来进行生产，则由此而支付的总成本就是长期总成本。长期总成本是产量的函数，意味着长期总成本随产量变动而变动，一切要素均可以调整。

长期平均成本（long-run average cost，LAC）是厂商预期的在长期中改变生产规模以生产各种产量所消耗的最低平均成本，它等于长期总成本与产量之商，即：

$$LAC=\frac{LTC}{Q} \tag{4-9}$$

长期边际成本（long-run marginal cost，LMC）是厂商预期的在长期中增加一个单位产量所引起的长期总成本的增加量，即：

$$LMC=\frac{\Delta LTC}{\Delta Q} \tag{4-10}$$

式中：ΔLTC、ΔQ分别表示长期总成本的变化量和总产量的变化量。

在三种长期成本中，最常用的是长期平均成本，下面，我们来介绍一下长期平均成本曲线。

长期平均成本曲线与短期平均成本曲线不同之处，在于厂商可以根据不同的产量选择最优的生产规模，所以，长期平均成本是在允许选择最优规模的条件下，每一产量水平上可能的最低平均成本。现在假定厂商可供选择的生产规模有三种，SAC_1、SAC_2、SAC_3代表三条不同生产规模的短期平均成本曲线。从图4-10中可以看出，当产量小于Q_1时，AB段的成本是最小的，故易采用SAC_1的生产规模。当产量介于Q_1与Q_2之间时，BC段的成本是最小的，这时应该采用的就是SAC_2的生产规模了。当产量大于Q_2时，CD段的成本就是最小的了，就应该采用SAC_3的生产规模。所以，从长期来看，随着产量的变化，生产规模可以选择和变更，其平均生产成本曲线为ABCD线，即各短期平均成本曲线交点以下的部分，交点以上的虚线部分与长期平均成本曲线无关。

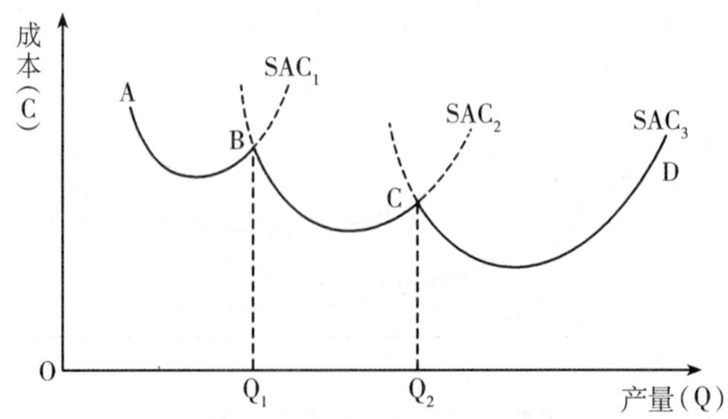

图4-10 短期平均成本曲线与长期平均成本曲线

现在，我们再进一步假定可供选择的生产规模不止上述三个，而是有很多个，则短期成本曲线就有多个，此时交点以下的长期平均成本曲线也就逐渐接近于一条平滑的曲线，称为短期平均成本曲线的包络线，呈“U”形，如图4-11所示。需要注意的是，长期平均成本曲线并不是与所有的短期平均成本曲线的最低点相切，而只与其中的一条短期平均成本曲线的最低点相切，即图中的A点，它也是长期平均成本曲线的最低点。其他规模的短期平均成本曲线则不和长期平均成本曲线的较低点相切。在A点的左侧，长期平均成本曲线与短期平均成本曲线最低点的左侧相切；在A点的右侧，长期平均成本曲线与短期平均成本曲线最低点的右侧相切。

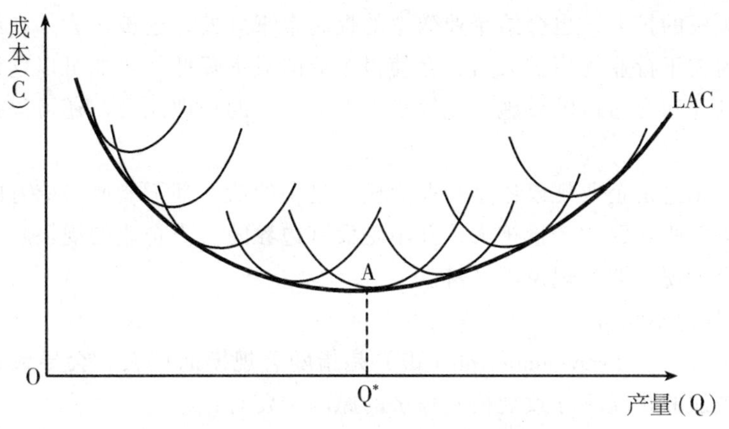

图4-11 长期平均成本曲线

虽然短期平均成本曲线与长期平均成本曲线的形状都是呈“U”形的，但它们的含义是不同的。短期平均成本曲线呈“U”形是因为边际收益递减规律在起作用，而长期平均成本曲线呈U形是因为长期中，随着规模的变化，会出现所谓规模经济和规模不经济。

四、规模经济

（一）规模经济

规模经济（economics of scale）是指由于生产规模扩大而导致每单位产量成本下降的情况。

出现规模经济的原因主要有以下几个：

1.生产专业化程度提高

当生产要素同时增加的时候，可以提高生产要素的专业化程度，例如，劳动者分工更细了，每个工人从事单一工序、重复率高的工作，有利于提高工人的熟练程度，加快速度，这会提高劳动生产效率。另外，也有利于机械设备的专业化分工。生产规模的扩大，使企业能够在不同的工序使用专业化的机器设备，利用与大批量生产相联系的先进技术与先进工艺，这也使生产的效率大大提高。

2.生产要素的不可分性

有些要素必须达到一定的生产水平，才能更有效率。这表明原有生产规模中含有扩大生产的潜力。如一个邮递员每天原来给某地段送100封信，现在有2 000封信要送时，也许只要增加2个或3个人就够了，并不需要配备20名邮递员。

3.管理效率的提高

生产规模扩大时，容易实行现代化管理。现代化的管理，会产生一种新的生产力，合理的、先进的管理可以更进一步充分发挥各要素的组合功能，带来更大的效率和收益。另外，企业规模扩大后，管理机构和管理人员不一定随企业规模的扩大而同比例扩大，也会使得管理效率随规模的扩大而提高。

除此之外，大规模所带来的经营优势、抗风险能力以及能够提高副产品的利用效率等等因素，都会为规模经济的实现带来一定的可能性。不可忽视的是，企业所处的行业规模的扩大，也会给企业效率的提高带来好处，这被称为外在经济。外在经济的原因在于行业规模扩大后，会使得企业的成本降低。比如可以建设成较大规模的原料基地和交通运输设施，能够扩大专业人员的培训能力，还可以提高信息交流效率。

所以，无论是企业规模还是行业规模，过小的话，都不能取得应有的效率。当然，规模扩大所导致的产量扩大，并不是没有边界的。当企业的规模超过一定界限之后，就会出现所谓的规模不经济。

（二）规模不经济

规模不经济（diseconomics of scale）是指随着规模的扩大，会导致企业的单位产量成本增加的状况。导致规模不经济的原因主要有：

1.管理效率降低

规模过大后，会导致管理效率的降低。因为大规模的企业，内部机制难以协调，管理与指挥系统十分庞杂，信息传递缓慢，一些重要问题只能一级一级反映给决策者，而重要的决定要由决策者一级一级传达给生产者，这样会贻误时机。而且大企业不容易对基层部门和每位员工的工作进行有效的监督，缺乏准确的业绩衡量与直接的激励机制。

2.运输、销售成本的上升

规模过大企业的投入多、产出大，不得不从更远的地方获得原材料，再把产品运到更远的地方去销售，这都导致运输过程中成本的上升。而且对生产要素的大量需求，也刺激要素价格的上升而增加了成本。

另外，行业规模的扩大，也会给个别企业带来不利于增加产量和降低成本的因素。主要是由于行业规模扩大后，生产同类产品的大企业增加，会加剧同行业大企业间的竞争。为此，企业往往要在扩大市场销售、获得廉价原材料等方面付出较多的代价。

图4-11中，长期平均成本曲线的下降部分对应于规模经济阶段，即规模的扩大，导致了成本的降低。而当规模进一步扩大，产量超过Q^*之后，规模的扩大将伴随着平均成本的上升，所以，出现了规模不经济。企业的规模究竟多大才比较合理，为适度的规模，并没有一个统一的标准，不同的行业有不同的特点。在考虑适度规模的时候，应该从以下两点出发：一是行业的技术特点。一般来说，需要的投资量大，所用的设备复杂的行业，适度规模也比较大。而所需投资比较小，所用设

备比较简单的行业，适度规模也小。前者如汽车、冶金行业等；后者如服装、食品行业等。二是交通条件、能源供给等其他因素也会对适度规模的确定产生一定的影响。

关键概念

短期 长期 平均产量 边际产量 边际技术替代率 显性成本 隐性成本 规模经济 规模不经济

综合训练四

一、选择题（单项或多项选择）

1.企业又称厂商，是一种将诸如劳动、资本和土地等不同生产要素集合起来，从而生产出产品与服务，并通过对这些产品与服务的销售以获得利润的组织。一般说来，企业包括以下组织形式：（ ）。

A.业主制企业 B.合伙制企业 C.公司制企业

D.中外合作企业 E.私人企业

2.在短期中，总产量曲线、平均产量曲线和边际产量曲线的走势图中，正确的说法是（ ）。

A.三条曲线都是先递增后递减

B.三条曲线都是先递减后递增

C.边际产量减少到零时，总产量达到最大。边际产量为负，总产量开始递减

D.边际产量先达到最高点，递减时穿越平均产量的最高点

E.三条最终都递减的产量曲线，表明了短期生产中存在的边际收益递减规律

3.当边际产量大于平均产量时，（ ）。

A.平均产量增加 B.平均产量减少 C.平均产量不变

D.平均产量达到最低点 E.平均产量无法确定

4.关于会计成本、经济成本、会计利润和经济利润，正确的说法是（ ）。

A.会计成本衡量的是一种历史成本，即实际发生的所投入要素的价值

B.经济成本不仅衡量企业实际发生的各种支出，还要包括那些隐性成本

C.会计成本也被称为显性成本，经济成本也称为隐性成本

D.经济成本=显性成本+隐性成本

E.经济利润=收入-经济成本

5.随着产量的增加，短期固定成本（ ）。

A.增加 B.减少 C.不变

D.先增加后减少 E.无法确定

6.企业购买生产要素的费用是（ ）。

A.隐性成本 B.显性成本 C.变动成本

D.经济成本 E.固定成本

7.关于长期平均成本和短期平均成本的关系，以下正确的是：（ ）。

A.长期平均成本曲线上的每一点都与短期平均成本曲线上的某一点相对应

B.短期平均成本曲线的每一点都在长期平均成本曲线上

C.长期平均成本曲线上的每一点都对应着某一短期平均成本曲线的最低点

D.以上都不对

8.短期平均成本曲线呈“U”形，是因为（　　）。

A.外部经济问题　　B.内部经济问题

C.规模经济问题　　D.边际收益递减规律

E.以上都对

9.厂商的长期平均成本曲线呈“U”形，是因为（　　）。

A.外部经济问题　　B.内部经济问题

C.规模经济问题　　D.边际收益递减规律

E.以上都不对

10.出现规模经济的原因主要有以下几个方面：（　　）。

A.生产专业化程度的提高　　B.生产要素的不可分性

C.管理效率的提高　　D.生产规模扩大产生的经营优势

E.行业规模的扩大带来的外在经济，例如成本降低

二、填空题

1.出现规模经济的原因主要有三个方面：________、________、________。

2.生产者均衡时，每一单位货币购买不同的生产要素所获得的边际产量都是________的。

3.无论是产量既定时的最小成本的要素组合，还是成本既定时的最大产量的组合，都是最优要素组合，都是________与________切点的组合。

三、简答题

1.企业通常包括哪几种组织形式？

2.规模收益分几种情况？

3.引起规模不经济的原因是什么？

4.简述边际收益递减规律的主要内容。

四、计算题

已知$MC=9Q^2+4Q+5$，$Q=10$，$TC=4\ 000$。

要求：

请分别求TC、AC、VC和AVC的函数形式。

第五章　完全竞争市场

第一节　完全竞争市场的特征

完全竞争（perfect competition）市场也被称为纯粹竞争市场，是一种没有任何垄断因素的市场。因而，竞争不受任何阻碍地在企业之间进行。

一、完全竞争市场的条件

确切地说，一个完全竞争的市场必须具备下列条件：

（一）市场上有无数的买者和卖者

完全竞争市场上存在大量的买者和卖者，其中每一个成员所提供或购买的份额相对于整个市场规模来说非常小，以至于谁也不能影响产品的价格，对市场价格没有任何控制力量。换句话说，市场价格是由整个市场的供求关系决定的，每个生产者与消费者都只能是既定价格的接受者（price-taker），而不是这一价格的决定者。

（二）行业中各企业销售的商品是同质的

行业中所有的企业生产的产品具有同质性，所有进入市场的商品在经济上和技术上都不存在任何差别，具有完全替代性。行业中，所有企业都提供标准化产品。产品的同质性不仅表现在产品的质量上，而且也表现在产品的形式上和服务上。因此，如果广告和商标失去作用，企业就无法通过产品差别控制价格或扩大销售量。

（三）资源完全自由流动

各种生产要素具有完全的流动性，不受任何限制，即除时间因素外，不存在企业进出某一行业的任何限制。

（四）具有完备的信息

生产者和消费者都可以获得完整而迅速的市场供求信息，不存在供求以外的因素对价格决定和市场竞争产生影响。

显然，完全竞争市场的上述四个条件是极其苛刻的。因而，在现实生活中，完全符合完全竞争条件的市场实际上是不存在的。有些农产品市场通常能满足其中的一些条件，因而在现实生活中是最接近于完全竞争的。但这并不意味着完全竞争的模型是没有用处的。对完全竞争市场的分析，在理论上有重要的意义。首先，完全竞争市场的分析是各种类型市场的理论基础。其次，完全竞争市场被认为是资源达到了最佳配置，效率最高的一种市场结构，被作为是一种理想的模式，成为一个社会资源是否合理使用的比较标准。

二、竞争企业面临的需求曲线

如果我们把所有生产相同产品的企业的总和称为行业的话，那么行业所面临的需求曲线应该由商品市场的所有消费者需求加总而得到，它表示市场价格与该种商品销售量之间的关系，主要取决于消费者行为，其曲线是向右下方倾斜的。

在完全竞争市场，每个企业在全部产量中所占的比重微乎其微，所以，单个企业产量的变化对市场价格的影响甚至可以忽略不计。也就是说，每个企业按照市场决定的价格能够卖出他愿意卖出的任意数量。因此，完全竞争市场企业的需求曲线是一条水平线。这表明完全竞争企业处于这样一种地位，即它是市场供求所决定的均衡价格的接受者而不是决定者。如图5-1（a）所示，假定一个行业或市场的产品供给和需求所确定的均衡价格为P_0，均衡数量为Q_0，而单个企业的状况如图5-1（b）所示。由于任何企业无法支配价格，所以，单个企业只能按P_0销售产品。所以，图中的d曲线是单个企业面临的需求曲线，它是以既定的市场价格P_0为高度，平行于横轴的水平线。它表示如果一个企业试图提高其产品售价，就会丧失全部市场份额。而既然P_0是市场均衡价格，企业在这一价格下就可以销售其全部有限产品，企业也无必要降低价格。因此，单个企业只能在既定的价格下调整产量。

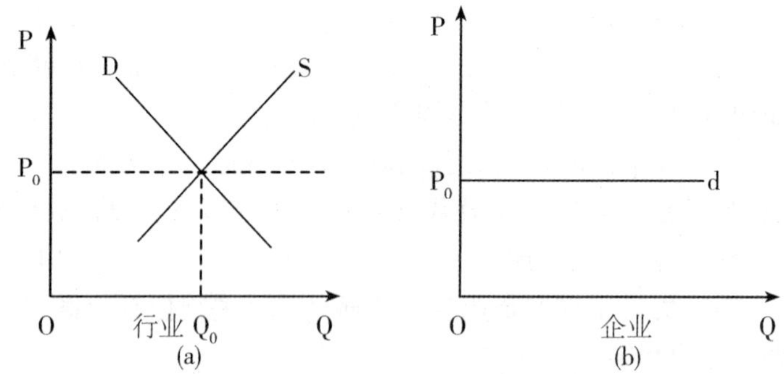

图5-1 市场的均衡价格决定了企业面临的需求曲线

三、完全竞争企业的收益曲线

企业通过生产、销售产品所获得的收益可以用总收益、平均收益和边际收益表示。

总收益（total revenue，TR）是企业销售产品的总收入，等于市场价格（P）和产品销售量（Q）的乘积，即：

$$TR=P\cdot Q \tag{5-1}$$

平均收益（average revenue，AR）则是指企业销售每单位商品后所得到的平均收入。平均收益等于总收益除以产品销售量，也就是产品的市场价格。

$$AR=\frac{TR}{Q}=\frac{P\cdot Q}{Q}=P \tag{5-2}$$

边际收益（marginal revenue，MR）是指每增加或减少一个销售量所引起的总收益的变动。

$$MR=\frac{\Delta TR}{\Delta Q} \tag{5-3}$$

在完全竞争市场，由于单个企业无论销售量如何变化，其单位产品的价格都保持不变，所以，平均每一单位产品的销售所获得的收入即平均收益和每一单位产品的边际收益都等于固定不变的销售价格，即AR=MR=P。这样，图5-1（b）中的水平线，既是完全竞争企业的需求曲线，同时又是平均收益曲线和边际收益曲线，它们三者是重合的（如图5-2所示）。

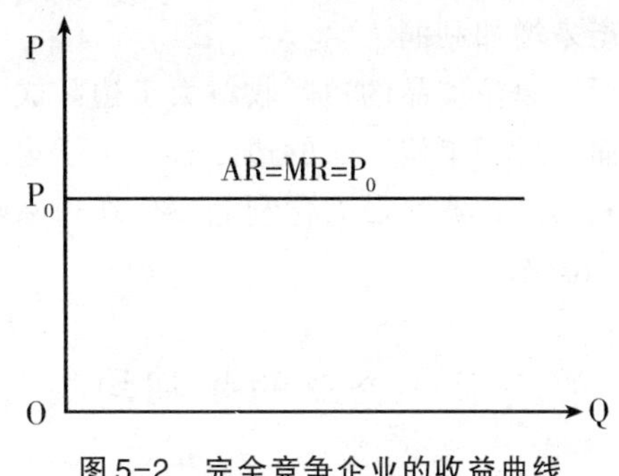

图5-2　完全竞争企业的收益曲线

四、利润及其最大化

我们仍然假设企业生产的目的是追求利润的最大化，即总收益和总成本之间的差额最大。我们举例来说明某企业实现利润最大化的条件，假设产品的价格为每500克6元。

表5-1给出了某企业随产量的变化，收益、成本和利润的变化情况。用总收益减去总成本，我们得到第4列的利润。在不进行生产时，由于已经进行了3元钱的固定资本的投入，所以，企业会亏损3元。随着产量的增加，企业的利润会不断地增加，但增加到一定程度会减少。

表5-1　企业的产量与利润

产量单位：500克，其他量单位：元

产量（Q）	总收益（TR）	总成本（TC）	利润（π）	边际收益（MR）	边际成本（MC）
0	0	3	-3	0	0
1	6	5	1	6	2
2	12	8	4	6	3
3	18	12	6	6	4
4	24	17	7	6	5
5	30	23	7	6	6
6	36	30	6	6	7
7	42	38	4	6	8

企业在做决策时，为了确定实现最大化利润的产量，可以对每一单位的边际收益和边际成本进行比较。见表5-1的第5和第6两列，当企业生产第一单位产品时，因此而增加的收益量即边际收益为6，增加的成本即边际成本为2，因此，这一单位的产品使利润增加了4元。前4个单位的产品生产具有相同的特点，即边际

收益大于边际成本，说明这时只要增加生产，企业的利润都会进一步增加。而从6个单位的产品开始，边际收益开始小于边际成本，这时，增加产品的生产只会使利润减少。只有在生产4个或5个产品时，使利润达到了最大化。因为这时不可能通过增加或减少产品的生产来增加利润了。

也就是说，只要最后一单位产品的边际收益大于边际成本，企业就可以通过增加产品产量增加利润，而最后一单位产品的边际收益小于边际成本时，企业可以用减少产量的方法来增加利润。企业的最大化利润发生在边际收益和边际成本相等的产量水平上，即此时，MR=MC。

第二节　企业的短期均衡

企业的均衡状态，是由利润最大化时，企业生产产品的产量和出售产品的价格所决定的。在完全竞争市场，作为价格的接受者，企业的均衡仅仅是由均衡产量就可以确定的，因为企业只是价格的接受者。企业将根据MR=MC的原则确定其均衡产量。

一、短期企业的产量调整

短期内，企业的固定投入不变，面对既定的市场价格，企业可以在一定范围内调整变动投入。在既定的规模之内调整产量，实现利润最大化。

下面的分析中，我们给出了短期中具有代表性企业的平均成本曲线AC、平均变动成本曲线AVC和边际成本曲线MC。之所以称其为代表性企业，是为了分析简便，我们假设市场中每个企业的生产和成本状况是一样的，所列举企业是全部企业的一个代表。

由于在完全竞争市场中，企业只能接受既定的价格，因此，当市场价格不同时，企业的收益状况和决策也是不同的。企业在短期均衡中，可能会出现以下三种状态：

（一）企业面临的需求曲线高于平均成本曲线的最低点

此时，市场价格相对较高，即图5-3中的P_1，由其所决定的企业面临的需求曲线d_1、平均收益曲线AR_1和边际收益曲线MR_1的位置也比较高，并且和边际成本曲线MC交于E_1点。根据利润最大化的MR=MC的原则，则E_1点所对应的产量Q_1将是企业实现利润最大化时的产量。图5-3中，当产量为Q_1时，企业的收益和成本则分别可以由其所对应的平均收益曲线AR_1和平均成本曲线AC决定为P_1和AC_1。因为总收益=平均收益×产量，即$TR=AR_1 \cdot Q_1$；总成本=平均成本×产量，即$TC=AC_1 \cdot Q_1$。利润为总收益和总成本的差额，所以，利润$\pi=TR-TC=AR_1 \cdot Q_1-AC_1 \cdot Q_1=(AR_1-AC_1) \cdot Q_1$。而此时，当价格为$P_1$时，$AR_1=P_1>AC_1$，所以，TR>TC，企业在盈利的条件下实现了均衡。均衡时，总收益TR在图中可由矩形$P_1OQ_1E_1$的面积表示，总成本TC则可由矩形$AC_1OQ_1F_1$的面积表示。二者之差即小矩形$P_1AC_1F_1E_1$所表示的面积，即企业所得到的经济利润。

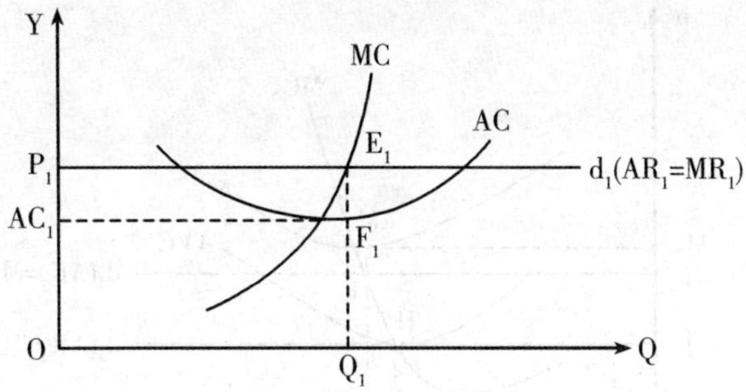

图5-3　经济利润大于零时的企业均衡

（二）企业面临的需求曲线与平均成本曲线的最低点相切

在这种情况下，企业同样将会按照MR=MC的原则进行产量调整（如图5-4所示），此时市场价格为P_2，企业将会把产量确定为Q_2水平。因为此时企业面临的需求曲线与平均成本曲线的最低点相切，所以，在实现利润最大化时，平均收益和平均成本相等，即AR=AC，因此，总收益与总成本相等。在P_2价格水平上，企业没有盈利，也没有亏损，只能获得正常利润。

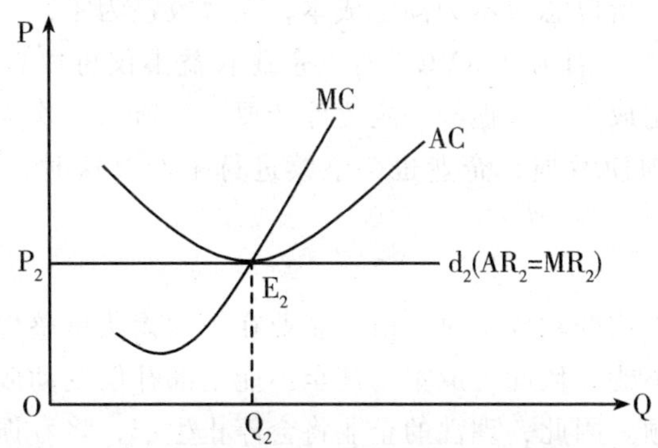

图5-4　经济利润等于零时的企业均衡

平均成本与边际成本曲线的交点即平均成本曲线的最低点被称为收支相抵点，即企业所有的投入包括机会成本恰好得到了补偿。当价格水平高于这一点时，TR>TC，企业会获得超额利润，这是我们分析过的第一种情况。当价格低于这一点时，TR<TC，企业会蒙受亏损，这是我们将分析的第三种状态。

（三）企业面临的需求曲线低于平均成本曲线的最低点

第二种状态中，企业只能获得正常利润，超额利润为零。如果市场价格继续下降，使得企业面临的需求曲线继续下移，移到平均成本曲线的最低点以下，如图5-5中的d_3。根据MR=MC原则，企业把产量调整为Q_3。此时，企业的平均收益为P_3，平均成本为AC_3，$AC_3>P_3$，TC>TR，企业面临亏损。亏损大小可由矩形$AC_3P_3E_3M$的面积表示。

那么，当亏损时，企业是否还会继续进行生产?这一问题不能一概而论。这取决于此时的价格和平均可变成本AVC的关系。当P<AC，企业亏损时，企业所面对的平均可变成本AVC可能有两种情况：

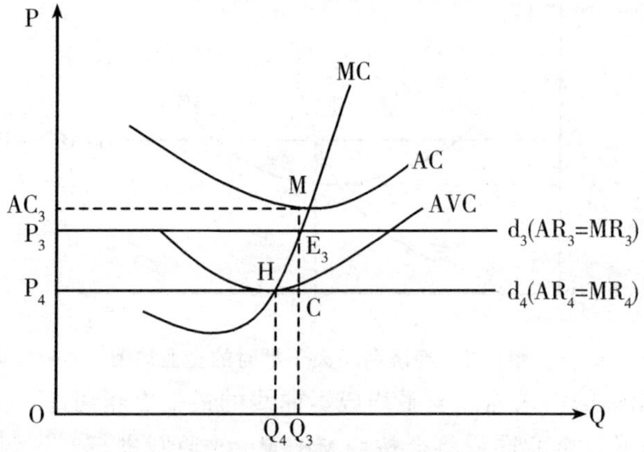

图 5-5 经济利润小于零时的短期均衡

1.AVC<P<AC

这是一种价格小于平均成本却大于平均变动成本的状况。判断此时企业是否继续生产，取决于哪一种情况能使其损失最小。如果企业停产，因为是短期，仍需支付全部固定成本，所以总成本为固定成本，而总收益为零，所以亏损总额是固定成本；如果继续生产，因为P>AVC，所以企业收益不仅可以补偿全部可变成本，还可以弥补部分固定成本，亏损额一定比停产要小。所以，作为一个理性的企业，当AVC<P<AC时，即使亏损，企业也会继续进行生产。这时，虽无利润，但可减少固定成本的损失。

2.0<P<AVC

当价格低于平均变动成本时，由于企业在短期无法调整生产规模，所以，继续生产的结果不仅不能补偿固定成本，甚至不能全部补偿变动成本，此时的亏损额将会超过固定成本额。因此，理性的企业将会停止生产，将亏损保持在最小，即固定成本的数量上。

通过分析我们发现，平均变动成本曲线的最低点H是一个临界点。当企业的需求曲线处于平均变动成本的最低点时，企业是否进行生产呢?就利润状况而言，两者的结果是一致的。即无论是否生产，亏损额都相当于固定成本。因此，是否生产，取决于企业对未来市场状况的判断。如果价格高于这一点，无论盈利还是亏损，企业将会继续进行生产。如果价格低于这一点，企业将不再进行生产，而是停业，所以，这一点被称为企业停业点。

完全竞争企业将在高于企业停业点的任何价格水平上达到其产量均衡。

所以，短期内，企业的均衡条件是：

$$MR=MC=P=AR$$

$$P\geq AVC \tag{5-4}$$

二、完全竞争市场的供给曲线

（一）企业的短期供给曲线

根据供给曲线的含义，企业的短期供给曲线是指在短期企业愿意并且能够提供的产品的数量与价格之间的对应关系。上述问题的论述，已经涉及了这种关系。对每一个企业而言，与每一个市场价格相对应，都有一个企业获得利润最大化时的产量，即此时企业愿意并且能够提供产品的数量。当价格为P_1时，企业提供产品的数量为Q_1；当价格为P_2时，企业提供产品的数量为Q_2；当价格为P_3时，尽管亏损，企业仍提供Q_3数量的产品。这样，我们就可以得到如图5-6所示的企业短期供给曲线。显然这条曲线就是位于平均变动成本曲线最低点以上的那部分短期边际成本曲线。因此，短期内，企业的供给曲线就是企业停业点以上部分的边际成本所代表的曲线。

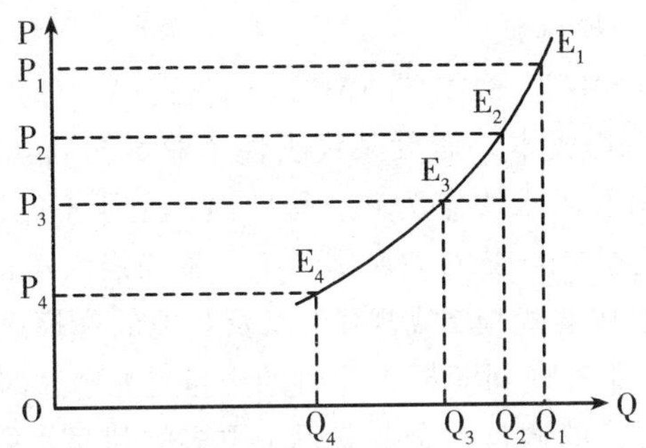

图5-6　完全竞争市场中企业的短期供给曲线

（二）行业的供给曲线

如果假定完全竞争行业所有企业同时增加或减少产量并不影响投入要素的价格，则完全竞争市场中行业的短期供给曲线可以看成是行业内所有企业的短期供给曲线的水平相加。为简化起见，我们可以假设行业中只有三个企业，其供给曲线分别为S_1、S_2、S_3，则行业的供给曲线为S。S表示的是相对各种价格水平来说，行业内所有企业提供的产量之和（如图5-7所示）。

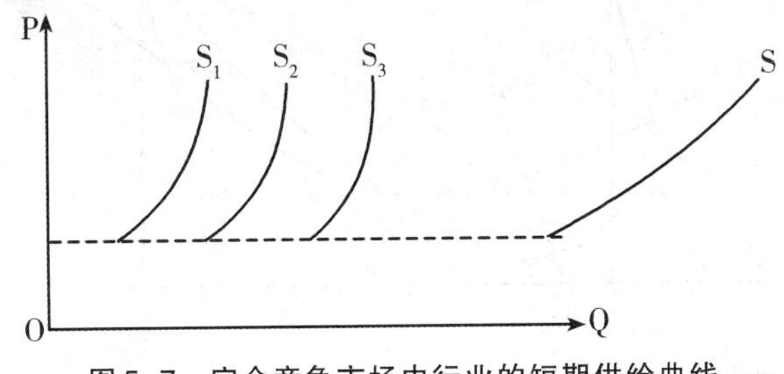

图5-7　完全竞争市场中行业的短期供给曲线

第三节　企业的长期均衡

在短期生产中，企业只能调整部分生产要素而无法调整其生产规模，所以，只要价格高于平均变动成本，企业无论盈利还是亏损都会选择继续生产。长期内，所有的生产要素都能调整，行业中现有的企业可以调整生产规模甚至退出行业，因此，企业不会在亏损的情况下生产。新企业也可能进入这一行业，从而使行业供给和市场价格发生变化，这种变化又会使企业行为进行进一步调整，调整的结果使行业供给和市场价格继续发生变化。经过行业供给的反复调整，将会达到市场和企业的长期均衡。

一、企业长期内的调整过程

完全竞争企业的长期调整，是通过企业规模的变动及企业数目的变动实现的，我们分别加以研究。在进行研究之前，我们做两个假设：第一，行业中所有企业有着相同的成本结构。第二，我们暂时假设生产要素的价格不受行业供给变化的影响。

（一）原有企业的规模调整

图5-8中，SMC_1、SMC_2、SMC_3与SAC_1、SAC_2、SAC_3分别为企业按不同的规模生产时的边际成本和平均成本。假设某代表性企业最初以规模1进行生产。此时，市场价格由行业的供给和需求决定为P_0。短期内，企业不能调整生产规模，所以，面对价格P_0，企业将根据MR=SMC的原则，把产量确定为q_1。但长期内，企业的规模是可以调整的，可以按照规模2或规模3以及其他的规模进行生产。如果按照规模2进行生产的话，企业实现利润最大化时的产量是q_2。这时，企业获得的利润增加，也就是说，通过规模的调整，企业获得了更多的利润。那么，如果其他企业不进行调整，从而该企业的扩张行为对市场价格不产生重要影响的时候，该企业将会在什么规模实现利润最大化呢?企业在长期内实现利润最大化的条件是长期边际成本和边际收益即价格相等。满足这一条件的企业，在图5-8中，选择以规模3进行生产。由此可见，长期内，企业可以通过生产规模的调整来获得更多的利润。

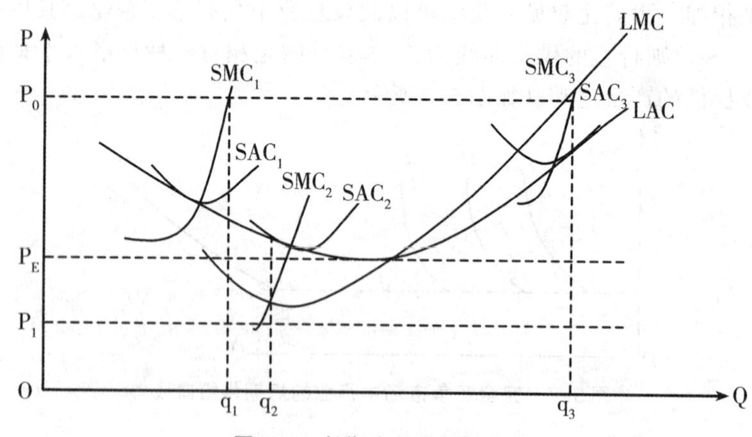

图5-8 长期企业规模的变化

（二）企业数目的调整

在分析企业规模调整时，我们假设其他企业的行为不发生变化。然而，当行业中企业普遍盈利或普遍亏损时，除企业规模调整以外，企业的数目也会进行调整。

当企业普遍获得经济利润时，由于完全竞争市场具有信息的畅通性和生产要素的完全流动性，其他行业的企业将会比较容易地进入该行业来追逐经济利润，企业的数目就会增加。如果我们考虑进刚才被我们忽略的因素，那么，当存在经济利润时，会存在两种变化，即原有企业规模的扩大和新企业的进入。这导致行业供给扩大了。如图5-9所示，行业的供给曲线由原来的S_0右移至S_1。行业总产量由Q_0增加至Q_1，均衡价格降至P_1。价格降低的结果，使企业的原有均衡被打破。此时，对于单个企业来说，企业的均衡产量不再是q_3，而是长期边际成本与价格P_1相等时的产量。从图5-8中得知，此时企业产量为q_2。这是企业在现有的价格水平P_1条件下，通过调整生产规模能够获得的最佳利润状况。但这时企业是亏损的。长期所有生产要素都能够进行调整，因此，当亏损存在时，一些企业会退出该行业，把资源转移到更加有利可图的行业中。这种企业的退出行为，减少了行业的供给，使行业的供给曲线向左移动，市场价格提高。与这种价格提高的变化相对应，企业的规模和企业的数目还会进一步的调整。

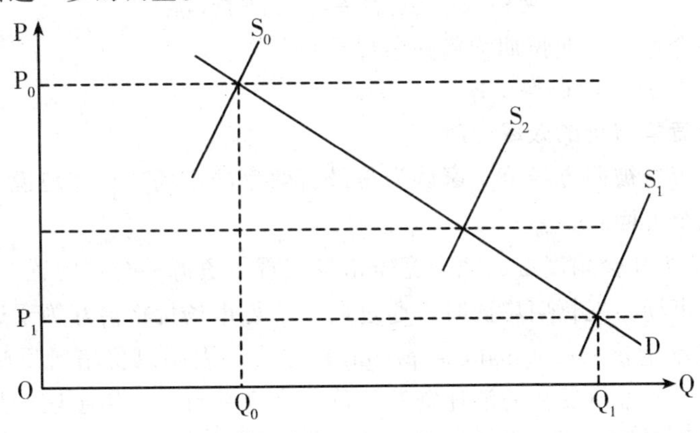

图5-9　行业均衡状况的变化

二、企业的长期均衡

从企业的长期调整行为中我们可以看到，只要行业中的企业能获得经济利润，那么，原有企业就会调整生产规模，同时会吸引新企业加入到该行业。反之，当出现亏损时，原有企业也会调整生产规模，并且有企业退出该行业。这种调整将会终止于这样一种状态：整个行业中经济利润不再存在，因此没有动因刺激新企业的加入；同时，行业中也不再存在亏损，这样，现有企业也不再退出该行业。企业的规模不再进行调整，这时，企业处于均衡状态。

要使企业的经济利润为零，则平均成本应该和平均收益即价格相等。具体地说，企业要达到长期均衡，价格必须等于最低的长期平均成本。因为企业实现利润最大化，必须满足边际收益与边际成本相等的原则，即价格与边际成本相等，所以长期均衡时，一定是价格和长期平均成本、长期边际成本都相等。而对于长期平均成本和长期边际成本相等的点，只有长期平均成本曲线的最低点，因为长期边际成本在该点与长期平均成本曲线相交。

如图5-10所示，完全竞争企业在E点处于长期均衡。均衡价格为P_E，均衡产量为q_E。在q_E这一产量上，价格与短期边际成本与长期边际成本都相等，说明企业实现了利润最大化。同时，又满足价格与短期平均成本与长期平均成本相等，保证了企业无超额利润。在图5-9中，市场自发调节的结果，使得供给曲线最终调整为S_2，即市场价格恰好稳定于长期平均成本曲线的最低点。

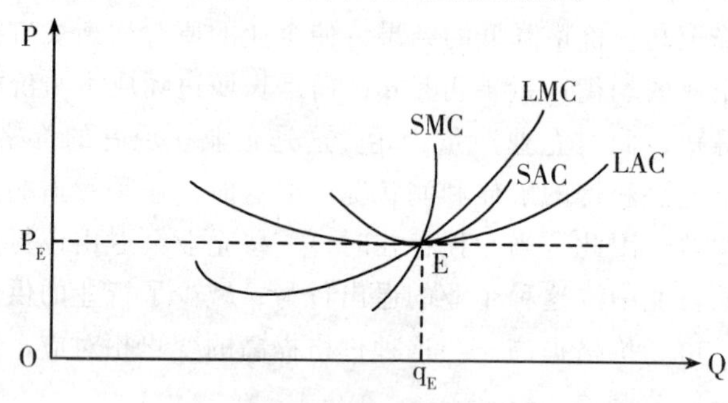

图5-10　完全竞争企业的长期均衡

所以，完全竞争企业长期均衡的条件是：

$$LMC=SMC=MR=AR=LAC=SAC=P \tag{5-5}$$

三、完全竞争市场的效率分析

完全竞争市场被西方经济学家认为是最有效率的市场。具体地说，这种效率性体现在以下几个方面：

（一）从整个社会角度看，完全竞争市场实现了资源的合理配置

完全竞争市场实现长期均衡时，通过调整使得市场价格恰好等于边际成本，即是一种边际成本定价（marginal cost pricing）方式，表明以价格所反映的消费者的满足程度与边际成本所反映的消耗资源的价值完全一致，即用于该产品生产的最后一单位资源价值等于在这一产品上得到的边际效用。这时，重新配置资本和劳务等生产要素将不可能得到价值高于现已生产的产品和劳务的产出。所有的资源都以最有利的可能方式得以使用，实现了资源对该部门的合理配置，保证了社会福利的最大化。

（二）从生产者角度看，实现了生产要素的最有效利用

企业长期均衡时，企业的均衡产量恰好在短期平均成本和长期平均成本的最低点实现。这说明完全竞争长期均衡时，留存在行业中的企业的规模是最适度的生产规模，因为它能够使长期成本最小。同时，该企业又是在最优规模的最佳要素组合条件下进行生产。换句话说，在长期竞争中只有生产效率最高、成本最低的企业才能在竞争中生存。所以，在完全竞争中，整个经济体系中不存在浪费，商品和劳务用最低的成本生产出来。

（三）从消费者角度看，实现了福利最大化

实现长期均衡时，市场的价格和平均成本相等，说明企业只能在零经济利润的情况下实现均衡，没有超额利润，而消费者则按平均成本支付价格，这是消费者可能支付的最低价格。

因为完全竞争市场具有上述优点，所以市场越是接近完全竞争状态，效率就会越高。因此，各国政府一般都实施各种政策，保证完全竞争市场所必需的各项条件，实现经济发展的有效性。

关键概念

平均收益　边际收益　收支相抵点　完全竞争市场

综合训练五

一、选择题（单项或多项选择）

1.只要最后一单位产品的边际收益大于边际成本，企业可以通过增加产量来增加利润，而最后一单位产品的边际收益小于边际成本时，企业可以用减少产量的方法来增加利润。企业的最大化利润发生在（　　）的产量水平上。

A.边际收益大于边际成本　　B.边际收益小于边际成本

C.边际收益等于边际成本　　D.边际收益最大

E.边际成本最小

2.完全竞争市场也被称为纯粹竞争市场，是一种没有任何垄断因素的市场，因而，竞争不受任何障碍地在企业之间进行。完全竞争市场必须具备以下条件（　　）。

A.市场上有无数的买者和卖者　　B.行业中各个企业销售的商品是同质的

C.资源完全自由流动　　D.市场上只有一个卖者

E.具有完备的信息

3.厂商获得最大化利润的条件是（　　）。

A.边际收益大于边际成本的差额为最大

B.边际收益等于边际成本

C.价格高于平均成本的差额为最大

D.价格高于平均变动成本的差额为最大

E.收益大于成本的差额为最大

4.一个完全竞争企业处于短期均衡的条件是（　　）。

A.AVC=MC　　B.AC=MC　　C.P=AC

D.P=MR　　E.P=MC

5.在一个完全竞争市场上，超额利润的存在将导致（　　）。

A.单个厂商的产量增加　　B.单个厂商的产量减少

C.单个厂商的产量不变　　D.行业的产量增加

E.行业的产量减少

6.在完全竞争厂商的短期均衡产量上，AR小于SAC但大于AVC，则厂商（　　）。

A.亏损，立即停产　　B.亏损，但仍继续生产

C.亏损，生产或不生产都可以　　D.获得正常利润，继续生产

二、填空题

1.完全竞争市场厂商利润最大化条件是________。

2.短期中，企业的供给曲线就是________。

3.一般地，若厂商的价格低于________时，它将停止营业。

三、简答题

1.一个完全竞争市场需要具备什么条件?

2.完全竞争市场上企业面临的需求曲线与收益曲线有什么联系?

3.为什么说完全竞争市场被西方经济学家认为是最有效率的市场?其效率性体现在哪几个方面?

四、计算题

1.一个完全竞争的厂商每天利润最大化时的收益为5 000美元。此时，厂商的平均成本是8美元，边际成本是10美元，平均变动成本是5美元。

要求:

请计算厂商每天生产的产量是多少？固定成本是多少？

2.已知某完全竞争行业中的单个厂商的短期成本函数为$STC=0.1Q^3-2Q^2+15Q+10$。

要求:

(1) 当市场产品的价格P=55时，请计算厂商的短期均衡产量和利润。

(2) 当市场价格下降至多少时，厂商必须停产?

第六章　完全垄断市场

第一节　不完全竞争市场

在上一章，我们阐述了完全竞争市场的市场特征，但在现实世界里，真正满足这些条件的市场少之又少。比如，市场中的生产者可能规模比较大，以至于他并不只是价格的接受者，而是可以在一定程度上影响市场价格。各生产者的产品也很难是完全同质的，比如，相同的产品如果具有不同的信誉，具有高信誉的生产者就能够提高价格而不失去消费者。如果一个企业能够影响其产品的市场价格，那么这个企业就属于不完全竞争者。竞争企业和垄断企业之间的关键区别在于垄断者具有影响其价格的能力。当个别企业具有一定程度的控制某一行业的产品价格的能力时，该行业就处于不完全竞争（imperfect competition）状态。

当企业处于不完全竞争状态时，其面对的需求曲线是向下倾斜的，而不再是水平的。

不完全竞争市场可分为三种类型，即完全垄断市场、垄断竞争市场和寡头垄断市场。本章我们将研究完全垄断市场的企业行为和价格的决定。

第二节　完全垄断的市场条件

一、完全垄断市场的结构特征

完全垄断（perfect monopoly）又称垄断，是指整个行业的市场完全处于一家企业所控制的状态，即一家企业控制了某种产品的市场。这个唯一的产品供给者称为完全垄断企业。

完全垄断市场具有以下结构特征：

（1）市场上只有唯一的一个企业生产和销售产品，企业就是行业。

（2）该唯一企业所提供的商品没有相近的替代品。因为如果存在相近的替代品的话，该企业实际上就存在着竞争者——相近替代品的生产者，从而该企业就不能在很大程度上控制价格。因此，完全垄断市场不存在相近的替代品。

（3）其他企业进入该行业是不可能的。如果一旦有其他企业进入，行业市场由单一企业控制的局面将被打破，原有企业将会出现竞争者，完全垄断市场将不复存在。

（4）企业独自决定价格。企业不是价格的接受者而是价格的制定者（price maker），可以控制和操纵市场价格并且可以凭借其垄断地位，根据不同销售条件，实行价格歧视，以获得最大利润。

二、垄断力量的基础

一个企业之所以能成为某种商品的唯一供给者，是因为存在着某种原因限制其他企业进入该市场生产该种商品。这些原因，就是完全垄断的形成原因。它们一般被称为进入壁垒（barriers to entry），即一个行业中潜在的新的竞争者所面临的困难。它意味着要素的非流动性，使现存的供给者不会受到新进入者的挑战。这种垄断力量的基础，与以下几个方面有关：

（一）规模限制

这是由规模生产的技术性质所产生的进入障碍。一些行业由于存在着一个很长的规模收益递增阶段，因此，长期平均成本曲线接近“L”形而不是“U”形，即生产规模越大，产量越高，成本越小。这时，新企业加入是无利可图的，因为新企业很难与已经具有高产量、低成本的企业相竞争。当一个企业能以低于两个或更多企业的成本为整个市场提供产品和劳务时就产生了自然垄断（natural monopoly），电力、天然气、公用交通事业等都是自然垄断的例子。

（二）投入要素的限制

如果某企业控制了用于生产某种产品的某种重要要素的全部供给，控制了生产该产品的原料，则其他企业就无法从事该商品的生产。所以，在这种原料的可替代性资源被发现之前或不需要这种原料的可替代技术出现之前，对这种要素的单独占有就是一种进入壁垒，它阻止了其他企业的进入。这方面最典型的例子是第二次世界大战前美国铝业公司，该公司一度是美国唯一的生产铝的厂家。其他企业难以进入这一市场的重要原因是无法获得生产铝的要素投入，因为该公司控制了用于生产铝的全部铝矾土矿产资源。虽然关键性资源的排他性所有权是垄断的潜在的原因，但实际上因此而产生的垄断并不是很多。

（三）专利的限制

一个企业可能由于唯一地拥有生产某种产品的技术并被政府以专利的形式予以保护，而使其他企业无法获得这一技术进而进行这种商品的生产。一般地，各国政府和国际组织为鼓励创新、保护发明者的利益，都对专利以法律的形式加以保护。专利早在1623年就开始在英国出现，其目的在于通过给推动科学发现的行为以奖励，从而加速发明的进程。在某项专利的有效期内，其他任何企业不得无偿使用与此相关的技术并制造同一产品在市场上销售。这样，专利权的拥有，同时也保证了垄断的实现，美国的专利法允许发明者拥有制造某种产品或使用某种特殊工艺的独占权的期限长达17年。例如，当玻璃纸刚刚发明时，美国的杜邦公司就是依靠专利权，垄断了全部玻璃纸的生产。

专利法使专利所有者成为了垄断者，进而使生产产品的价格高于竞争价格，垄断者获得了高额利润，而消费者支付了比较高的价格。可见，决定专利的法律对社会来说，既有收益也有成本。收益是增加了对创造性活动的激励，这在一定程度上抵消了垄断定价的成本。

（四）立法和行政限制

这也是一种由政府创造的垄断。在许多情况下，出于某种原因，政府可能会给予某个企业生产或出售某种商品和劳务的排他性权利，而禁止其他企业进入，使该企业成为垄断者。比如，在许多行业，政府实行准入限制，最典型的是在一些公用事业领域，政府往往授予一些企业在当地享有特许垄断权。例如，英国的某一企业，若要经营地区性的独立电视业务，就必须从独立广播委员会领取执照，申请成功就可以获得为期8年的在其所属区域经营电视广告业务的垄断权。由于这些执照并不是随便可以得到的，所以该行业的现有企业就可以获得长期垄断利润。

和完全竞争市场一样，完全垄断市场在现实情况下也是很难存在的。垄断企业生产的产品虽然没有完全相近的替代品，但这并不意味着不存在具有一定替代性的商品。例如，电在照明方面虽无非常相近的替代品，但在取暖、加热等方面则有煤气、石油可替代。不过，分析完全垄断市场仍具有十分重要的意义，它是分析出现在现实世界中的近似完全垄断市场的性质以及了解控制市场的某些垄断力量的有力工具。

三、垄断者面对的需求曲线与收益曲线

在完全垄断情况下，垄断企业是某种商品的唯一供给者，即消费者消费的商品全部来自于垄断企业，所以垄断企业所面对的需求曲线也就是该产品的市场需求曲线，是一条向右下方倾斜的曲线。作为唯一的供给者，垄断企业可以制定任何其想要的价格，不必像完全竞争市场中的企业，只处于价格接受者的地位。但是，向右下方倾斜的需求曲线又决定了企业如果提高价格，则销售量必然会相应下降。

企业的卖价也就是平均每一单位产品给企业带来的收益，即平均收益，它和消费者的买价相同。因此，企业的平均收益曲线在垄断存在的情况下与需求曲线仍然是重合的。

在完全垄断市场条件下，边际收益的变化要复杂一些。为了更好地说明问题，我们列表6-1举例说明。

表6-1　**价格、总收益、平均收益、边际收益与销售量的关系**

(1) 销售量	(2) 价格(元)	(3) 总收益(元)	(4) 平均收益(元)	(5) 边际收益(元)
0	6	—	—	—
1	5	5	5	5
2	4	8	4	3
3	3	9	3	1
4	2	8	2	-1
5	1	5	1	-3

表6-1列出了某企业的价格、总收益、平均收益、边际收益与销售量之间的关系。从中可以看出，价格随销售量的增加而下降。通过表中第3列总收益的变化，我们很容易得到第5列的边际收益。比较边际收益与价格，我们发现，它们不再相等，边际收益总是小于价格。边际收益小于价格的原因在于，垄断者面对的是一条向右下方倾斜的需求曲线，为了增加销售数量，垄断企业必须降低其产品的价格。假设企业要把销售量由3个增加到4个，那么，产品的价格必须由3元降低为2元，这将导致前3个单位产品的价格也由3元降为2元。所以，与竞争企业相比，垄断者的边际收益的变化非常不同。当垄断者增加1单位生产时，必须降低它对所销售的每一单位的产品的价格，而这种价格的下降，减少了以前已经卖出的各单位的收益。因此，边际收益曲线将不再与需求曲线和平均收益曲线重合。

图6-1反映了垄断市场上企业的边际收益曲线情况。边际收益曲线MR在重合的需求曲线与平均收益曲线AR的左下方，而且可以证明，MR曲线的斜率是需求曲线的两倍，即边际收益曲线平分任何一条由纵轴到需求曲线的水平线，图中的A点一定是OB的中点。

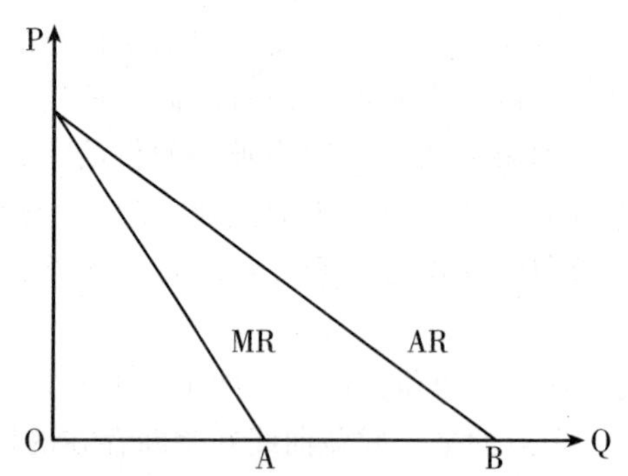

图6-1 垄断市场上企业的需求曲线和收益曲线

第三节 垄断者的利润最大化

作为垄断企业，在进行生产决策时，仍按照边际分析的逻辑来决定产量和价格，即企业仍遵循边际收益与边际成本相等的原则，即MR=MC的原则。在完全垄断情况下，尽管市场上只有一个企业，但这个唯一的企业可能有经济利润，也有可能不盈不亏，甚至还可能亏损。因为其所获利润的大小除了自身的成本之外，还和市场的需求有关。

一、获取经济利润

图6-2给出了某垄断企业的短期平均成本曲线SAC、短期边际成本曲线SMC以及企业所面对的需求曲线和边际收益曲线MR。垄断企业根据MR=MC的原则确定均衡点为E，即企业生产与E点相对应的产量Q_1时，才能实现利润最大化。通过需

求曲线，企业将会以与Q_1对应的价格P_1出售其产品。比较均衡时的平均收益和平均成本，可发现价格大于平均成本，企业获得经济利润。经济利润的数额由总收益和总成本的差额决定。在图6-2中，可由P_1AC_1NM这一矩形的面积表示。

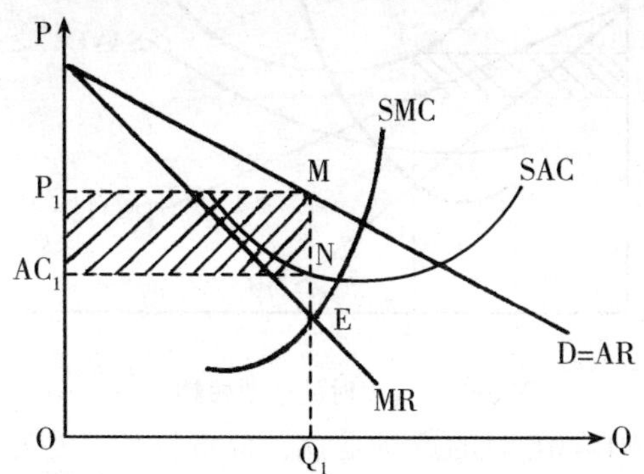

图6-2 获得经济利润时的企业短期均衡

我们可以发现，垄断企业在实现利润最大化的时候，和竞争企业的价格特征是不同的。竞争企业的边际收益与价格相等；而垄断企业的边际收益小于价格，所以价格大于边际成本。

二、经济利润为零

如果需求减少，尽管企业成本状况不变，垄断企业的利润状况也会发生变化。如图6-3所示，如果需求减少，需求曲线左移至恰好与平均成本曲线相切，我们来分析此时的利润状况。根据MR=MC的原则，企业确定其产量为Q_2，与此相对应的价格为P_2，即企业以P_2的价格销售Q_2的产量将能实现利润最大化。这时，平均成本和价格即平均收益相等，因此企业的总收益和总成本也相等，所以企业收支恰好相抵，没有经济利润，只能获得正常利润。

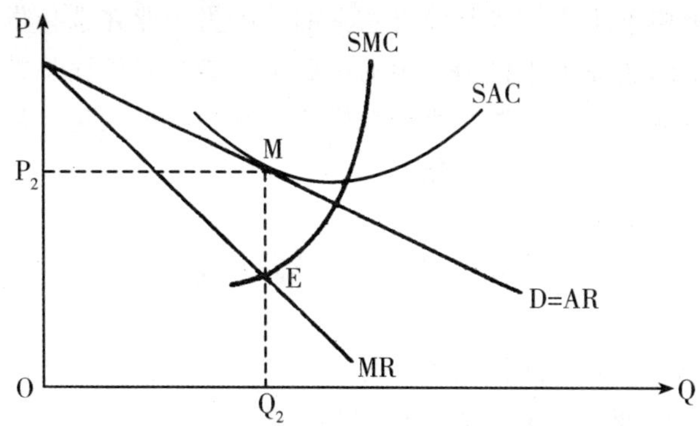

图6-3 经济利润为零时的企业短期均衡

三、亏损

如果市场需求进一步减少，使得需求曲线处于平均成本曲线的下方，企业将会怎样实现均衡呢?我们通过图6-4来进行分析。

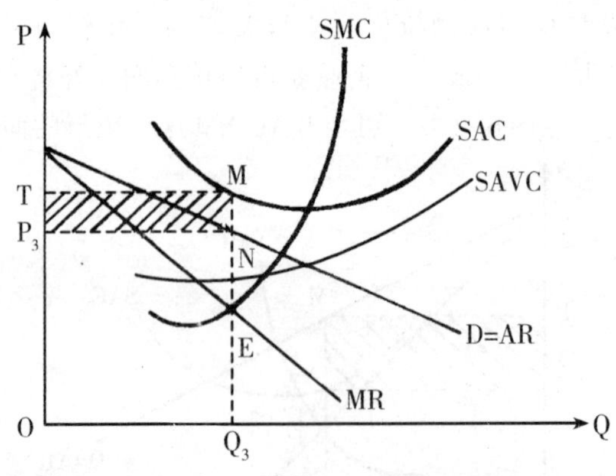

图6-4 亏损时的企业短期均衡

在这种状况下，MR=MC时的产量是Q_3，价格是P_3。因为价格即平均收益小于平均成本，所以总收益小于总成本，企业是亏损的，亏损数额可由图中阴影部分矩形TP_3NM的面积表示。不过，只要价格高于平均变动成本，垄断企业仍然会继续进行生产。

通过分析我们看到，垄断本身并不保证高额利润，这也是很多发明并没有投入生产的原因，因为即使投产也是不经济的。

需要说明的是，垄断者没有供给曲线。在完全竞争条件下，企业存在短期供给曲线，即短期边际成本在平均变动成本最低点以上的部分，但在完全垄断市场却难以找到这样一条供给曲线。因为在完全竞争市场上，企业只能是既定市场价格的接受者，然后，根据边际成本等于边际收益即价格的原则决定企业的产量，因此平均变动成本曲线最低点以上的短期边际成本曲线上的各点都能够表示价格与产量的对应关系。然而，完全垄断市场则不然，由于企业不是价格的接受者，研究这种企业在任意一个既定价格下生产多少是没有意义的，因为企业在选择供给量的同时决定价格。实际上，垄断企业关于供给多少的决策不可能与它所面临的需求曲线分开。

在长期中，企业可以通过调整生产规模来实现利润最大化，但与完全竞争不同的是，生产企业的数目不会发生变化。

第四节 价格歧视

在研究垄断企业追求利润最大化的行为中，我们一直假设垄断者会对所有的消费者、对所有单位的商品都索要相同的价格，但实际上，很多企业并不如此定价，它们经常对相同的商品索要不同的价格，这种定价方式被称为价格歧视（price discrimination）。在现实生活中，运用价格歧视的例子是很多的。例如，航空公司在假期对教师和学生出售打折机票，医生根据对患者经济状况的估计收取不同的治疗费。

一、价格歧视的条件

垄断者要实现对同一商品的不同消费者或对同一消费者的不同消费量能够索取不同的价格，必须满足下列条件：

（一）市场结构必须是垄断性的

产品的销售者必须具备一定的垄断力才能够控制价格，使价格歧视成为可能。在完全竞争市场上显然不可能实现差别定价。

（二）企业能够确切地了解消费者的消费能力和愿望

企业能够索取不同的价格，是因为其确切地知道消费者的需求。根据消费者的需求来制定价格，才能尽可能多地剥夺消费者剩余，增加利润。如果垄断企业知道不同消费者对商品具有不同的需求弹性的话，就会根据需求价格弹性的大小来分别制定不同的价格。

（三）不同的市场必须是相互分离的

价格歧视能否实现，主要取决于垄断企业是否能够使它们所面临的市场相分离。因为当垄断者对同一商品收取两种不同的价格时，以低价购买该商品的消费者会有可能设法转卖给高价消费者，这样，价格歧视就很难实现。比如，航空公司对于旅游者和公务人员索取不同的票价来增加收入。但要做到这一点，必须能够正确区分旅游人员和公务人员，如利用身份证明等。

相对而言，汽车、家用电器及其他制造业产品由于转卖比较容易因而很难实行价格歧视，而劳务等不易转卖的商品实施价格歧视则容易一些。

二、价格歧视的三种形式

价格歧视可以分为三种形式，即一级价格歧视、二级价格歧视和三级价格歧视。

（一）一级价格歧视

一级价格歧视（first-degree price discrimination）也叫做完全价格歧视，是指垄断者对每一单位的产品都按消费者愿意支付的最高价格定价。

假如某消费者购买某种商品的数量为：当价格为9元时，购买第1个单位；价格为8元时，购买第2个单位；价格为7元时，购买第3个单位……当价格降到1元时，消费者将购买第9个单位。而垄断者凭借其垄断地位，采取的是一种以需求定价的方法，即一级价格歧视的方式。因此，为获得这9个单位的产品，消费者实际支付了45元（9+8+7+6+5+4+3+2+1）。

一级价格歧视使消费者剩余受到剥夺。由于极难获得消费者的确切信息，一级价格歧视是一种很少见的情况。

（二）二级价格歧视

二级价格歧视（second-degree price discrimination）是垄断企业根据不同的购买量或消费量而确定不同的价格，即对一个特殊的数量收取统一的单位价格，数量越多，价格越低，因此，二级价格歧视也被称为数量价格歧视。二级价格歧视一般适用于那些易于度量和记录的劳务，如煤气、水、电等的出售。

如家庭用电，由于边际效用是递减的，所以随着消费量的增加，人们愿意支付的价格将下降，企业将根据这一需求特征定价。比如，美国的电力定价曾经是用电量在1～120度时，价格为0.225美元/度；用电量在121～458度时，价格为0.0455美元/度。用电量增加，价格进一步下降。当用电量在459～1 108度时，价格降为0.0260美元/度；而超过1 108度时，价格降为0.0200美元/度。与一级价格歧视相比较，二级价格歧视下，消费者剩余要多一些。相对而言，二级价格歧视的实施更普遍一些。

（三）三级价格歧视

1.三级价格歧视的内容

三级价格歧视（third-degree price discrimination）是指垄断企业把消费者划分为两种或两种以上的类别或阶层，对每一阶层收取不同的价格。这里，每一个阶层就是一个单独的市场。这个所谓的市场，不仅是指不同的地理区域市场，而且是指由于消费者的偏好不同、收入不同等形成的不同的市场部分。只要市场可以区分并有不同的价格弹性，企业就可以用不同的价格来获得较多的利润。

作为垄断者来说，为追求利润最大化，会对较低需求价格弹性的消费者索要比较高的价格，而对具有较高需求价格弹性的消费者索要比较低的价格。

2.三级价格歧视分析

完全垄断企业运用差别价格，使垄断厂商能够比在整个市场上确定单一价格时获得更高的利润，但是，这意味着其必须比单一定价时生产出更多的产量。之所以能如此，是因为它能把各市场分开，它在一个市场中出售多余商品时，不会把另一个市场上的价格压下来。实际上，如果它的所有产品都分别有一个不同市场（即“完全歧视”），那么，每一商品的边际收益就是它所出售的价格。这样，垄断者的产出就跟完全竞争条件下的产出是一样的，此时仍有超额利润。

需要说明的是，虽然经济学家一般都认为价格歧视是一种缺乏效率的定价方式，但有时价格歧视是很必要的。

第一，价格歧视可以使厂商供应一个本来无利可图的市场。比如，一个地区的铁路公司如果对所有顾客每英里都收取相同的价格，主要线路可能是有利可图的，但许多地方性服务可能就无利可图了，因此铁路公司就没有动力提供地方性服务，但是，地方性顾客可能会愿意付高价来维持这些服务。再如，我们可以设想有一个医生，富人和穷人都需要他的服务，如果他只定一个价格，那么就只有富人付得起看病的费用。但是，如果允许价格歧视存在的话，那么穷人也可以看病了，而且医生的利润会增加。

第二，当单一定价不足以覆盖全部成本的时候，价格歧视使厂商仍能提供产品。假设对产品的需求和生产成本如图6-5所示。当定价单一时，没有哪个企业能覆盖所有成本。但是，一个企业，比如公共设施企业可以定出“歧视价格”，这样就能覆盖所有成本。如果垄断者能对每个购买者索要不同的价格，其产出就可以达到Q_1。这时，由于可以实施价格歧视，所以垄断企业的总收益是阴影部分即图形

AOQ_1F的面积，而成本是BOQ_1C的面积，只要企业的产量能够使三角形ABE的面积大于三角形EFC的面积，垄断企业的收益就会大于成本，企业就会有利可图，就会继续提供产品。

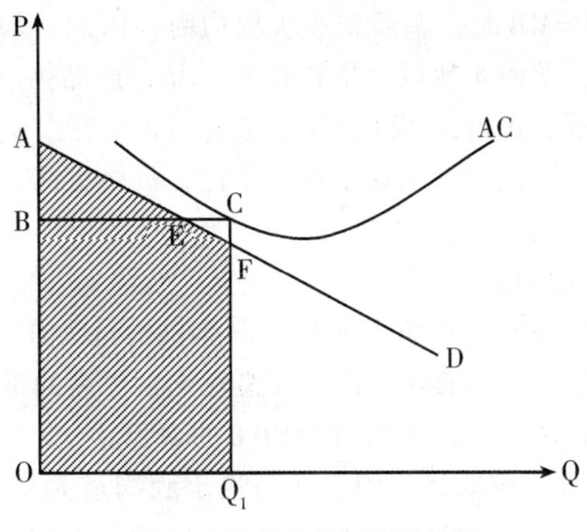

图6-5　价格歧视与商品供给

第五节　垄断的福利代价

一、完全垄断与完全竞争的比较

完全垄断与完全竞争是四种市场结构中两种极端的状况，因此对它们均衡时的特点进行分析和比较具有十分重要的意义。

我们假设某竞争性行业由于某种原因把控制权交给一个私人垄断者，即行业中只有一个由许多工厂组成的企业。这样，情况会发生一些变化，成为完全垄断。因为行业中原来的众多小企业对于市场价格而言仅仅是接受者，而现在组成的一个企业则可以决定价格。那么，均衡状态会发生什么变化呢？

我们用图6-6进行分析。我们假定市场需求在两种状况下是一致的，由图中的需求曲线D表示，并且假定竞争和垄断的成本状况相同，垄断企业并没有因为规模的扩大而享有任何技术上的优势，而且为分析问题方便起见，我们假设这种相同的成本——边际成本和平均成本不随产量的变动而变动，是一条水平线，如图中的AC=MC。

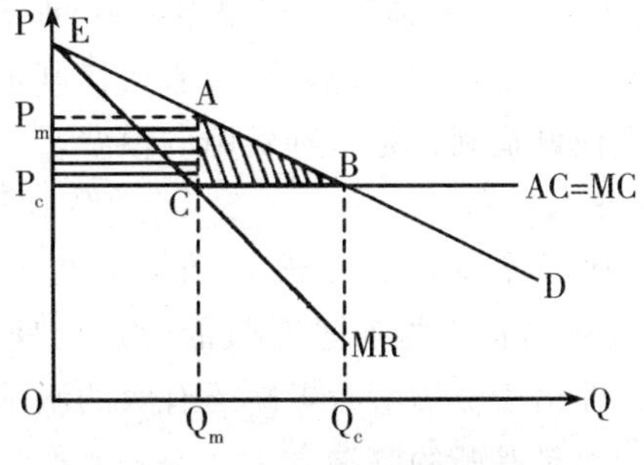

图6-6　垄断与竞争的比较

对于完全竞争市场而言，企业将会按照边际成本定价，所以，价格水平为P_c，产量为Q_c。

对于完全垄断市场而言，价格和边际收益不相等。此时，边际收益曲线移向需求曲线的下方，当MC=MR时，垄断企业实现均衡，因此，均衡点是C点。在完全垄断市场实现均衡时，垄断企业以价格P_m出售产品，产品供给量为Q_m。

比较一下可以发现，$P_m>P_c$，而$Q_m<Q_c$。这说明，在完全垄断市场上，企业通过限制产量而提高价格，因此与完全竞争市场相比，价格更高，产量更低。

二、垄断的代价

（一）造成了福利净损失

图6-6中，当市场为完全竞争市场时，商品供给量为Q_c，企业没有经济利润，向消费者索要的价格为P_c，但实际上许多人愿意支付更高的价格，因此这时会有很多的消费者剩余存在，图中表现为三角形EP_cB的面积。

如果市场为完全垄断所取代，则企业为追求利润最大化会缩减产量至Q_m，提高价格至P_m，这时，消费者剩余部分减少，由三角形EP_cB的面积缩减为三角形EP_mA的面积。也就是说，由于垄断的出现，消费者剩余减少了图中梯形P_mP_cBA的部分（阴影部分）。仔细分析一下，横线阴影部分与斜线阴影部分有所不同。矩形P_mP_cCA部分，是消费者剩余损失的部分，但同时又是垄断企业得到的部分。另外一部分即三角形ACB的面积所表示的消费者剩余，却由于垄断而使消费者完全失去了，与此同时却没有任何人得到它，这种由垄断所引起的消费者剩余的减少被称为福利的净损失（deadweight welfare loss）。

（二）垄断寻租所带来的资源消耗

如上述分析，当完全竞争被垄断取代之后，企业由无经济利润变为获得矩形P_mP_cCA面积的经济利润，而且是由消费者剩余转化而来的。这部分消费者剩余的损失，并不一定代表社会福利的损失，它表示的是垄断的再分配效应，即利益从消费者向生产者的转移，一个阶层损失的，正好是另一个阶层获得的。但现实问题是有些垄断权是政府给予的。如果有了垄断地位，企业就可以获得相当于矩形P_mP_cCA面积的垄断利润。为了这些利润，企业可能花费资源去获取和保持这种垄断利润。在经济学领域，这个垄断的额外成本被粗略表示为垄断寻租（monopoly rent seeking），即为确立和保持垄断地位以获得垄断利润所使用的资源。比如，垄断企业为了保持垄断地位，需要雇用游说者来说服法律制定者，这一部分耗费，从社会角度来看，没有产生任何福利，是一种资源的浪费。

（三）垄断的效率损失

独家垄断的地位，有可能使得企业没有动力去提高效率，产生X-非效率（X-inefficiency）。X-非效率是指不能通过有效的管理而使成本最小或垄断行业所出现的组织结构的松散，即由于资源所有者缺乏有效的激励所引起的产出损失。垄断组织内部的管理无力，也是垄断的弊端之一。

三、对垄断的影响的进一步分析

上述分析揭示了垄断对经济生活的不利影响。很多经济学家研究了垄断的其他方面的影响。

值得注意的是，我们对垄断的上述分析，是建立在垄断取代竞争不会导致成本变化的基础上。实际上，如果垄断能够实现规模经济并能按较低的成本进行生产时，生产成本的节约有可能抵消福利的净损失。垄断导致规模经济，从而导致成本下降的话，那么图6-6中垄断企业的边际成本曲线就会下移。这时，企业利润最大化的价格就会低于P_m。如果下降的幅度比较大的话，那么垄断对市场价格的影响就不一定那么大了。

另外，即使是独家垄断，企业也不一定就按照边际收益与边际成本相等的原则确定其价格为P_m，因为过高的价格可能导致政府的干预行为，或政府应消费者的要求而在财政上提供帮助以扶持垄断企业的竞争对手。所以，垄断者很可能把价格维持在一个稍高于竞争价格P_c的水平上，而不是P_m。这样，由于垄断而导致的消费者剩余的减少，就比我们上述的分析要小。

自熊彼特以来，人们除了成本和价格之外，开始关注创新中垄断的作用。按照熊彼特的观点，经济发展的本质在于创新，而实际上垄断是资本主义经济技术创新的源泉。他认为，垄断者有能力进行长期和耗资巨大的研究和开发项目并且在短期内受益。关于垄断的一种观点是，从创新中获得的收益可能要比由于太高的价格而造成的效率损失大得多。当然，也有学者反对这种看法，因为垄断者虽有能力但无动力进行创新，而且在现实生活中，小企业寻求技术变革的例子并不少见。

尽管没有得到统一的结论，但有一点人们是普遍接受的，那就是，为了加速创新，一个国家必须允许各种方法与组织的存在。

关键概念

垄断　价格歧视　进入壁垒　不完全竞争状态

综合训练六

一、选择题（单项或多项选择）

1.下列对垄断企业和完全竞争企业的描述中，不正确的是（　　）。

A.都试图最大化利润

B.都把产量确定在边际收益等于边际成本一点

C.都面临着完全有弹性的需求曲线

D.如果边际成本超过边际收益，都将减少生产

2.完全垄断的市场结构特征是（　　）。

A.市场上只有一个企业生产和销售产品

B.该唯一的企业所提供的商品没有相近的替代品

C.其他企业进入该行业是不可能的

D.企业独自决定价格

E.企业联合决定价格

3.一个企业之所以能成为某种商品的唯一供给者，一定会有某种原因限制其他企业进入该市场生产该种商品。这些原因，就是完全垄断的形成原因。它们一般被称为进入壁垒。这是垄断力量的基础。这些垄断力量与以下哪几个方面有关？( )

A.规模限制　　B.投入要素的限制　　C.市场比较小

D.专利的限制　　E.立法和行政的限制

4.在完全垄断情况下，垄断企业是某种商品的唯一供给者，即消费者消费的商品全部来自垄断企业，所以垄断企业所面临的需求曲线也就是该产品的市场需求曲线，是一条（ ）的曲线。

A.向下　　B.向上　　C.向右上方倾斜

D.向右下方倾斜　　E.平行于横轴

5.垄断者要实现对同一商品的不同消费者或对同一消费者的不同消费量能够索取不同的价格，必须满足以下条件：(　　)。

A.市场结构是竞争性的

B.市场结构是垄断性的

C.企业能够确切地了解消费者的消费能力和愿望

D.不同的市场是相互联系的

E.不同的市场是相互分离的

6.对一个垄断企业而言，边际收益小于价格，是因为（　　）。

A.为了销售更多的数量，企业必须降低所有单位的价格

B.它不能控制价格

C.在市场条件下，企业可以销售它认为可以销售的任意数量

D.它的产量只占市场总产量的一个很小的份额

二、填空题

1.若一个管理结构对一个垄断厂商的限价正好使经济利润消失，则价格等于________。

2.X-非效率是指________。

3.边际收益MR在AR的下方，而且其斜率是需求曲线斜率的________。

三、简答题

1.一个完全垄断市场必须具备哪些条件？

2.垄断形成的基础有哪些？

3.垄断将带来哪些损失？

四、计算题

假设垄断厂商拥有不变的平均成本和边际成本，并且AC=MC=5，厂商面临的市场需求曲线 $Q_D=53-P$。

要求：

(1) 请计算该垄断厂商利润最大化时的价格-数量组合及相应的利润水平。

(2) 如果该厂商是完全竞争的，其市场产出水平是多少？

第七章　寡头和垄断竞争市场

第一节　寡头垄断市场

一、寡头垄断市场的结构特征

寡头垄断（oligopoly）是指少数几家企业垄断了某一行业的市场，控制了这一行业的供给。对市场具有相当控制能力的这些少数企业被称为寡头。

寡头垄断市场与完全竞争、完全垄断市场不同，是现代经济生活中一种常见的市场结构。比如在美国，冶金、汽车制造、计算机、航空、化工、香烟等许多行业都被寡头控制着。

寡头垄断市场的结构特征主要体现在以下几个方面：

第一，企业为数不多。行业中只有少数几家进行激烈竞争。由于行业中销售者的数目很少，因此每个企业的产量和销售量占市场的很大份额，每个企业对其产品的价格也有很大的影响力。总之，每个寡头对市场都有巨大的控制能力。

第二，产品既可能同质，也可能存在差别。企业之间竞争非常激烈。

第三，寡头之间相互依存。由于企业数目不多，每一家企业占有相当大的市场份额，而且寡头提供的又是非常相近的替代品，具有很大的需求交叉弹性，所以，在寡头垄断市场，企业是不可能单独行动的。一家寡头在价格、产量等方面进行变化时，必将影响到其他寡头的利益，导致其他寡头相应地也会调整产量和价格。这种改变，反过来又影响该企业的产量和价格。所以，寡头企业之间的决策是互相影响的，彼此是一种相互依存的关系。这种关系导致寡头垄断市场企业对于价格所处的一种特殊地位，即它们既不是价格的制定者（由于相互依存，单个企业无力控制价格），也不是价格的接受者，而是价格的寻求者。

第四，企业行为具有不确定性。完全竞争市场企业的需求曲线是水平的，完全垄断、垄断竞争市场企业的需求曲线是向右下方倾斜的。尽管不相同，但是，我们能够确切地画出它们来。寡头垄断市场则不然，没有办法画出企业的需求曲线。这种需求曲线的不确定性缘于寡头决策结果的不确定性。

因为处于寡头地位的企业为数不多，所以任何一个企业做出决策立刻会引起竞争对手的注意并做出相应的反应。这对先做决策的企业来说是可以预料到的，但是，竞争对手会做出什么样的反应却无法预料，因此，先做决策的寡头不知道其决策结果将会引起价格、产量什么样的变化，这就产生了不确定性。这种不确定性，使企业的决策面临很大的困难，使得寡头垄断企业的均衡产量和价格很难有确定的解。

第五，企业进出困难。企业进出困难和寡头垄断存在的原因有关。与完全垄断市场相类似，形成寡头垄断的原因很多，如规模经济的作用，使得只有在行业中占有较大市场份额的企业才可能以较低的成本进行生产，因此，企业的数目不可能很多。另外，投入要素的限制，也使得其他企业难以加入。不过，此时对要素拥有控制权的，不是一家企业而是若干家企业。政府的一些政策、法规也会对新企业的加入起到一定的限制作用。由于寡头垄断以大型企业为主，因此要进入和退出市场都十分不容易。

寡头垄断可以按不同的方式进行分类：

第一，从构成寡头垄断行业的企业数目来看，可分为双头垄断（行业是由两家寡头企业组成的）、三头垄断（行业是由三家寡头企业组成的）和多头垄断（行业是由若干家寡头企业组成的）。

第二，从行为方式来看，寡头垄断可以分为企业之间互相勾结的寡头垄断和非勾结的寡头垄断。

第三，从提供产品的性质来看，可分为纯粹性寡头垄断和差别性寡头垄断。如果行业内企业生产的是无差别产品，如钢铁、水泥、石油等，这一行业就称为纯粹性寡头垄断，生产企业称为纯粹寡头；如果行业内企业生产的是有差别的产品，如汽车、家用电器、机械等，这一行业就称为差别性寡头垄断，生产企业称为差别寡头。

对于研究寡头垄断企业行为的模型，可以分为两大类：一类是非勾结性的寡头垄断模型，每个寡头之间不进行合谋，单独做出追求自身利润最大化的决策；另一类是勾结性的寡头垄断模型，即寡头企业为避免由于相互依存所产生的不确定性和竞争而导致的两败俱伤，进行某种形式的勾结和合谋。

二、寡头垄断市场的产量与价格决定

（一）非勾结的寡头垄断模型

1.古诺模型（Cournot model）

这一模型是由法国经济学家奥古斯丁·古诺在1838年出版的《财富理论的数学原理研究》中首次提出的一个双头垄断模型，是一个研究企业间不存在任何形式的正式的或非正式的勾结的一个模型。由于它是分析寡头垄断条件下企业行为的最基本模型，因而被作为寡头垄断理论分析的出发点。

这一模型从矿泉水的利用开始研究。古诺假定提供相同矿泉水的两个矿泉位于同一地点，一个为A企业占有，一个为B企业占有。矿泉资源丰富，取之不竭，购买者则需自备容器。两个企业除掘井所费固定成本之外，别无其他成本，也就是两个企业是在销售成本几乎等于零的情况下进行决策选择的。

这一模型在研究中做了如下假定：

（1）两个企业销售相同的产品即矿泉水；

（2）产品的边际成本为零；

（3）市场需求曲线是线性的，两个企业都能准确地了解市场上每一时期的总需求量；

（4）每一企业的行为反应方式相同，都认为对方将保持产量不变，而消极地以自己的产量去适应对方行为。

模型的研究从假定市场中只有一个A企业开始。这时，相当于一个完全垄断市场。如图7-1所示，D_T和MR_T分别表示矿泉水市场的需求曲线和边际收益曲线。对于率先进入市场的唯一的A企业来说，市场需求曲线就是A企业的需求曲线，其产量的确定遵循边际收益与边际成本相等的原则。因为我们假设MC=0，则利润最大化时，MR=0，利润最大化点在边际收益曲线与横轴的交点上。这时，A企业将生产Q_1产量。我们把价格为零时的需求量称为市场饱和需求量，则Q_1一定是市场饱和需求量Q_T的一半。

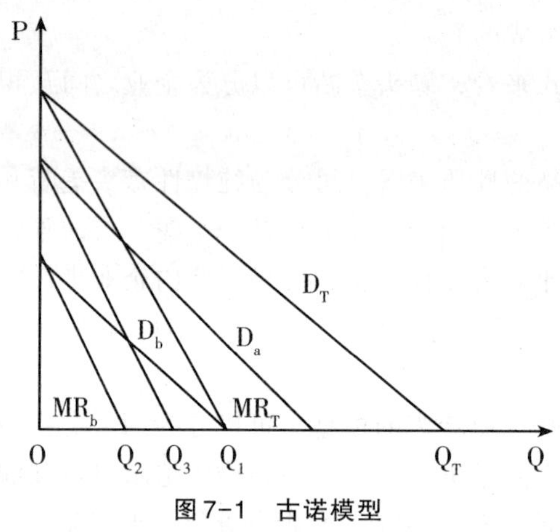

图7-1 古诺模型

现在B企业进入市场。按照假定，它会假设A企业的产量不发生变化，在此前提下，它决定自己的产量。既然B企业假定A企业的产量不变，那么，它自己产品的需求曲线就是市场需求曲线减去Q_1，即由市场需求曲线向左平移Q_1，如图中D_b所示，并可相应得到其边际收益曲线MR_b。B企业仍按MR=MC的原则安排产量，因为MC=MR=0，所以B企业的产量仍由MR_b与横轴相交的点决定，即Q_2，从数值上看，$Q_2=\frac{1}{2}(Q_T-Q_1)$。也就是说，这时A企业的产量为$\frac{1}{2}Q_T$，B企业的产量为$\frac{1}{2}(Q_T-Q_1)=\frac{1}{2}(Q_T-\frac{1}{2}Q_T)=\frac{1}{4}Q_T$。

当A企业发现市场并不是由自己独占，而是自己与B企业分享时，为追求最大利润，它仍需进行调整。此时，由于市场中B企业会销售Q_2的产量，因此，A企业认为留给自己的需求曲线将不再是D_T，而是总需求曲线减去Q_2，即把Q_T曲线向左平移Q_2，得到新的需求曲线D_a。这时，A企业会在新的均衡点进行生产，按照利润最大化原则，我们假设A企业将生产Q_3的产量，则$Q_3=\frac{1}{2}(Q_T-Q_2)=\frac{1}{2}(Q_T-\frac{1}{4}Q_T)=\frac{3}{8}Q_T$。然后，B企业会在A企业调整产量之后，继续调整产量。而A企业在B企业调整产量之后还会调整。每次调整，A企业的产量比上一次减少了，B企业的产量比上一次增加了。

依此类推，在每一次的调整中，A、B两企业都按相同的方式行动，每个企业总是生产饱和需求产量Q_T与其竞争对手差额的$\frac{1}{2}$，在每一次调整中，A企业的产量依次是$\frac{1}{2}Q_T$，$\frac{3}{8}Q_T$，$\frac{11}{32}Q_T$，…，B企业的产量依次为$\frac{1}{4}Q_T$，$\frac{5}{16}Q_T$，$\frac{21}{64}Q_T$…，A企业的产量越来越少，B企业的产量越来越多。最后，当A、B两企业产量相等时，将不再进行调整。这时，每个企业的产量是$\frac{1}{3}Q_T$，总产量为$\frac{2}{3}Q_T$，达到均衡状态。古诺模型中，没有互相勾结的企业竞争行为所产生的均衡产量为$\frac{2}{3}Q_T$，大于垄断产量Q_1，即$\frac{1}{2}Q_T$。

以上是以双头垄断为基础进行分析的，可以推广运用。仍假设饱和需求量是Q_T，当寡头数目为n时，那么，

每个寡头的均衡产量$=\frac{1}{n+1}Q_T$，行业的均衡总产量$=\frac{n}{n+1}Q_T$。

2.斯威齐模型（Sweezy model）

这一模型是20世纪30年代美国经济学家保罗·斯威齐（Paul Sweezy）建立的。

该理论提出，寡头垄断的个别厂商，面对的需求曲线在某一价格上会出现折弯现象，因此，这一模型又被称为“折弯需求曲线模型”。在这一模型中，假设寡头垄断者都能够敏锐意识到它的竞争对手以及它们之间的价格与产量决策的相互依存关系，而且，寡头厂商对于竞争对手的行为方式预期是悲观的，无论做出什么决策，都从最不利的方面预期竞争对手可能做出的反应：（1）当某一寡头厂商降低产品价格时，他会认为行业中其他寡头厂商也都将价格下降到相同水平，以避免销售份额的损失。（2）当某一寡头垄断厂商提高他的产品价格时，他会认为行业中的其他寡头厂商都不会变动自己产品的价格。在这两个前提条件下，就会得到一条折弯的需求曲线。

在图7-2中，有两条需求曲线。一条是dd′，表示寡头垄断厂商当竞争对手对其价格变化不做出相应反应时的价格与产量的组合。假定初始产量为Q_0，价格为P_0。事实上，从A点出发，如果厂商降价的话，其需求量的增加不可能太多，因为其他厂商也会相应降价。所以，在P_0价格以下部分的需求曲线，实际上是弹性更小一些的DD′的一部分。根据假定，从P_0出发，当厂商提价时，其他厂商不会有相应行动，因此厂商所面临的需求曲线是dA段；当厂商降价时，其他厂商也随之降价，所以厂商所面临的需求曲线是AD′段。可见，厂商面临的需求曲线是折弯的，A点以上的部分相对富有弹性，而A点以下的部分却相对缺乏弹性。

与折弯的需求曲线相对应，此时厂商的边际收益曲线也不再是一条直线。与dd′相对应的边际收益曲线为Mr，与DD′相对应的边际收益曲线为MR。从图7-2中得知，与dA段需求曲线对应的边际收益曲线为BC段，与AD′段需求曲线对应的边际收益曲线为FE段。这样，与整条折弯的需求曲线dAD′相对应的边际收益曲线就是一条带有缺口的边际收益曲线BCFE，即边际收益曲线在CF段是断开的。

由于需求曲线是折弯的，对于寡头企业而言，从一个既定的价格出发，降价的

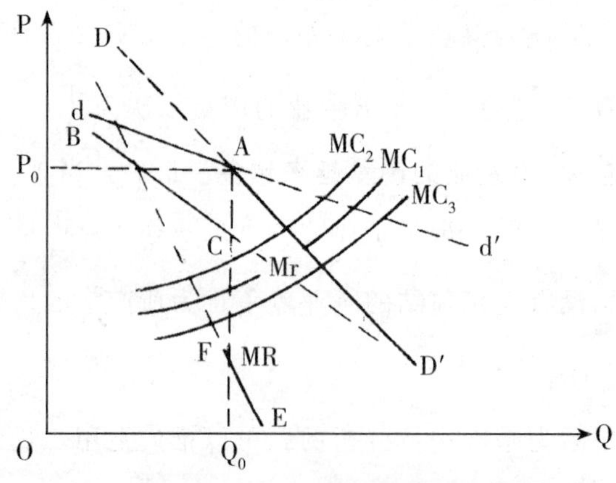

图7-2 斯威齐模型

结果是其他企业也跟随降价，使得自己面临着一条需求价格弹性非常小的需求曲线，因而，降价的结果只能减少收益，所以，降价不是明智之举。如果涨价，其他寡头企业将不会改变自己的价格，这将使首先涨价的寡头企业面临比较有弹性的需求曲线，使得市场份额大幅度下降，从而总收益减少。所以，对于寡头企业而言，无论降价还是涨价，都会使收益减少，寡头企业会很谨慎地调整产品的价格，从而使得寡头垄断市场的产品价格呈现出价格刚性。

有缺口的边际收益曲线也能很好地解释寡头垄断市场的价格刚性。为实现利润最大化，厂商将在边际收益等于边际成本之处进行生产。假定边际成本曲线为MC_1，厂商将生产Q_0产量，索取P_0价格。但如果边际成本发生变化，向上移或向下移，如图7-2中的MC_2或MC_3，只要变动没有超过CF段，厂商都不会改变价格和产量。另外，只要需求曲线折点的位置不发生变化，即使需求状况在一定范围内发生变化，厂商有利可图的产量和价格仍是Q_0、P_0。

这一模型说明，一旦均衡价格P_0形成，它将在很长的时间内被保持下来。美国钢铁业就是一个典型的例子，从1901年开始，每吨钢铁的价格是43美元，尽管这期间需求和成本都发生了很大的变化，但这一价格仍然保持了15年。斯威齐模型在一定程度上解释了寡头垄断市场的价格刚性问题。

这一模型虽然解释了价格刚性问题，但却受到了一些经济学家的批评，因为这一模型没有说明最初的价格是如何决定的。

（二）勾结的寡头垄断模型

1.卡特尔模型（Cartel model）

由于寡头垄断市场的企业数目非常少，并且它们之间互相依存，这往往使企业意识到，如果企业之间相互竞争，容易导致两败俱伤。为避免这种情况的发生，寡头企业往往采取勾结、合谋的行为。最常见的形式就是组成卡特尔。

卡特尔是指独立的企业之间就价格、产量及瓜分销售区域等事项公开和正式建立的勾结性协议。虽然在欧洲国家中卡特尔普遍存在，但在美国，卡特尔一般是非法的。

通常，通过卡特尔协定，寡头企业合并成为一个完全垄断企业。市场的需求曲线就是卡特尔面临的需求曲线，而每个企业的边际成本曲线的水平加总，可以获得整个卡特尔的边际成本曲线。根据边际收益等于边际成本的原则，可确定作为一个完全垄断企业的卡特尔的利润最大化产量和相应的价格。这种方法保证了寡头企业作为一个整体所获得的利润是最大的。

作为卡特尔的成员，寡头企业可以享受到比较高的产品价格，但代价是不能随意决定产量，只能接受卡特尔的限额。卡特尔会把最大化利润时的产量在各个成员企业之间进行分配。在理论上，最合理的分配方法是使得每个成员企业的边际成本相等，但在具体实施中会遇到许多困难，因为产量分配实际上是一种利益的分配，这种限额的分配受到各企业的地位和谈判能力、企业已有的生产能力、销售规模以及地区划分的影响。各企业的配额决定后，对于单个企业而言，在其他企业遵守协议的情况下，极有愿望突破限额。

在现实经济生活中，卡特尔具有不稳定性，也不能持久，一般不超过5～10年。对企业而言，加入卡特尔，得到的好处是能以垄断高价出售产品，但付出的代价是必须接受卡特尔的市场限额。因此，卡特尔成员企业既想保持住高价，又不愿遵循产量限制。企业有一种增加产量的冲动，因为产量增加后，以高价出售会获取高额利润，所以，企业可能会脱离卡特尔或违反协议进行暗中欺骗。如果不被惩罚，企业利润会增加，但如果有此行为的企业不止一家，则行业产量将大幅度扩大，垄断高价将无法维持，卡特尔将会瓦解。

2.价格领先制模型（price leadership model）

由于公开的勾结会受到法律等原因的阻碍，因此，寡头垄断企业常常采取非公开的方式进行勾结。价格领先制模型就是一种非正式签订协议的寡头市场模型。在这种模型中，虽无公开协议，但各企业会默认一些共同的准则，当某一企业率先变动价格后，行业中其他企业跟着执行、统一行动。这一模型又因处于领导地位的企业的特点不同而分为三种情况：

（1）晴雨表型价格领先制

在这种价格决定方式中，处于领导地位的企业在行业中不一定具有绝对优势，也没有实力统治其他企业。但是，它能及时预感到价格变动的倾向和可能幅度，合理而准确地反映整个行业基本的成本和需求状况的变化，如同能够反映气候变化的晴雨表。当市场萧条时，可能带头降价；当市场需求状况好转时，可能带头提价。

（2）低成本企业价格领先制

在这一定价模式中，寡头垄断者为了保持其产品的市场销路，放弃能给自己带来最高利润的均衡价格，而把低成本企业最大利润时的市场价格作为自己的销售价格。假设A企业是低成本企业，B企业是高成本企业。B企业如果按照自己的边际收益与边际成本相等时的价格出售产品的话，价格一定会高于A企业。这样，B企业就会把顾客推向以更低的价格出售产品的A企业。购买B企业产品的消费者，只剩下信息不灵通或因A企业卖空而只好出高价的购买者。同时，面对这种状况，A企业可能会扩大规模，增加供给，使得B企业受到严重排挤，面临着一个产品也卖不出去的危险。所以，为了能够继续生存而不至于被A企业排挤出行业，B企业只好也以A企业的价格出售其产品。B企业以牺牲一部分利润的方法避免了和A企业的竞争。

其实，这样做对B企业来说是一个明智之举。所以，在这种定价模式中，低成本企业是价格的领导者，而高成本企业是价格的追随者。

(3) 支配企业价格领先制

这种价格决定模式是指寡头企业中如果有一个规模很大、具有市场支配能力的企业，它将按利润最大化原则制定销售产品的价格，同时也使其他企业销售它们所希望销售的全部数量，只是其他企业在价格上则像完全竞争企业那样，只是一个接受者，接受支配企业制定的价格。

这种价格决定模式实际上是大企业对小企业的某种程度的让步。因为对于大企业而言，完全有可能制定一个很低的价格，足以把小企业从市场中赶出去。但由于一些法律上的限制，大企业的这种为排除竞争而进行的低价措施一般是不会采用的，这保证了各种规模企业相安无事。

3.成本加成定价模型（cost-markups price model）

寡头垄断企业为了避免价格的频繁变动，在需求具有不确定性及计算收益和成本比较复杂的情况下，往往采取一种比较简单的定价方法，也就是成本加利润定价法。

这种方法首先按一定产量水平计算平均成本。它是根据该企业生产能力的某一百分比确定一个标准产量，再根据这一产量计算出相应的包括固定成本与可变成本的平均成本。然后，在平均成本的基础上，加上一个按百分比计算的毛利，其确定参照全行业的利润率情况。如果用r表示加成百分比的话，则：

$$P=AC(1+r) \tag{7-1}$$

这种方法比较简单，可使各企业制定出相同或相似的价格，但不一定使各企业获得最大化利润。其优点是价格稳定，无须随产量变化而变化，当行业中所有企业都采用这种方法时，能够产生一个稳定的价格格局，避免了价格竞争的不利后果。

第二节　垄断竞争市场

一、垄断竞争的市场条件

（一）垄断竞争市场的结构特征

垄断竞争（monopolistic competition）是指一种既有垄断又有竞争，既不是完全垄断又不是完全竞争的市场结构。垄断竞争市场的特征如下：

(1) 垄断竞争企业生产有差别的同种产品，这些产品彼此之间都有非常接近的替代品。这是垄断竞争市场的一个非常重要的特征。垄断竞争理论的创始人之一张伯伦认为："差别性可能是根据产品本身的某种特点，如独有的专利权、商标、商店名称、包装特点等的不同；或是品质、设计、颜色、式样等的特点。同时，它也可能是根据环绕于售卖者周围的各种不同条件。"也就是说，这种差别可能是产品真正的差别，也可能仅仅是消费者对同样商品的心理感受的差别。

由于这种差别的存在，生产差别产品的企业就具有一定程度的垄断力量。但是，这种垄断性通常都是很有限的，因为同种产品虽然有差别，但它们又相类似，因此具有一定的可替代性。这导致企业之间还存在比较激烈的竞争，每个企业都必须面对与其具有相互可替代性产品的生产企业的竞争，没有一个企业能控制整个市场。每个企业既是垄断者，同时又是竞争者。

（2）企业的数量比较多，规模比较小。垄断竞争市场是一个企业数目比较多的市场，每一个企业都没有具备供应整个市场产品主要份额的能力。

（3）企业进出比较容易。虽然垄断竞争市场不像完全竞争市场那样可以自由、无障碍地进入，但由于垄断竞争企业规模比较小，资金筹措等方面比较容易，因此比较容易进入。一旦亏损，退出市场也是比较容易的。

（二）垄断竞争企业的需求曲线

在垄断竞争市场，因为存在产品差别，所以，每个企业对自己的产品有一定程度的价格控制能力，因此，每个企业所面对的是向右下方倾斜的需求曲线。但是，由于有许多企业生产相近似的替代品，因此，这条需求曲线的价格弹性非常大。

二、垄断竞争市场利润最大化

我们不考虑一家企业对其他企业价格变动的反应，即企业只根据市场情况来决定自己的价格和产量。短期内，企业会凭借所生产产品的差别在这些产品的消费者中形成一种垄断地位。这时，垄断竞争市场的短期均衡状况与完全垄断市场相同，即在MR=MC时，确定最优产量和价格。由于短期的垄断竞争企业可以看做一个垄断者，因此，其利润最大化的情况和完全垄断市场相类似，企业可能盈利，也可能亏损。只要价格超过平均变动成本，即使亏损，企业继续生产也是有利可图的。

长期内，由于各企业提供的产品具有一定的可替代性，所以垄断竞争市场上存在激烈的竞争。竞争的结果使企业最终将均衡在图7-3所示的E点。这时，总收益恰好弥补总成本，没有经济利润也没有亏损。所以，垄断竞争市场的长期均衡更类似于完全竞争市场。

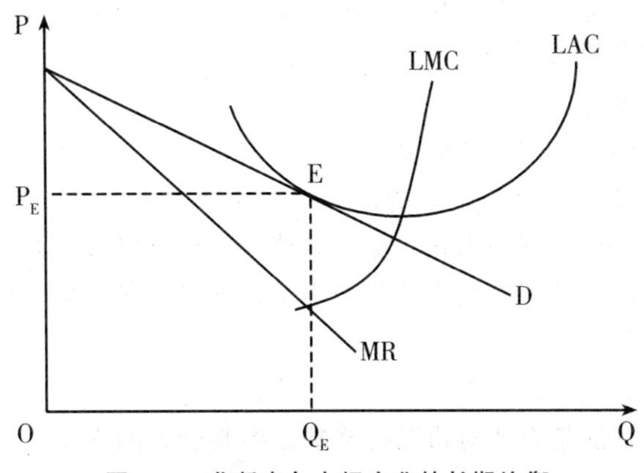

图7-3　垄断竞争市场企业的长期均衡

三、垄断竞争与完全竞争市场的比较

假设某企业的长期边际成本为LMC，长期平均成本为LAC，我们通过图7-4比较一下在两种市场下长期均衡的状况。

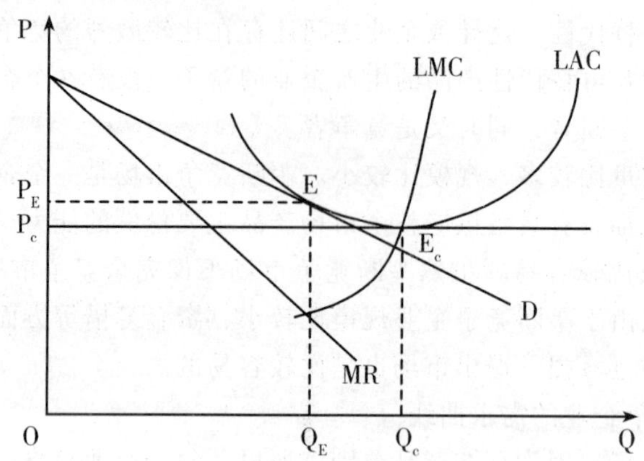

图7-4 完全竞争市场与垄断竞争市场企业的长期均衡比较

（1）在完全竞争市场中，最终将均衡于长期平均成本曲线的最低点E_c。而垄断竞争市场中，由于需求曲线是向右下方倾斜的，所以均衡不可能在长期平均成本的最低点，而是在长期平均成本最低点的左侧的E点，即垄断竞争的均衡产量小于完全竞争的均衡产量。

另外，垄断竞争的企业在创业时所需资本少，这样，就会有过多企业进入这一行业，造成总销售量分摊在较多的企业手中，使各企业的产量大体相同，但每个企业难以在最低成本下实现长期均衡，容易造成资源浪费，如零售店、小规模手工业等。

（2）均衡时的产量，垄断竞争的产量Q_E小于完全竞争的产量Q_c。

（3）均衡时的价格，垄断竞争的价格P_E高于完全竞争的价格P_c。

垄断竞争市场也有自己的长处，虽然平均成本和价格比较高，但消费者能够消费到有差别的产品，满足消费多样化的要求，并且由于差别产品的提供，企业可以在一定时期内拥有一定的垄断地位，因此激发了企业创新的动力，而长期中的竞争又使这种创新的动力持久下去。

四、非价格竞争

在完全竞争市场中，同行业的企业提供的是完全相同的产品，所以，要实现利润最大化的目的，企业只有一个办法，就是使其产量调整到边际成本与价格相等；而垄断竞争企业为实现利润最大化，除了调整产品价格以改变其销售量外，还可以通过改变产品特征以及销售费用来调整销售量，这些手段就是非价格竞争。

（一）产品差别

完全竞争市场的产品是完全同质的，因此，每一家企业生产的产品与行业中的其他企业完全相同，这是企业对市场价格缺乏控制能力的重要原因。而在垄断竞争市场，企业在一定程度上能够控制价格，因而具有向右下方倾斜的需求曲线。这种

控制能力或者说是市场支配能力，是通过产品差别来实现的。这些差别可能是产品本身的差别，如品质、性能、设计、颜色、商标不同，也可能与销售条件有关，如销售地点、经营方式等等。这种产品的差别，导致了差别产品生产者一定程度上的垄断力量。这种垄断力量的大小，取决于产品差别的程度。产品差别越大，垄断力量就越强；产品差别越小，垄断力量就越弱。因此，垄断竞争企业为在竞争中取胜，必须增强自己的这种垄断力量。而增强垄断力量的重要方面，就是创造并保持产品的差别。因此，生产具有差别的产品对企业是很重要的。有了产品差别且其他企业一时难以模仿，企业有可能在不降低价格的情况下，吸引更多的消费者，以获取更多的利润。

（二）产品变异

由于产品之间的可替代性，企业在垄断竞争市场仍存在竞争。而这种竞争的存在，又成为企业强化产品差别的动力。产品差别使得企业获得了一定程度的垄断力量，但它不可能实现完全垄断。要使这种垄断地位能够长久，企业必须创新。企业可以像变动价格一样，改变其产品的特征，来增加销售量、增加利润。这就是所谓的产品变异。产品变异实际上是企业之间产品差别的进一步强化。这种变异包括：（1）产品本身的改变，即进行一些质的改进，如原料、设计、技术性能、式样、型号、颜色等的改变，也可能是一些非质的改变，如包装、品牌、商标等方面的改变。（2）销售条件的改变，既然本身完全相同的产品会由于销售条件不同而被消费者看成不同的产品，那么，企业完全可以通过销售条件的改变来扩大这种差异，如改变经营方式、提高服务质量等。

（三）广告

对于已经生产出来的、具有差别的产品要增加其销售量，企业还可能做的就是对需求的影响，也就是通过增加一定的费用来增加产品需求，从而实现销售量扩大、利润增加的目的。这些费用，就叫做销售费用。它包括各种推销活动的成本，如推销人员的工资、对零售商店陈列商品样品所给予的补贴等。然而，其中比例最大的是在广告方面的费用支出，通常美国的广告费占国民生产总值的2%左右。

产生广告这种形式的直接原因在于产品存在差别。不可想象在完全竞争市场会出现广告，因为完全竞争企业提供完全同质的产品，它们之间没有丝毫的不同之处。而垄断竞争则不然，企业精心生产出有差别的产品，同时又希望有着不同偏好的消费者了解并购买这些产品，沟通双方的媒介之一就是广告。

作为企业，做广告必须支付费用，但是，它们一般认为因为广告而增加的收益一定会大于为此而投入的成本。它们希望通过广告增加消费者对其产品的认同与需求，使消费者在每一价格水平下都能购买更多的数量，或者通过消费者的认同而使之支付更高一些的价格。

作为消费者，广告可以帮助他们做出信息灵通的、理性的选择。面对众多的产品，认定它们是很困难的，广告则在某种程度上缓解了消费者的这种困惑。从消费者效用程度的增加以及由此而引致的生产者利润的增加角度来看，在垄断竞争市场，广告是不可缺少的，尤其是信息性的广告，提供了许多有关商品价格及用途、特性的信息，起到了有利于社会的作用。美国华盛顿大学本汉教授曾经就广告对产品价格的影响做过调查，经过对允许做广告和不允许做广告的州的同一商品——眼镜的价格比较发现，在允许做广告的州里眼镜价格要比不允许做广告的州低25%~30%。还有一项研究表明，在对药品广告不加限制的州中，零售处方药品的价格比较低。

当然，广告的大量存在也引起了一些争议。有人认为各种产品之间微小的无意义的差别以及对之的大肆宣传，浪费了有限的社会资源；有时企业之间的广告战是属于抵消性质的。当集团内企业中有一家开始大做广告时，其他企业为保住市场份额，也只好大造声势宣扬其产品差别。结果大家都投入了巨额广告费用，而各企业的顾客数量并没有增加，集团或行业的盈利水平并没有发生变化。最终结果是没有一方得利。反对广告的人还认为广告在一定程度上被用来操纵消费者的偏好。不过，许多经济学家对广告还是充分肯定的，认为这是企业的一种合理行为，对生产者、消费者都有一定的好处，能改善市场功能。总之，对于广告的作用，很难用简单的结论判断之。

第三节　博弈论与竞争策略

在第一节中，我们阐述了寡头垄断理论。但是由于不确定性的存在，对于寡头垄断市场的研究，一直没有得到令人满意的结果。因为传统的微观经济学决策理论是在假设其他条件不变的情况下，研究经济主体的决策行为，很少考虑决策者对他人的影响，也不考虑他人对决策者的影响。但在现实经济生活中，企业总是会考虑竞争对手的决策，并在策略互动的情况下做出自己的决策。博弈论所分析的正是具有目标冲突的决策者是如何进行策略选择的。它的形成与发展，为寡头垄断市场的研究提供了良好的工具。它的主要精神在于：在分析策略选择时，不仅要分析自己的行动方案，也要分析竞争对手为应对你所做的策略选择。博弈论试图研究在既合作又冲突的情况下，个人或组织决策的行为，这和寡头垄断市场是非常接近的。

一、博弈论的基本概念和收益矩阵

（一）博弈论的相关概念

博弈通常由决策制定者（或称局中人）、决策规则、对局中人的支付等因素组成。决策制定者（player）是指博弈中为了实现自己的目标而选择行动的决策主体。决策规则是用来限定参与者如何使用资源进行行动以及这些行动所导致的后果。博弈的规则决定了博弈的均衡。决策制定者按照规则选择他们的策略。

（二）博弈的收益矩阵

决策制定者在做出选择后都会得到一个结果，这个结果就叫做收益（payoff）。当然，收益可能是收入，也可能是亏损；可能是好事，也可能是坏事。为了反映这个收益，我们通常用一个矩阵列出各种策略可能的结果，我们称之为支付矩阵。总之，收益是各决策制定者在该策略组合下的所有得失，反映了他们从博弈中获得的效用水平。我们从博弈论中著名的囚徒困境开始，来说明博弈论在分析寡头垄断市场时的作用。

二、囚徒困境

A、B两囚犯由于共同作案而被捕。他们被隔离在两处接受审讯，每个囚犯都面临选择。基于“坦白从宽、抗拒从严”的思想，检察官对囚犯设定了这样的规则：目前证据足以判所抓囚犯1个月监禁，而事实上他们的犯罪程度足以判监禁4个月。两人中，如果只有一个囚犯坦白，那么这个囚犯可以得到免于刑事处分的处理，而另一个囚犯则要监禁6个月。表7-1是这个对策的支付矩阵。

表7-1　**囚徒困境**

囚犯B的选择 囚犯A的选择	交代	不交代
交代	-4,-4	0,-6
不交代	-6,0	-1,-1

在列出的支付矩阵中，我们用监禁期长度的负值代表每种选择的支付，因为这种支付越小越好。我们先看看A会如何选择的。如果B交代，那么A的两种可能是：如果交代，将被关4个月；如果不交代，则要关6个月的监禁。相比之下，4个月的监禁，也就是交代对A来说比较好一些。如果B不交代，那么A的两种可能是无罪释放和1个月监禁。相比较而言，还是选择无罪释放即交代为好。因此，无论B做如何选择，A都将选择交代作为一个相对来说比较好的策略选择。

同样，对B而言，也是坦白交代对其来说是一个比较好的策略选择。结果，最终的结果是两个囚犯都交代了。这时，交代是在给定对方选择时决策者的最优选择。这种如果另一个人的选择给定之后，每个局中人都做了最优选择的状况，被称为纳什均衡。纳什均衡是第一节所描述的古诺均衡的一般化形式。古诺均衡选择的是产量水平，每家企业在选择自己的产量时都把另一家企业的产量视为既定。每家企业都假定其他企业在选择的产量水平上连续生产，并在这一假设条件下最优化自己的产量。

由以上分析，我们可以看出，两个囚犯都坦白是纳什均衡，即在一个囚犯的选择给定以后，每个囚犯都做了最优选择。

问题到此并没有结束，纳什均衡对局中人一定就是最好的选择吗?比较支付矩阵中的4个结果，我们会发现，事实上，对两个决策者而言，若A、B两囚犯都不交代的话，那么，他们的状况会比其他三种状况更好一些，虽然每个人要监禁1个月，但一共只有2个月，少于其他任一选择的监禁时间之和。

为什么会出现这种想象与现实的不一致呢?原因在于两个局中人都不能互相信任，他们的坦白是出于自私的动机。只有当他们勾结或采取利他主义的方式时，双方才能得到一种最有效的选择。

三、寡头企业的博弈

寡头垄断企业在进行策略选择时，也会出现这样的问题。每家企业都从自身出发，追逐最大利润，其结果却不一定尽如人意。如在卡特尔中，企业的超限额冲动，虽说这种选择会带来纳什均衡，但最终却可能导致价格下降、利润减少，而各自遵守协议反而会更好地实现利润最大化。各企业行为单独看似乎是最佳选择，但对各方共同利益来说，则可能是坏的选择。表7-2表示的是两个企业组成的卡特尔情况，支付矩阵中的数字为各企业的利润。

表7-2 **卡特尔协议中的欺骗行为**

B企业的策略 / A企业的策略	遵守协议	不遵守协议
遵守协议	400,400	100,500
不遵守协议	500,100	300,300

我们来分析一下企业的决策过程。在A企业看来，如果B企业遵守协议，很显然，A企业选择欺骗这个策略要更好一些，因为它由此获得的利润为500，比它遵守协议时所获得的利润400要多；如果B企业选择欺骗而不遵守协议，A企业遵守协议情况下的利润为100，大大低于不遵守协议时的利润300。因此，不管B企业选择何种策略，A企业选择欺骗的策略总比选择遵守协议的策略要好，所以A企业将选择欺骗的策略。

B企业会怎样做呢?如果A企业遵守协议，B企业较好的策略是选择欺骗，因为它由此获得的利润为500，比它遵守协议获得的利润400要多；如果A企业选择欺骗，B企业较好的策略仍是欺骗，这时它获得的利润为300，比遵守协议所能够获得的利润100要多。因此，B企业一定会选择欺骗的策略，因为不管A企业选择什么策略，B企业选择欺骗的策略总比选择遵守协议的策略得益更多。

在这个卡特尔协议中，两个企业都选择欺骗，博弈的结果是均衡出现在支付矩阵的右下角。这种情况与囚徒困境实质上是一样的。在囚徒困境的情形中，囚徒们由于不能确信对方不坦白，因而自己选择坦白，结果导致了比相互信任更长时间的监禁。同样，在执行卡特尔协议时，寡头垄断企业不能相信对方将遵守协议，因而都悄悄地增加产量或降低价格，结果是各方获得的利润都比遵守协议时所获得的利润少得多。

我们也可以用同样的方法来分析企业在是否做广告问题上的博弈。假设A、B两个企业相互依存于市场，面临着是否参加广告战的选择。每个企业都可以获得如下信息：如果大家都不做广告，则每一家企业的利润是5万元，但是，如果只有一家企业做广告的话，那么，其利润会增加50%，而竞争对手，即没有做广告的企业，利润会减少而进入亏损的行列。如果两个企业都做广告的话，则每个企业获得1万元的利润，因为巨额的广告支出所增加的有限需求被两家平分了。根据这些信息，我们可以得到表7-3所示的支付矩阵。比如，A、B企业都选择不做广告，那么在这个矩阵中，对A企业的支付即企业获得的利润是左上角方框中的第一项5万元；对B企业的支付就是左上角方框中的第二项，也是5万元。同样，我们可以得出两个企业不同情况下的支付情况。

表7-3　**关于广告的对策选择**　单位：万元

B企业的策略 / A企业的策略	不做广告	做广告
不做广告	5,5	-2.5,7.5
做广告	7.5,-2.5	1,1

我们先看A企业，有做与不做广告两种选择。如果B企业不做广告，则A企业做广告时的利润是7.5万元，不做广告的利润是5万元，所以做广告对A企业来说是理性的选择。如果B企业做广告，A企业在选择时仍会选择做广告。因为相对来说，做广告的支付总要大于不做广告的支付，所以A企业选择做广告。

同样，B企业也会选择做广告。可见，都做广告是纳什均衡。但是，我们可以发现，都做广告对两个企业来说并不是最好的情况，因为如果都不做广告的话，企业可以获得更多的利润。

那么，如何实现这种对企业来说更有效的选择呢?这在重复的对策中可以实现。比如A、B两个寡头企业，当A在竞争中采取欺骗时，B企业也将会欺骗。当A企业合作时，B企业也会合作。因此，在这种利益的权衡中，双方有可能认识到合作才是最有效的选择。做广告的选择也是如此，A、B企业认识到合作的重要性并且博弈是重复时，那么，经过多次的博弈，它们可能会在左上角的方框即都不做广告实现均衡而不一定是右下角的都做广告的选择。

实际上，博弈中的信息是否完全、是否是动态的等因素都会影响到博弈的结果。

另外，对于对手是否理性的判断，也是企业决策的一个重要决定因素。在企业的博弈中，经常采用的极大极小化策略，就是这样的情况。假设两竞争企业A、B的投资决策是相关联的。A企业的投资项目选择有甲、乙两项，而B企业的投资项目选择有I、II两项。它们投资利润的回报情况如表7-4所列的支付矩阵所示。

表7-4　**企业投资项目的选择**　单位：万元

B企业的策略 / A企业的策略	I	II
甲	10,0	10,10
乙	-100,0	20,10

对于A企业来说，如果对方选择项目Ⅰ，则自己选择甲比较好，能获利10万元，但如果对方选择项目Ⅱ，则自己选择乙比较好。所以，企业A的选择决定于企业B的选择。而B企业在A企业无论做出什么选择时，都会选择Ⅱ，获得10万元的利润。那么当B企业做出了这一选择后，A企业就会选择乙，因为可以带来20万元

的利润。很明显，A企业选择乙、B企业选择Ⅱ，即支付矩阵的右下角是纳什均衡。但这个均衡对A企业来说，其实是有风险的。因为假如对手B企业是非理性的，选择了项目Ⅰ的话，那么，A企业的状况会糟糕至极，要亏损100万元，即支付矩阵中左下角的位置。这样，对A企业来说，选择乙的风险就太大了。事实上，A企业如果是比较谨慎的，并且考虑到竞争对手的不确定性的话，选择甲将是比较理想的。因为虽然得不到最大化的利润，但绝对的保证是可以获利10万元，也就是说，不会有损失的可能。因为这种策略是最大化可能的最小得益，所以被称为极大极小化策略。所以，该项目选择博弈的极大极小化策略是A企业选择项目甲，B企业选择项目Ⅱ。可见，极大极小化策略是保守的，而不是利润最大化的。

四、重复博弈

在上文中，我们仅仅考虑一次博弈，而在现实经济生活中企业之间的博弈是重复进行的。重复博弈（repeated games）是动态博弈中的一种特殊情况，是指相同的博弈重复进行的过程。在一次博弈中，局中人相互欺骗和违约的行为因为是一次性的，没有下一次的博弈，因此很难遭到报复行为。但在重复博弈中，博弈是不断进行的，博弈双方的行为会影响到下一次的博弈，因此，欺骗和违约很容易遭到报复行为。

以卡特尔为例。在一次博弈中，卡特尔成员选择降价获得利润而不会遭到竞争对手也降价的报复行为。然而，在现实经济中，博弈是重复进行的。如果卡特尔中的一个成员选择降价，其他成员就会采取针锋相对的策略，纷纷选择降价，这样就产生了价格战。所以在很多情况下，每个成员在选择降价的时候都考虑到其他成员会采取针锋相对的策略，为了不因自己的降价而导致价格战，卡特尔成员就会维持垄断高价。

因此，在现实之中，企业之间往往是合作的。这是因为重复博弈的存在使得企业不能确切地知道什么时候是最后一次博弈，每个参与者都认定下一期还要继续相互合作，因此，没有哪个参与者首先打破这种均衡，纳什均衡合作解就是存在的。

博弈论虽然也没有对寡头垄断企业的行为做出十分完美的解释和研究，但它毕竟使我们对寡头垄断这一具有高度不确定性的市场结构的研究又多了一条新的途径。

关键概念

卡特尔　支付矩阵　纳什均衡　产品变异

综合训练七

一、选择题（单项或多项选择）

1.寡头垄断市场的结构特征主要体现在以下几个方面：（　　）。

A.企业数目很多

B.为数不多的企业控制市场

C.寡头行为具有不确定性

D.产品既可能同质，也可能存在差别

E.寡头之间相互依存

2.在一个勾结的双头企业中，如果双方都实现了利润最大化，那么（　　）。

A.每个企业都生产相同的产量

B.每个企业都生产自己可能最大的产量

C.在所达到的总产量水平时，行业的边际收益等于行业的边际成本

D.总产量大于没有勾结时

3.在长期中，一个垄断竞争企业生产的产量要使价格等于（　　）。

A.边际成本　　B.边际收益

C.平均可变成本　　D.平均总成本

4.垄断竞争企业为了实现利润最大化，除了调整产品价格以改变销售量外，还可以通过改变产品特征以及销售费用来改变销售量，这些手段就是非价格竞争，包括（　　）。

A.通过产品差别实现

B.改变销售条件，如销售地点、经营方式等

C.广告

D.改变设计、性能、型号、款式等

E.提高服务质量

5.用囚徒困境来说明两个寡头企业的情况，说明了（　　）。

A.每个企业在作决策时，不需要考虑竞争对手的反应

B.企业为了避免最差的结果，将不能得到更好的结果

C.一个企业制定的价格对其他企业没有影响

D.一个企业制定的产量对其他企业的产量没有影响

二、填空题

1.古诺模型是以双头垄断为基础进行分析的，可以推广至多头垄断。假设饱和需求量为Q_1，寡头数目为n时，每个寡头的均衡产量是________，行业的均衡总产量是________。

2.垄断竞争市场的短期均衡条件为________。

3.通过比较垄断竞争与完全竞争市场，前者的均衡产量________后者的均衡产量，前者的均衡价格________后者的均衡价格。

三、简答题

1.垄断竞争市场的特征有哪些？

2.垄断竞争市场上非价格竞争的手段有哪些？

第八章　要素价格与收入分配

微观经济学研究的对象是资源的配置问题，即要解决如何生产、怎样生产和为谁生产的问题。而为谁生产问题的解决，和生产要素的价格决定密切相关。在西方经济理论中，社会各阶层之间的收入分配被认为是通过他们所拥有的生产要素的报酬来进行的。正如第一章中的图1-4所表现的那样，生产要素的所有者向企业提供生产要素后，从企业获得作为提供要素报酬的收入，即四种要素——劳动、资本、土地和企业家才能的拥有者分别得到工资、利息、地租和利润。

生产要素的价格决定了生产要素所有者的收入，而要素价格同我们已经研究过的产品价格一样，也是在生产要素市场由供给与需求共同决定的。

第一节　生产要素的价格决定

在市场经济条件下，生产要素市场和产品市场是相互依存、相互制约的。因此，生产要素需求表现出许多特性。

第一，生产要素需求是一种引致需求（derived demand）。

当企业需要一种要素投入生产时，是因为这种投入使其能生产一种消费者现在或将来想要的商品，即企业的要素需求由消费者对最终产品的需求间接派生而来，因此，生产要素的需求被称为引致需求或派生需求。

第二，生产要素需求具有相互依存关系。

在生产过程中，企业必须将若干要素相互配合进行生产。例如，生产汽车，不仅需要钢材、设备、电力、厂房，而且还需要劳动力、企业家才能。因此，各种生产要素之间具有相互依存的关系。

在生产要素需求的相互依存关系中，既有互补关系，又有替代关系。所谓互补关系，是指在生产某一种产品时，两个或两个以上的生产要素必须同时使用，它们的需求是此消彼长的。例如，在汽车的生产中，机器设备与劳动力在一定范围内就具有互补性。如果只有机器而没有技术工人，或只有工人而没有专用设备，汽车根本生产不出来。但是，在一定范围内，机器设备与劳动力又具有替代性。也就是说，为了生产相同数量的汽车，可能使用较多的机器设备和较少的劳动力，也可以使用较多的劳动力和较少的机器设备。

不论具有互补关系还是替代关系，生产要素之间的这种相互依存关系影响着相关生产要素的需求。

因此，生产要素需求变化，会因为产品需求变化、其他生产要素价格的变化以及技术进步的变化而发生变化。

下面，我们分别研究四种生产要素——劳动、资本、土地和企业家才能的价格决定。

一、工资

工资作为劳动这种生产要素的报酬，取决于劳动的需求和供给。

（一）劳动的需求

由于企业对生产要素需求的特性，企业对劳动的需求，取决于劳动的市场价格、市场对劳动生产出的产品的需求以及在生产中劳动与其他生产要素的关系，但主要取决于劳动的边际生产力。边际生产力（marginal productivity）是美国经济学家卡拉克于19世纪末提出来的，是指在其他条件不变的前提下，每增加一个单位某种要素的投入所增加的产量。所以，劳动的边际产量是指在其他条件不变时，每增加一个单位劳动所增加的产量。

劳动的边际生产力是递减的。我们可以画出如图8-1所示的劳动的边际生产力曲线。其中，横轴表示劳动的投入量，纵轴表示边际生产力。A点表示第4个单位的劳动的边际生产力是5，B点表示第6个单位的劳动的边际生产力是3。劳动的边际生产力曲线是向右下方倾斜的。而企业在决定使用多少劳动时，要考虑使用劳动的边际收益和边际成本。这时的边际收益就是劳动的边际生产力，边际成本即工资。

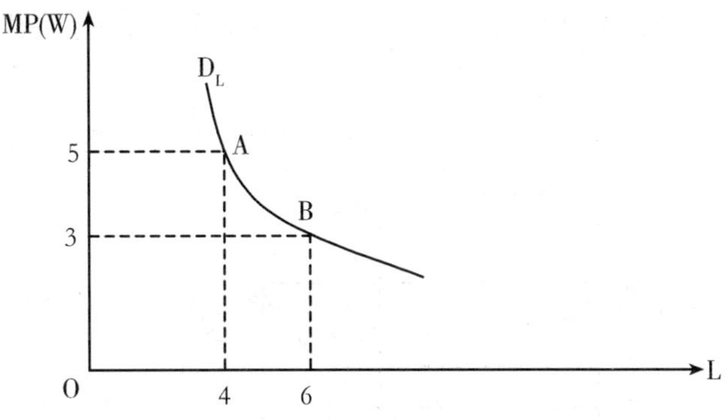

图8-1　劳动的需求曲线

当劳动的市场价格是5的时候，企业会使用多少劳动呢?一定是边际生产力也是5的时候的劳动数量，也就是图中的4个单位的劳动。因为这时，企业使用劳动的数量实现了边际收益与边际成本相等。所以，A点同时也反映了劳动的市场价格与企业对劳动使用量的对应关系。当劳动的市场价格为3的时候，继续使用4个单位劳动的话，劳动的边际生产力是5，而边际成本只有3，这时，增加劳动的投入量是有益的。企业会增加劳动的投入为6，B点也同时反映了劳动的市场价格与企业对劳动使用量之间的对应关系。推而广之，劳动的边际生产力曲线上的每一点都反映了劳动的价格和企业对劳动需求的关系。所以，纵轴也可以表示劳动的价格。所以，这条劳动的边际生产力曲线又是劳动的需求曲线。

企业的劳动的边际生产力曲线水平相加，可得到市场对劳动的需求曲线。

（二）劳动的供给

劳动的供给和劳动的提供者提供一定数量的劳动而愿意接受的工资有关。而劳动者愿意接受的工资，与劳动的成本有关。这种成本包括两个方面：一类是实际成本，即劳动者养活自己和家庭所必需的生活资料的费用以及劳动者所需要的教育、培养、训练费用。另一类是心理成本，即提供劳动所牺牲的闲暇时间的代价。这是劳动的负效用，劳动的时间越多，劳动的负效用越大。

劳动的供给具有特殊的性质。和一般产品相类似，当工资提高，劳动的供给会增加，但是，这种增加的劳动供给有一定的限度。超过这一限度，如果继续增加工资，劳动的提供者会在劳动和闲暇之间进行选择。当利用闲暇时间所能获得的效用超过增加工资所提供的效用时，增加工资的结果是，劳动不但不会继续增加，反而会减少。所以，劳动的供给曲线是一条向后弯曲的供给曲线。

图8-2表示的是单个工人的劳动供给情况。横轴表示劳动的供给量，纵轴表示劳动的价格，即工资。随着工资水平的提高，工人愿意提供的劳动数量增加。当工资由W_1增加到W_3时，劳动的供给量由L_1增加到L_3。由图中我们可以看到，L_3是劳动的最大供给量。此后，无论工资水平如何变化，劳动的供给量都不会再增加。如果继续提高工资，由于人们更有能力去闲暇，所以劳动的提供数量反而减少。当工资水平提高到W_4时，劳动供给量减少为L_1，与工资为W_1时的劳动供给量是一样的。

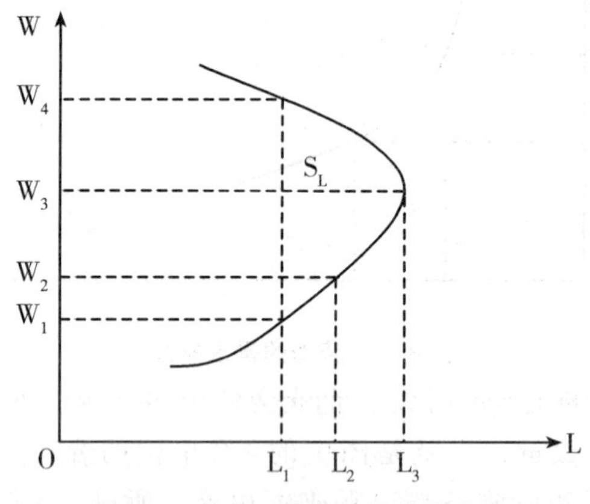

图8-2　单个工人劳动的供给曲线

这里有两个方面的力量在起作用：一方面，工资率越高，人们愿意工作的时间越长，因为此时把时间用于闲暇，意味着收入从而消费的损失比较大。他们用工作代替闲暇，这就是工资率提高的替代效应。另一方面，工资率上升之后，人们可以有更多的能力闲暇，所以，他们会增加闲暇，这就是所谓工资率提高的收入效应。

一般地，劳动的市场供给曲线是向右上方倾斜的。因为对一项工作而言，支付的工资越高，想从事这项工作的人就越多，劳动的供给就越多（如图8-3所示）。

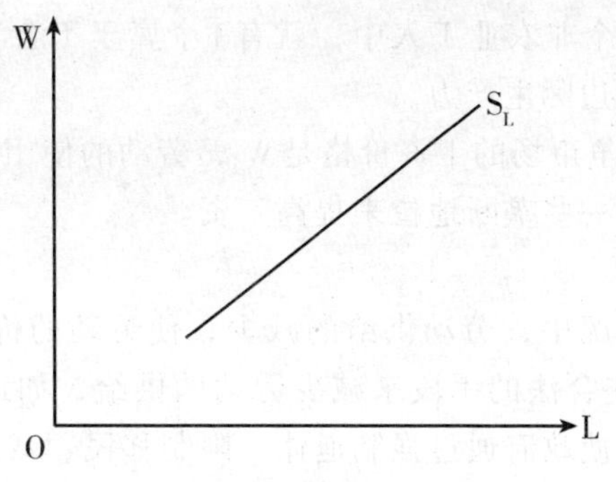

图 8-3　劳动市场的供给曲线

（三）竞争条件下的工资决定

在竞争的条件下，工资水平是由劳动的供给和需求决定的。

图 8-4 给出了劳动市场的供给曲线 S_L 与需求曲线 D_L，它们的交点是市场的均衡点。

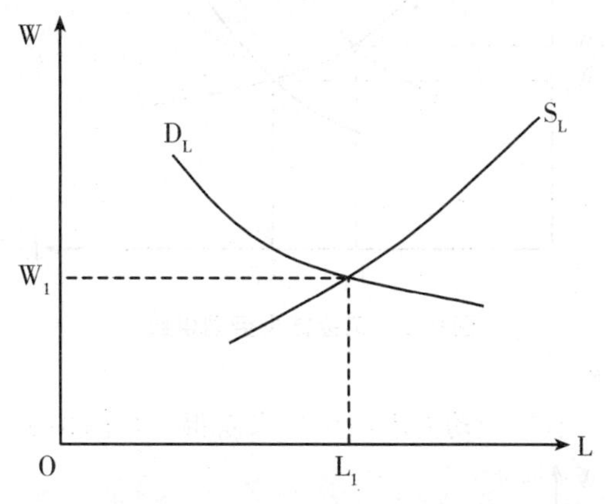

图 8-4　竞争性市场的工资决定

在这一点，相应的工资水平为 W_1，在这个工资水平下，市场上劳动的提供量是 L_1。劳动市场的自发调节会使市场趋于均衡，实现充分就业。与产品市场一样，当劳动的需求大于供给的时候，劳动的价格即工资会上升，从而增加劳动的供给，减少劳动的需求，使得市场趋于均衡；反之，当劳动市场的需求小于供给时，工资会下降，从而减少劳动的供给，增加劳动的需求。

供给和需求的变化会使工资发生变化。如某一劳动市场移民的增加，会使劳动的供给增加，劳动的供给曲线向右移动，这会使均衡发生变化，在对劳动的使用量增加的同时，劳动的市场价格下降了。需求的变化也如此。假如对于劳动所生产产品的需求量增加，会间接导致对劳动需求的增加，其结果是劳动的需求曲线向右移动，使得工资水平上升。

（四）不完全竞争条件下的工资决定

这种情况在现实中更常见一些。一般地，劳动市场的非完全竞争的垄断既可能来自供给，也可能来自需求。对劳动供给的垄断一般来自工会的力量。工会在发达国家普遍存在。美国6个非农业工人中，就有1个属于工会。工会的存在，一般会使工资水平高于劳动的边际生产力。

如图8-4所示，竞争市场的工资价格是W_1，劳动的使用量是L_1。工会由于作为要素的卖方，可以通过一些垄断地位来提高工资。

1.减少劳动的供给

在图8-5所示的情况中，劳动供给的减少，使劳动的价格即工资由W_1上升为W_2。工会可以利用一些合法的手段来减少劳动的供给，如运用各种合法的手段限制非工会成员受雇，迫使政府通过强制退休、限制移民、减少劳动时间等，来减少劳动的供给，以提高工资。

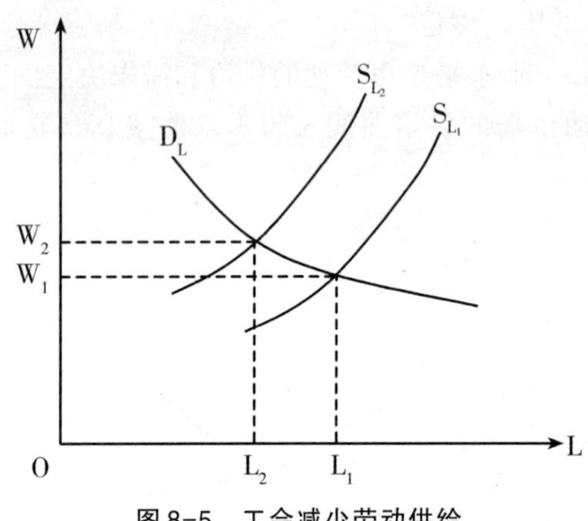

图8-5 工会减少劳动供给

2.增加劳动的需求

工资的增加也可以通过劳动需求的增加来获得，如图8-6所示。

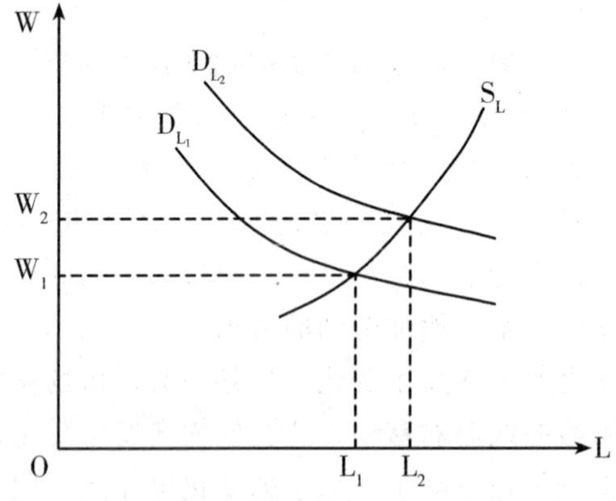

图8-6 工会增加劳动需求

劳动需求的增加使得劳动的需求曲线向上移，工资上升为W_2。工会可以通过各种合法的手段来促使贸易保护的实施，使得出口增加、限制进口，从而实现对劳动需求的增加，来实现工资水平的提高。

3.立法规定最低工资

工会可能对政府施加压力，迫使政府通过立法规定最低工资，如图8-7中的W_2。最低工资的实施，使得劳动的供给量大于需求量，因此会产生失业。

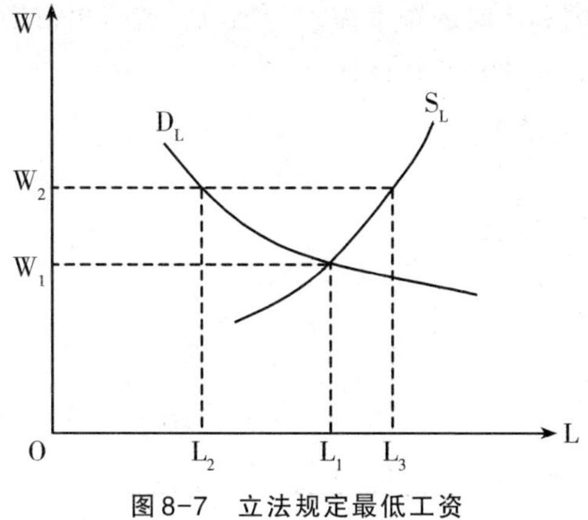

图8-7　立法规定最低工资

当然，工会有时还会有其他目标，如保持会员的全面就业、使得会员的收入最大化等。另外，工会对工资的决定程度取决于许多因素，包括经济形势的变化、劳资双方的力量对比、政府干预的程度和政策的倾向性等。

二、利息

利息是资本这一生产要素的价格，是企业在一定时期内为利用资本所支付的代价，或者说利息是资本的所有者在一定时期内让渡资本的使用权而承担风险所索取的报酬。

西方经济学家是这样解释对资本支付利息的原因的：人们具有一种时间偏好，即在未来与现实的消费中，人们偏好的是现期消费。如果人们放弃了现期消费，而把货币作为资本投资来获得未来消费，那么他就应该获得利息作为失去当前消费机会的报酬。

另外，资本也能够带来利息。因为迂回生产是人类生产效率提高的重要手段。所谓迂回生产，就是人们的生产不是像原始社会的捕鱼、打猎那样直接凭奔跑、手抓去获得产品，而是先生产生产资料（或称资本品），然后用这些生产资料去生产消费产品。一般地，这个迂回的过程越长，生产的效率越高。比如，人类通过采矿、炼铁、造机器，然后制造出猎枪、渔船，捕鱼、打猎的效率就会大大提高。现代生产的特点就是迂回生产。迂回生产的实现，必须以资本的存在为前提。资本使迂回生产成为了可能，从而提高了生产效率。这种由于资本而提高的生产效率就是资本的净效率。资本具有的净生产能力是资本能带来利息的源泉。

（一）资本的需求

资本的需求主要是企业的投资需求，因此，可以用投资来代表资本的需求。企业借入资本进行投资，是为了获得最大可能的利润。这样，投资的大小就取决于利润率与利息率之间的差额。两者的差额越大，即利润率越大于利息率，纯利润就越大，企业就越愿意投资；反之，如果差额越小，企业就越不愿意投资。所以，当利润率既定时，利息率与投资呈反方向变动。从而，对企业而言，资本的需求曲线是一条向右下方倾斜的曲线。

把各个企业在不同利率时的资本需求量加总，就得出市场的资本需求曲线，它也是向右下方倾斜的，如图8-8中的 D_{K_1} 曲线。

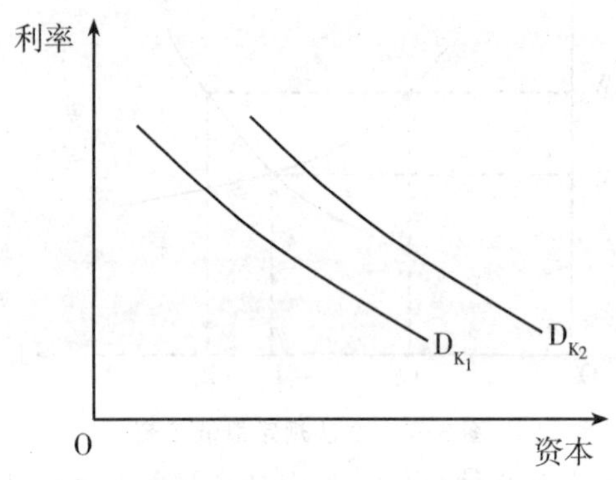

图8-8 资本的需求与需求的变化

当然，除了利率之外，还有很多因素会影响资本的需求，其中，技术变化是影响资本需求的重要因素。一般来说，新技术的运用和发展对资本需求的总趋势是一直增加的。因此，资本的需求曲线有向右上方移动的趋势，如图8-8中的 D_{K_2}，即在利率不变的条件下，资本的需求量会增加。

（二）资本的供给

资本的供给，就是资本的所有者在各个不同的利率水平上愿意而且能够提供资本的数量。资本的供给，主要取决于资本供给者供给行为的机会成本和风险成本。只有借出资本所获得的利息报酬可以弥补这些成本，资本的所有者才有动机提供资本，资本的供给才能实现。资本的供给主要来自储蓄，因此，简单地说，我们可以用储蓄来代表资本的供给。

一般地，利率越高，放弃即时消费的补偿越多，人们就越会选择增加储蓄，从而增加资本的供给量；反之，利率越低，放弃即时消费的补偿越小，人们会更多地选择即时消费。由于高利率会鼓励储蓄，因此资本的供给曲线是向右上方倾斜的。图8-9中的 S_{K_1} 是资本的供给曲线。

资本的供给也是不断变动的。除了利率的变化会影响资本的供给以外，人口增加、年龄构成的变化以及平均收入水平的变化也会影响供给的数量，导致资本的供给曲线发生移动。比如收入水平越高，一般来说，资本供给越多，资本的供给曲线将会向右上方移动，如图8-9中的 S_{K_2}。

（三）利率的决定

利率由资本的供求来决定。在图8-10中，资本的供给曲线和需求曲线相交于E点，决定了均衡的利率，从而决定了资本所有者凭其资本获得报酬的数量。

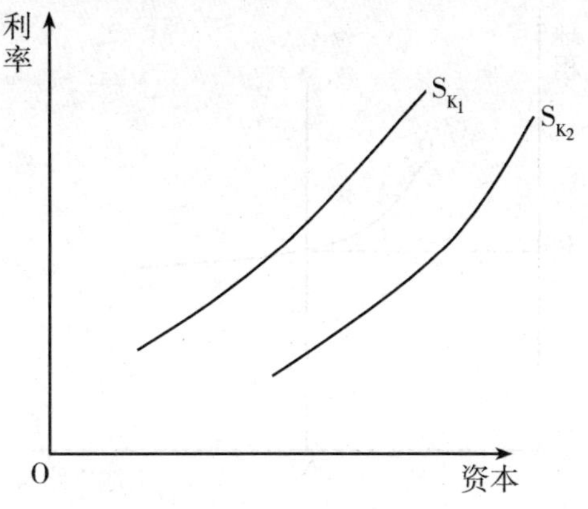

图 8-9 资本的供给与供给的变化

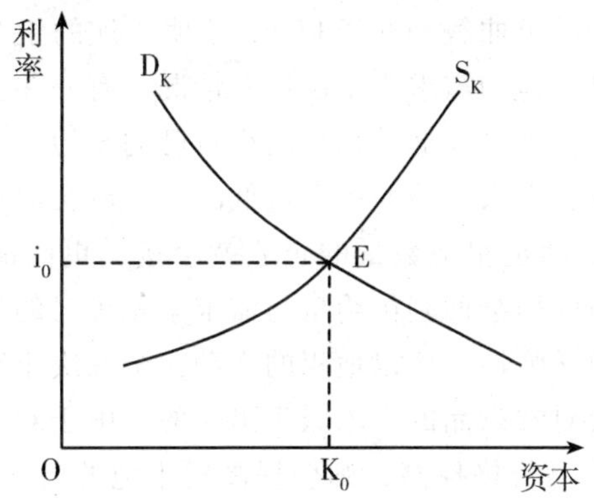

图 8-10 资本市场的利率决定

现实生活中，利率常常受各种因素的影响，而且资本市场上的不完全竞争对利率的决定也有影响。

三、地租

地租是指使用土地（包括地面、矿藏和水域）等而支付的报酬。土地作为一种生产要素，具有创造物质财富的能力。使用土地这种要素，就是利用这种创造能力，因而必须对这种创造能力给予回报。回报的方式是交纳地租。土地的所有者则获得报酬——地租（或租金）。

从整个社会来看，土地同其他生产要素相比具有一个不同之处。那就是，一方面，土地的供给量是固定不变的，它无法由人们劳动再生产出来；另一方面，对土地所有者而言，如果保留土地不使用或不租出，将不会获得任何利益。所以，从整个社会的角度来看，地租的大小并不影响土地的供给量，土地的供给曲线是一条垂线，如图 8-11 中的 S 曲线。土地的需求取决于土地的边际生产力。由于土地的边际生产力是递减的，所以土地的需求曲线也是向右下方倾斜的，如图 8-11 中的 D 曲线。

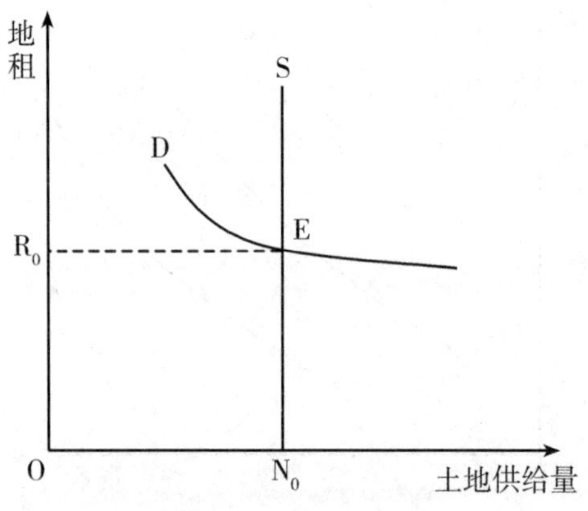

图 8-11 地租的决定

土地的供给曲线和需求曲线相交于E点，说明土地的租金必须趋近于R_0。如果价格过高，则会出现对土地的需求小于供给的情况，有一些土地就无法租出去，所以，土地的所有者就不得不以较低的租金出租自己的土地，于是，土地的租金就会出现下降的趋势。同样，如果土地的租金过低的话，就会出现对土地的需求大于其供给的情况，这时，不满足租地数量的企业就会接受更高的租金来满足自己的需要，于是，土地的价格同样会回到供给量与需求量相等时的均衡地租水平。

由于土地的供给缺乏弹性，所以地租的变动完全取决于对土地的需求。对土地的需求，首先是由社会对农产品的需求派生出来的。由于对土地的需求是一种派生需求，所以，假如农产品价格提高，则会提高对土地的需求。由于供给曲线不变，所以均衡点就会发生变化。如图8-12所示，当对土地的需求从D_1增加到D_2时，均衡点会从E_1移动到E_2，相应地，地租也会由R_1上升到R_2。

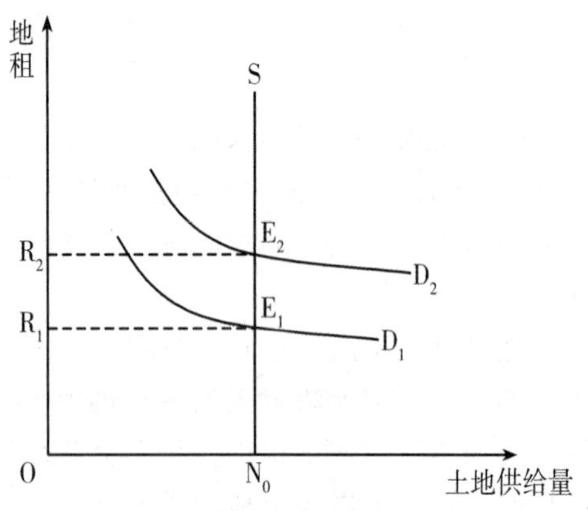

图 8-12 地租的变动

农产品在出售后所获得的收益，在支付了其他生产要素的报酬后的余额为地租。西方经济学家认为，地租不是决定农产品价格的原因，而是农产品的价格决定了地租。地租是农产品价格扣除了成本之后的余额。

四、利润

除了工资、利息和地租，西方经济学家把第四种要素收入称为利润。根据利润的来源和性质的不同，可将利润分为以下几种：

（一）作为承担风险的报酬

在一个动态的经济中，未来是不确定的，企业必须承担由此产生的风险，利润就是承担风险的报酬。这些风险是指那些不可以被预测和投保的风险，包括企业由于无法控制和难以预测的供求变动所造成的风险、经济波动和经济结构变动所造成的风险以及不可抗拒原因可能造成的损失。从事具有风险的生产就应该以利润的形式得到补偿。

（二）作为创新的利润

现代社会是一种动态发展的社会，其基本特征就是创新。创新这一概念是美国经济学家熊彼特提出来的。他认为创新是指企业家对原有生产要素的重新组合，主要包括五个方面的内容：（1）引进新产品；（2）开辟新市场；（3）采用新的生产方法；（4）获取原材料的新来源；（5）采用新的企业组织形式。创新能够提高生产率，增加投资，刺激经济增长。由于创新是否能够取得预期的成果取决于很多因素，并具有不确定性，所以，应以利润的形式对创新者给予鼓励和补偿。

当然，由创新带来的超额利润不可能长久地存在。因为当别的厂商也模仿完成同样的创新活动后，利润就不存在了。在动态社会中，新一轮的创新又会出现，从而又带来新的利润。只要经济不断出现技术变革，创新利润就一直会存在。

（三）垄断所带来的利润

由于垄断企业能够限制产量，控制价格，限制其他企业进入，因而能够减少某些不确定性，所以，垄断企业可以保持利润，这种利润被称为垄断利润。垄断利润主要有两种来源：一种是卖方垄断，即垄断产品的销售权，迫使买方接受垄断高价，从中获得垄断利润；另一种是买方垄断，即垄断产品的购买权，迫使卖方接受垄断低价，从中获得超额利润。在非完全竞争的要素市场中，作为“大卖主”或“大买主”的厂商，就是通过这两种方法来获得超额利润的。垄断利润的存在，是市场竞争不完全的结果。

第二节　收入的社会分配

在生产要素市场，人们依据所提供的生产要素获得的收入，取决于生产要素市场的供求。这一市场作用的结果，最终在全社会是一种什么样的分布状况呢?为了分析社会成员之间收入分配的均等化程度或收入差距，通常使用洛伦茨曲线和基尼系数等指标作为常用分析工具。

一、收入分配的衡量

（一）洛伦茨曲线和基尼系数

洛伦茨曲线是用来分析全部收入在获得这些收入的全部人员之间分配均等状况

的曲线，也就是用来衡量全社会收入分配平均程度的曲线。

把全社会的人口按收入高低分成五个等级，再依据每一等级人员的收入在全部收入中所占比例进行排列。然后，以人口比例为横轴，以相应的收入比例为纵轴，画出洛伦茨曲线，以判断收入分配的公平程度。

假设某个国家的人口与收入分布状况如表8-1所示。将全部人口按收入由低到高排列后等分为五组，每组占总人数的20%。第一组的20%为最低收入人口，其收入占所有人口总收入的5%，以后各组人口的收入逐组提高，第五组的20%为最高，其收入占总收入的40%。第三列与第五列的人口累计和收入累计是将第二、第四列各组数字依次相加而得。

表8-1 **人口与收入分布**

人口组别	占总人口百分比(%)	合计(%)	占收入百分比(%)	合计(%)
1	20	20	5	5
2	20	40	10	15
3	20	60	20	35
4	20	80	25	60
5	20	100	40	100

根据表8-1中人口累计和收入累计的数据，我们可以画出对应的洛伦茨曲线，如图8-13所示。

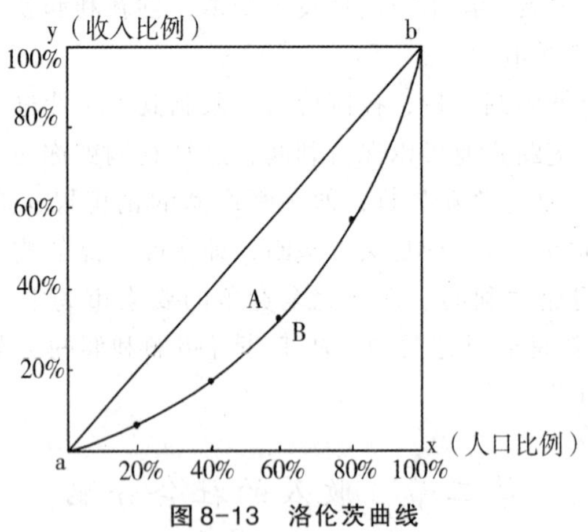

图8-13 洛伦茨曲线

图8-13是四边为100%的正方形。图中对角线ab线上的各点表示每一组20%人口的收入都分别占总收入的20%，因而ab线上的分配状况是绝对平均的，ab线称为绝对平均的洛伦茨曲线。与此相反的是绝对不平均的分配状态，即全部财富集中于一个人手里，而其他所有人的收入为零，这种情况可用折线axb表示。折线axb称为绝对不平均的洛伦茨曲线。ab线和axb线是两种极端的情况，通常的收入分配状态处于这两种情况之间。例如，根据表8-1数据资料所画的向右下方凸出的ab曲线，就是一条既不是绝对平均又不是绝对不平均的洛伦茨曲线。

我们可以根据洛伦茨曲线的位置来判断收入分配的平均状况。实际的洛伦茨曲线越是靠近对角线，表示分配越平均；实际的洛伦茨曲线越是远离对角线，表示分配越不平均。

利用这一方法，我们可以比较同一个国家在不同时期的洛伦茨曲线或比较同一时期不同国家的洛伦茨曲线，通过不同的洛伦茨曲线的位置的变化来判断收入分配的平均状况与变化状况。图8-14可以说明这种比较的方法。

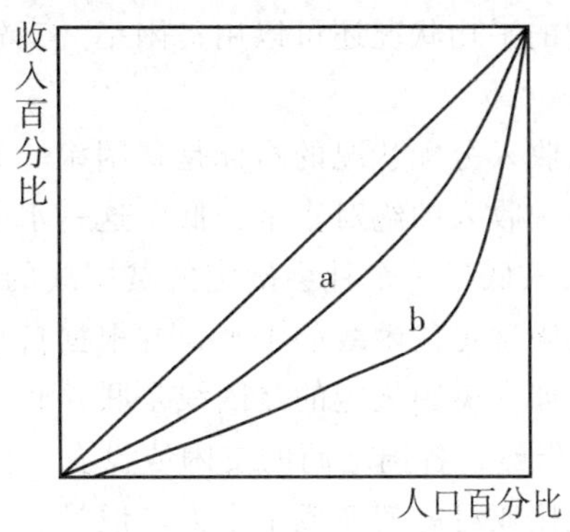

图8-14 洛伦茨曲线的变动

假如图8-14中的a、b两条曲线分别表示不同国家Ⅰ、Ⅱ的实际洛伦茨曲线，那么，我们可以看出，两个国家中Ⅰ国的分配更平均一些。

我们也可以假设a、b两条曲线表示同一个国家在不同时期的实际洛伦茨曲线。a曲线表示某一政策实施前的洛伦茨曲线，b曲线表示某一政策实施后的洛伦茨曲线。那么，我们可以看出，这一政策的实施，使得收入更不平均了。

如果把收入改为财产，则洛伦茨曲线反映的是财产分配的平均程度。

20世纪初，意大利经济学家基尼根据洛伦茨曲线找出了判断分配平等程度的指标。通过洛伦茨曲线，可以计算出一个数字来直观地反映收入分配状况，这就是基尼系数。如图8-13所示，实际的洛伦茨曲线将对角线以下的面积分割为A、B两块面积。A是对角线（绝对平均洛伦茨曲线）与实际洛伦茨曲线之间的面积，B是实际洛伦茨曲线与绝对不平均洛伦茨曲线之间的面积，则计算基尼系数的公式为：

$$\text{基尼系数} = \frac{A}{A+B}$$

基尼系数越小，说明A部分的面积越小，即实际洛伦茨曲线越接近绝对平均洛伦茨曲线，所以，分配越趋向平均；反之，基尼系数越大，说明实际洛伦茨曲线越接近绝对不平均洛伦茨曲线，则分配越不平均。特殊地，当A等于0时，基尼系数等于0，这时恰好是收入绝对平均的状况。当B等于0时，基尼系数等于1，恰好是收入绝对不平均的状况。而实际的状况是，基尼系数一般介于0和1之间。如果收入分配的变革能导致扩大基尼系数，说明收入分配的变革有助于克服收入分配中的平均主义倾向。但是，如果收入分配的变化趋势使基尼系数变得过大，就预示着收入分配中将出现两极分化的趋势。

联合国有关组织规定：若基尼系数低于0.2，表示收入绝对平均；基尼系数在

0.2～0.3之间，表示收入分配比较平均；基尼系数在0.3～0.4之间，表示收入分配相对合理；基尼系数在0.4～0.5之间，表示收入差距较大；而基尼系数如果超过0.6，表示收入差距悬殊。

由于基尼系数给出了反映收入分配差异程度的数量界限，可以有效地预警两极分化的质变临界值，克服了其他方法的不足，是衡量贫富差距的最可行方法，所以得到了世界各国的广泛重视和普遍采用。

除此之外，收入分配的平均状况还可以用贫困率、工资的差异率来反映。

（二）贫困率

另一个最常用的判断收入分配状况的指标是贫困率。大多数国家都公布所谓的贫困线，即政府规定的一种收入的绝对水平，低于这一水平的家庭被认为是处于贫困状态。贫困率是家庭收入低于一个社会确定的贫困线的绝对水平的人口百分比。各国根据自己的经济状况来确定贫困线的水平，并根据自身的价格水平和经济发展状况进行随时的调整。比如，美国规定的贫困线是联邦政府按提供充分食物成本的大约3倍的标准确定的。当然，各国之间的贫困线没有可比性。比如，在英国被划分为穷人的人，在埃塞俄比亚可能就变成了富人。但是，这一指标有助于反映一国内部的收入分配状况。同时，也可以决定对穷人来说非常重要的问题，就是谁可以从政府那里得到补助和救济。这一比率可以应用于很多方面，比如属于贫困人口或家庭的比例、贫困的职业分布、贫困的地理分布及贫困按年龄、性别、种族、受教育程度等的分布等。

这个指标还可以反映出一国在不同时期的收入分配的变化。

二、收入分配衡量中的一些问题

仅从基尼系数或贫困率等指标反映社会的收入分配状况，有时是不充分的。因为这些指标并不总是能完全反映人们的生活水平的变化，所以在应用这些数字时，我们还需要考虑下列问题：

（一）政府的实物转移支付

无论是运用洛伦茨曲线还是计算贫困率，都是根据家庭的收入来计算的。但是家庭生活水平的实际状况有时候并不完全取决于货币收入。比如，家庭可能会从政府那里获得非货币收入，如住房补贴、医疗服务和针对特定人群的食品券等。这些以物品和劳务形式而不是以货币形式给予穷人的转移支付，被称为实物转移支付。由于实物转移支付主要是针对社会中最穷的成员的，所以，没有把实物转移支付作为收入的一部分就影响了贫困率所希望反映的内涵。

（二）个人的经济生命周期

就个体而言，每个人在一生中的收入变动很大。年轻时收入少，而随着年龄增加和工作经验的丰富，收入会增加；退休后的收入一般会大幅度减少。这种有规律的收入变动被称为经济生命周期。

个人在人生的不同阶段，收入和储蓄呈现不同的关系。总的来说，在工作时，尽管储蓄会有不同的数量，但一般是正的；而在退休后，由于收入急剧减少或没有收入，生活在很大程度上是靠动用储蓄，或称为负储蓄。人们一般根据退休预期来储蓄，一般到中年时达到最高的储蓄率，所以退休后收入的减少并不一定会引起生活水平的同比例降低。

这种正常的生命周期形式也可能会引起收入分配的不平等，但这并不是真正的不平等，而且人口结构尤其是人口年龄结构的变化，也会在一定程度上使按收入衡量的分配水平产生变化。

如果有可能的话，衡量社会的收入分配时，用一生的收入而不是一年的收入可能会更真实一些。当然，这会使统计工作变得非常难以进行。

虽然不尽如人意，但这些指标还是能够在一定程度上衡量社会分配的状况的。至于如何才能实现收入的公平、什么叫做公平的问题，我们将进一步分析。

第三节　收入再分配

一、关于公平

本章开始部分，我们介绍了市场是如何解决了为谁生产的问题。各种生产要素在市场上通过它们的供求决定各自的价格，并取得相应的收入。然而，这种市场的解决方式，并不一定必然地带来公平的收入分配。我们可以通过第二节所介绍的手段来研究分配的公平程度。实际上，一个社会通过市场的分配有时会产生令人们难以接受的收入差异。

究其原因，在于收入的实际获得取决于一系列因素，比如努力程度、教育水平、继承权、要素价格和运气等。市场做出的选择是把物品交给能够支付货币选票的人。所以，即使是最有效率的市场，也无法保证收入分配的完全公平。而且，公平与否的判断标准，本身就是一个规范性极强的问题。不同的学者，依据不同的标准会有不同的判定方法，因而，对政府的政策也就相应地采取不同的态度。下面我们介绍一些关于社会分配标准的观点和原则。

（一）均等分配原则

这是19世纪末英国哲学家汤尼所提出的分配原则。他认为，人与人之间的差异，不至于影响到人们对分配所持的原则。所以，他主张每个人都应得到相同的数量。

被称为“福利经济学之父”的著名经济学家庇古，根据边际效用基数论提出了两个基本的福利命题：国民收入总量愈大，社会经济福利就愈大；国民收入分配愈是均等化，社会经济福利就愈大。他认为，经济福利在相当大程度上取决于国民收入的数量和国民收入在社会成员之间的分配情况，即人们能够吃到的蛋糕数量，既取决于蛋糕本身的大小，也取决于如何来分蛋糕。因此，要增加经济福利，在生产方面必须增大国民收入总量，在分配方面必须消除国民收入分配的不均等。因为社会的福利是个人福利的总和，而个人福利又是由他所获得的物品的效用构成的。根据边际效用递减的原则，个人获得的货币收入越多，则货币的边际效用就越小。同样一个货币单位，对于富人和穷人的效用是不一样的，对穷人的效用要大于富人的效用。如果把富人的一部分货币收入转移给穷人，将会增加效用，从而增加一个国家的福利水平。所以，按照庇古的观点，政府应采取政策，促进收入的边际效用均等。

（二）分配正义原则

这是哲学家约翰·罗尔斯在他所著的《正义论》一书中提出的观点。他认为，一个社会的制度、法律和政策应该从公正这个前提出发。他认为如果一个人不知道自己在社会分配中处于收入的哪一个阶层的时候，会特别关注处于分配最底层的可能性。因此，在设计公共政策时，应该注重提高社会中境遇最差的人的福利。也就是说，罗尔斯关心的不是全社会每个人效用的最大化，而是要使社会上收入状况最不好的人的效用最大化。这一原则称为最大化标准。

这一标准也为收入分配的平等化的公共政策提供了理论依据。通过把富人的收入转移给穷人，社会增进了最不幸的人的福利。当然，最大化标准并不会也没有必要导致一个完全平等的社会。因为这样的话，人们就缺乏了勤奋上进的激励，社会的总收入就会下降，不幸的人的状况也就相应地更加恶化。所以，不公平是被允许的，它可以增加社会经济运行的激励机制，从而提高社会帮助穷人的能力。

（三）自由意志主义

这种理论认为，只要收入决定的过程是公正的，那么，结果所引起的分配无论多么不平等都是公平的。这一理论最初是由哈佛大学的哲学家罗伯特·诺杰提出的。他认为，制度的公正要以私有财产权为基础，在这种制度下，私有财产获得与转移只有通过自愿交换来实现。这是一个强调机会平等比结果平等更重要的理论。政府应该强调的是个人的权利，以确保每个人有同样的发挥自己才能并获得成功的机会。一旦有了确定的行为规则，政府就没有必要改变收入的分配，没有必要为了某一分配目标而从一部分人手中取得一些收入去分给另一部分人。

（四）社会福利函数论

以伯格森、萨缪尔森等人为代表的这一理论认为，理想的分配形式应该是社会一致公认的最公平的形式，也就是使分配形式合乎于社会道德允许的公平观念。由于社会一致的公平观念很难得到，那么，只有通过反映社会公众意愿的立法才能体现出来。

这种意愿可以概括为以下几个方面：（1）收入过分不平均被认为是一种不好的事。至于过分不平均的界定并不容易，但一般认为，如果没有政府的干预，自发形成的收入不平均就可以视为过分不平均，必须采取政府干预。（2）应该反对垄断获得的巨额收入。（3）收入分配的完全平等也不是一件好事，容易带来效率的损失。所以，政府应该根据民众的意愿，兼顾平等和效率。

二、收入再分配

为了扭转经济中存在的不平等状态，政府运用各种手段对收入进行调节。由于这是发生在市场自发形成的分配之后，因此，被称为再分配。

政府实行收入再分配的主要政策工具有：

（一）所得税

由于个人所得税一般是累进的，所以，高收入者纳税时，税率自然就高，缴纳的税也就多，这种制度有利于收入差距的缩小。另外，可以用负所得税来补贴穷人的收入。根据这一政策，每个家庭要向政府报告自己的收入。高收入家庭根据他们的收入纳税；低收入家庭将得到补助，也就是说，他们支付的是一种负的税。

（二）收入保障计划

收入保障计划主要包括社会保险计划、失业补助和福利计划。这些都是针对低收入家庭的。

（三）提供低于成本的物品和劳务

通过实物形式，由政府向低收入者提供物品和劳务，而不以成本为标准收费。一般地，实物救济形式的主要项目是保健和教育。由于这种救济是不同的收入群体大体公平地享受，所以，低收入者获得的比例要大于高收入者。

事实上，无论何种再分配方式都不是无代价的，最主要的代价是对产出的抑制，因为它会在某种程度上打击辛勤工作的人的积极性。

关键概念

引致需求　边际生产力　洛伦茨曲线　基尼系数　收入再分配

综合训练八

一、选择题（单项或多项选择）

1.现代社会是一种动态发展的社会，其基本特征就是创新。创新概念是美国经济学家（　　）提出的。他认为创新是指企业家对原有生产要素的重新组合，主要包括五个方面的内容：引进新产品；开辟新市场；采用新的生产方法；获取原材料的新来源；采用新的企业组织形式。

A.凯恩斯　　B.马歇尔　　C.熊彼特

D.亚当·斯密　　E.以上都不是

2.20世纪初，意大利经济学家（　　）根据洛伦茨曲线找出了判断分配平等程度的指标。通过洛伦茨曲线，可以计算出一个数字来直观地反映收入分配状况，这个数字就是基尼系数。

A.洛伦茨　　B.基尼　　C.庇古

D.索洛　　E.以上都不是

二、填空题

1.任何产品都是由________、________、________、________这四种要素共同生产出来的，四种要素的拥有者分别获得________、________、________、________。

2.单个工人的劳动供给曲线所呈现的特点是________。

3.当基尼系数为________时，收入不平等的程度最高。

三、简答题

1.完全竞争条件下工资水平是由什么决定的？

2.资本的供给是由什么因素决定的？

3.简述劳动力市场收入效应和替代效应？

4.什么是基尼系数?基尼系数是如何反映收入分配状况的？

5.政府实行收入再分配的主要政策工具是什么？

第九章　政府和资源配置

正如美国经济学家曼昆所言，市场通常是组织经济活动的一种好办法。但是，市场并不总能够实现社会效率。因为市场的竞争经常是不充分的，有时，市场中还存在着外部性，共用品的提供也是市场无法解决的问题。这些就为政府介入经济提供了一定的理由。

第一节　完全竞争与经济效率

一直以来，完全竞争被认为是资源能够有效配置的一种市场结构。下面，我们对这个问题进行简要的分析。

一、关于经济效率

在现代西方经济学中，经济资源的合理配置和有效利用就是经济效率。经济资源利用的有效程度，必须以生产者生产出的产品使消费者得到的满足程度或效用来判断。只要生产要素的配置或组合所生产出的不同产品能给消费者带来一定程度的满足，就表明社会已经具有了经济效率。如果生产要素重新配置后所生产的不同产品的产量，能使消费者得到更大程度的满足，那么与过去的状态相比，这种生产要素的重新配置将具有更高的经济效率。如果生产要素的配置所达到的各种产量能使消费者得到最大满足，而任何生产要素的重新组合都只能使消费者的满足程度减少，那就表明社会已经处于最有经济效率的状态，即达到了帕累托最优境界。

帕累托最优（Pareto optimum）是人们衡量经济效率的一个标准。它是指这样一种状态：资源配置的任何改变都不可能使一个人的境况变好而又不使别人的境况变坏。如果资源配置达到帕累托最优状态，就表明一个社会在技术、消费者偏好、收入分配条件给定时，资源的配置效率最高，从而社会福利达到最大。否则，就需要进行帕累托改进。帕累托改进（Pareto improvement）是指在没有任何一个人的境况变坏的情况下，通过改变资源的配置使得至少一个人的境况变好的行为。可见，帕累托最优是已经无法进行帕累托改进的一种状态。经济学家认为，完全竞争市场能够实现帕累托最优。

二、市场与经济效率

作为理性的经济人，无论是生产者还是消费者，在进行决策的时候，都会对其行为的边际收益和边际成本进行分析。他会增加边际收益大于边际成本的活动，减少边际成本大于边际收益的活动。所以，经济学家关于理性经济行为的准则是：一个人应该扩大或减少其任何活动的规模，直到它的边际收益和边际成本相等为止。这时，作为个体来说，是有效率的，这被称为私人效率。

同样地，社会也有类似的问题。当一项活动的社会边际收益等于社会边际成本时，社会效率就实现了。因为一项社会活动，如果社会边际收益大于社会边际成本，增加这项活动将是帕累托改进；反之，则减少这项活动将是帕累托改进。私人效率的实现也会导致社会效率的实现，但这是有条件的，即整个经济是完全竞争的并且没有外部性。关于外部性问题，我们会在本章的后半部分进行详细说明。

完全竞争市场能够实现社会效率，我们从以下几个问题来说明：

（一）消费者的效率

消费者在消费活动中，边际收益是从消费中获得的边际效用，边际成本是消费者支付的价格。在消费过程中，理性的消费者会使增加的消费者剩余最大化，而这时，消费者的边际效用等于价格，即MU=P。如果MU>P，消费者会增加产品的消费；如果MU<P，消费者会减少产品的消费。个人的消费者剩余在MU=P时是最大的。在所有的消费者都这样做，并面临共同的市场价格时，他们共同的消费者剩余也将是最大的。

（二）生产者的效率

生产者从商品中获得的边际收益在完全竞争条件下就是该商品的价格。企业会选择实现利润最大化时的产量，即会使边际收益与边际成本相等。在完全竞争市场，这可以表示为P=MC。

可以通过分析得出结论，在完全竞争市场，当P=MC时，反映生产者福利的指标——生产者剩余也是最大的。

（三）市场中的私人效率

在完全竞争市场，市场机制的作用使得供给量和需求量相等。这一数量使得生产者剩余和消费者剩余都是最大的，也就是总的剩余是最大的。在这一数量上，MU=P=MC。任何偏离市场实现的这一均衡产量的其他选择，都会使总剩余减少。

（四）市场中的社会效率

如果满足完全竞争和非外部性，私人效率实现的同时，也就实现了社会效率。

由于在完全竞争市场，无论是生产者还是消费者，都不可能存在有比现在更好的改变可能，而且又不存在外部性，所以实现了帕累托最优。

三、完全竞争市场的一般均衡分析

当供求发生变化时，完全竞争市场是如何调节的呢?这里我们简单地运用一般均衡分析的方法，即不仅考虑某一局部的市场，而且分析整个经济体系的各个市场、各个商品的供求的变化状况。

假设，在原有的帕累托最优状态下，某一商品的偏好发生变化，人们更喜爱它了，比如现代社会的绿色食品等。这说明这种产品的边际效用对于消费者来说增加了。这一变化，在完全竞争市场，会通过一系列变化，通过各种力量的作用，使得经济恢复到帕累托最优的状态。

在商品市场，偏好变化导致的效用水平的提高，使得消费需求增加，由此，市场会产生短缺，并驱动市场价格上扬。市场价格上扬之后，由于信息是畅通的，所以，生产者会对此做出反应。这时，上升的价格意味着对生产者而言，边际收益大于边际成本了，所以，增加生产会对企业增加利润有利，企业就会调整产量直至边际收益和边际成本相等。这种变化会传导至生产要素市场。由于产品的价格上升，对于要素的需求就增加了，同时，使得要素的价格上升。要素价格的上升，使得要素生产者的边际收益大于边际成本，于是，他会增加对要素的生产，结果，该要素的供给量增加了。要素生产者会经过调整，使得边际收益和边际成本相等。当然，这种变化还会影响到其他行业。因为如果有经济利润，会吸引新企业的进入，要素市场也是如此。这又会影响商品生产和要素市场的其他行业的价格和数量。

可见，一个偏好的变化，通过一系列相互依赖的市场，在整个经济中产生了连锁反应。最终，在新的条件下实现了均衡，仍然具有私人效率和社会效率。如果没有外力的话，会进入一个新的帕累托最优的状态。

第二节　市场失灵与政府

上面我们对完全竞争市场进行的分析表明，完全竞争市场是能够带来效率的。但现实经济中并不存在理想的完全竞争条件，垄断或竞争的不完全会导致市场失灵。这时，价格体系将不再反映相对的边际成本，从而也就无法正确传递资源最优配置所需要的信息。此外，信息的不完全、外部性等现象的存在，也会使市场失灵。我们下面分别对引起市场失灵的各个因素进行分析，并探讨在市场失灵下，政府有可能发挥的职能。

一、垄断

（一）垄断的效率损失

在完全竞争条件下，社会资源实现了最合理的配置，消费者得到了最大的福利，生产者能以最高的效率进行生产。这个过程是在企业追求利润最大化之中实现的，也就是说，个体利益的追求实现了整个行业的有效性。而在垄断条件下，情况则完全不同。企业追求自身利润最大化的同时，并没有实现经济的有效性。企业按边际收益与边际成本相等时的产量和价格向市场提供产品，但这时的市场价格高于边际成本，不利于社会资源的配置和有效使用，而且也没有使消费者利益得到最大满足。具有市场权力的企业，使用比较少的生产要素，生产的产量低于帕累托最优时的产量，而且还存在我们曾经分析过的福利净损失。这时，无法使社会的边际收益等于社会的边际成本，所以，没有实现帕累托最优。

除了低效率外，垄断的弊端还体现在对收入分配的影响上。我们前面分析过，垄断企业能够长期保持超额利润，这将使相对富有的所有者收入增加并损害相对贫穷的消费者。

（二）政府对垄断的规制

各国政府都在不同程度上对垄断市场进行干预、规制，以提高市场的效率。一般地，政府采取以下几种干预措施来控制垄断的弊端：

1.立法和行政手段

以美国为例，曾颁布了一系列的反垄断法律，如1890年颁发的《谢尔曼法》、1914年颁发的《克莱顿法》、1936年颁发的《罗伯逊-帕特曼法》等。这些法律规定，当个人或企业因他人的垄断行为而遭受了损失，可以提出索赔诉讼，尤其对于那些由于其他企业操纵价格而遭受损失的企业，可以索赔实际损失额3倍的赔款。这些法律为抑制企业的垄断行为起到了很大的作用。

2.国有制

对于那些自然垄断行业，如自来水、煤气等，人们认为有效率的生产方式为由一家企业提供全部产品。所以，持这种观点的人认为，由国家经营，既可获得规模经济，又没有利用垄断地位牟取高额利润的动力。即使有高额的利润，最终也通过低价或减税转移到公众手中。

许多国家采取了这种方式，但由于效率低下等原因，许多国家从20世纪80年代开始对政府的公共企业实行了私有化。

3.政府规制

政府规制是通过专门的管理机构监督受规制的产业，主要包括价格、产量及企业进入的管理。反垄断的有关法律规定了企业所不能做的事情，而规制则是告诉企业应该做什么、如何定价。不过，20世纪80年代之后，很多国家倾向于用市场的方法解决问题。比如，采取激励性规制的办法，建立特许投标制度，虽然政府给予特定的企业以垄断权，但是，把企业的这种特权限制在一定的时间之内，在特许期结束之后再经由竞争投标制度来给予特定企业特许权，通过这种方式来促进垄断企业的竞争。政府还可以利用利润控制方式实施价格规制。比如英国政府曾规定价格的上升幅度必须比零售物价指数代表的通货膨胀率低2%。这意味着2%是企业生产率增长目标，但它保留了剩余收益，从而激励企业做得更好。当然，政府干预都会在一定程度上带来负面影响，所以，从20世纪80年代以来，各个国家普遍采取了放松规制的办法。

二、外部性

（一）外部性与效率

外部性（externality）是指一个人的行为对旁观者福利的影响，即作为经济主体的消费者、生产者的行为，除了影响他们自身之外，还会影响到他人。如果对旁观者的影响是不利的，称为负的外部性；如果这种影响是有利的，称为正的外部性。所以，这时，社会对市场结果关注的不仅是市场交易活动的买方和卖方，而且还包括受到影响的旁观者的福利。比如，新技术的研制开发就是一种具有正外部性的行为，一方面，它使进行投入的研制者获得了好处，另一方面，也创造了其他人可以运用的知识；而企业污染物的排放则是具有负外部性的行为，企业在进行自己的成本收入核算时并没有考虑给环境带来压力的成本，但环境的恶化却给其他人带来了不利的影响，造成了其他人的福利减少。

我们以这种生产中的负外部性为例来进行说明。

假设造纸厂花费一定的成本生产产品，并给周围带来污染。如果只考虑私人成本的话，边际成本曲线就是企业的供给曲线。对纸制品的需求曲线反映了消费者对纸制品的评价（如图9-1所示）。所以，从市场角度来看，E点为均衡点，实现利润最大化的产量为Q_1。但从社会角度来看，造纸厂对周围的污染也是一种成本，应作为成本的一部分。所以，这部分成本加上企业的私人成本才构成了社会成本。所以，成本曲线会向左上方移动。在考虑了社会成本之后，最佳的生产产量将是Q_2。所以，从全社会角度来看，Q_1的产量没有达到资源的合理配置，与最佳生产水平相比，显然是生产过多了。

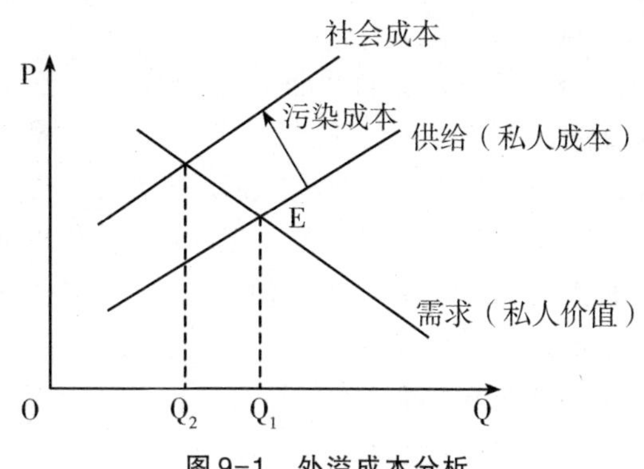

图9-1　外溢成本分析

（二）外部性的解决方法

如果政府不介入的话，也会有一些办法解决负外部性的问题。例如，通过使外部行为内部化的合并来解决。比如造纸厂的污水污染了水质，使下游的鱼塘受到损害。若把两个企业合并，则合并后的企业，为了自身的利益，自然就会考虑污染造成的损失，把产量定在边际收益和边际成本相等的水平上。这时候，本来污染给第三者——鱼塘的所有者造成的损害（被生产者忽略的成本），已经转化为自己的损失，所以，社会成本已经全部内化为企业的私人成本。

解决外部性的另一种思路是确定所有权。这一思路因为是由美国经济学家科斯提出来的，后来被总结为科斯定理（Coase theorem）。其内容是：私人经济主体可以解决他们之间的外部性问题。无论最初的权利如何分配，只要交易成本为零，有关各方总可以达成一种协议，在这种协议下，每个人的状况都可以变好，而且，结果是有效率的。这一定理强调了初始权利的重要性。仍以造纸厂为例，如果造纸厂有权排放污水，由于鱼塘污染而导致鱼塘的所有者受到损失，鱼塘的所有者可能通过谈判向造纸厂提议减少纸张的生产，造纸厂减产所造成的损失由鱼塘的所有者赔偿。只要赔偿的数额小于由于污染导致鱼塘减产所带来的损失，则这种支付对双方都是有利的。反之，如果造纸厂无权排放污水，也可以通过协商来解决。鱼塘的所有者可通过向造纸厂征收污染赔偿费的办法来使两者的处境都得到改善。

尽管如此，私人解决的方法并不总是有效的，因为交易成本并不总为零。交易成本是指各方在达成协议与遵守协议的过程中所发生的成本。有时，这种成本不仅存在，而且大到足以使谈判无法进行。在私人协商无效时，政府可以起一定的作用。

1.征税

对产生负外部性的企业征税，使其向政府支付的税收恰好等于由于污染所增加的社会成本，这样，把企业造成的外部成本内部化，促使企业解决负外部性的消极影响，市场机制将会使资源达到有效率的配置。虽然税率的确定是一件比较困难的事情，但只要税率不是抬高至超过污染所产生的对外部的影响，征收这种污染税，将会使竞争企业的产量接近社会最优产量，有助于改善市场的效率。

2.可转让的污染许可证

这种方法是政府对企业签发污染许可证，每个许可证允许排放一定数量的污染。政府控制污染的总量，使得所有许可证所排放的污染总量，大体上与经济上有效的数量相等。并且，这些许可证是可以转让的。这就使得在社会污染排放总量没有改变的情况下，社会福利提高了。因为这一措施将会使许可证成为一种商品，并且形成许可证市场。那些减少污染成本非常高的企业愿以高价购买许可证，而很容易减少污染的企业，则可能成为许可证的卖者。可转让许可证制度的主要优点是，把政府的命令和控制方法与市场的调节作用结合起来。政府可以根据环境对污染的吸收能力，只确定污染的排放总量，而不必具体了解各个企业的收益与成本情况。然后，发挥市场的作用，以最低成本实现污染物的减少。

当然，与具有负外部性的企业提供产品相对过剩不同，具有正外部性的企业提供的产品则相对不足。这时，政府应该采取措施，使具有正外部性的产品的供给量增加，以达到社会需要的最佳水平。所以，政府通常对具有正外部性的产品的生产提供一定的补贴。

三、共用品

（一）共用品和私用品

迄今为止，我们所研究的商品和服务，都是通过市场由私人提供的，并且是由个人享用的。这样的产品，我们称之为私用品（private goods）。但是，还有一类产品，市场无法提供，或者提供不充分。这类产品是由整个社会共同享用的物品，比如国防、警察、教育、公共卫生等。这类物品被称为共用品（public goods）。

共用品具有两个特征：第一，具有非竞争性。共用品的消费增加时，成本并不增加，也就是说，增加一个共用品使用时的边际成本为零，而不像私用品那样，一个人使用了，就会影响其他人的使用。比如，路灯是一种共用品，它就具有非竞争性。一个人夜间走在路灯下，享用路灯的照明，并不会影响其他经过路灯下的人的光线。第二，具有非排他性。共用品的消费和使用权不像私用品那样是某个人独有的，而是由全社会共同拥有的。一个人对共用品的消费和使用，不能阻止其他人对该物品的使用。比如，没有人能够禁止别人使用路灯的光线。

私用品既有排他性，又有竞争性，消费者必须购买才能得到，生产者可以出售它们获利。买卖双方的交易产生了市场价格，价格的调节作用可以实现对供求双方都有利的市场均衡。市场经济可以提供充分的私用品。共用品则恰好相反。它们既没有排他性，又没有竞争性。所以，不用购买也能够消费。这种行为被称为“搭便车”(free-rider)，即每个人都期望其他人购买共用品，而在其他人购买后自己可以坐享其成而不负任何费用的行为，如同免费搭车一样。这样，共用品就无法形成市场价格，生产者也就无法通过提供这样的产品获利，市场经济也就无法提供这样的产品。所以，市场在提供共用品时会出现失灵的情况。

还有一些产品的性质介于两者之间，如共有资源，有竞争性而无排他性，就像公海里的鱼，虽然不能阻止任何人打捞，但一个人打捞却使其他人打捞的数量受到影响，极有可能出现过度打捞的情况。有排他性的产品，由私人企业生产是可能的；而没有排他性的产品，私人企业一般很难提供。

（二）共用品的供给

共用品是无法由市场提供的，如国防、基础科学等，但共用品又是社会正常运行和发展所必需的，因此，政府干预是解决这一问题的重要手段。如果政府确信提供这些物品的总收益大于总成本，政府就可以提供这种物品。一般地，政府提供共用品的方法是向居民们强制征税，并利用税收来支付提供共用品所需的投入。

当然，复杂的是，政府应该提供什么物品，提供多少物品。因为对于所提供共用品的成本和收益，很难做出一个明确的计算，而且，政府提供共用品往往引起低效率。所以，有效率地提供共用品其实是很困难的事情。

共用品的这些特性导致了共用品的供给不能由私人提供，因为这样会产生“搭便车”的行为。

四、信息不对称

（一）信息不对称的普遍性

微观经济理论大部分研究的是完全竞争市场。在这种市场中，假设消费者、企业、要素的供给者都完全了解成本和收益情况，他们具有进行决策所必需的充分信息。但很多时候，经济活动的参与者并不知道所有的相关信息，也就是说，信息并不是完全的。另外，有一些经济主体比别人知道更多的信息，即经济交易的双方对相关信息的了解和掌握并不一样，这就出现了信息的不对称。

信息不对称（information asymmetry）是现实世界中经常出现的现象。比如，对于一个物品，卖者通常比买者知道更多的信息。信息不对称的原因是：

（1）人们的认识能力有限。大多数时候，人们不可能知道与自身经济活动相关的任何时候和任何地方发生的任何情况。

（2）掌握信息是要付出代价的。有些时候，对于消费者，即使他们有可能掌握所有需要购买商品的信息，比如，转遍所有城市的商店，但是，与因此获得的收益比较，成本太高。因此，消费者可能会放弃对信息的搜寻。

（3）信息的特性决定了信息流动的困难。人们无法像一般的商品那样，愿意为信息付费，因为事先无法了解信息的价值。而一旦拥有了信息，购买者又不愿为此付费了。而且，买卖双方总是处于不对称的地位，卖者掌握的信息多，而买者掌握的信息少。很多时候，为了自身的利益，卖者还会隐瞒一些信息。有些时候，即使企业或消费者购买了他们认为值得购买的信息，他们所占有的信息仍然常常是不完全的。

（二）信息不对称与市场

当存在信息不完全和不对称时，市场的价格机制将无法实现对资源的最优配置。这时可能会出现所谓的逆向选择和道德风险问题。

我们以旧车市场为例进行分析。在旧车市场中，单凭车的外观，买者无法判断车的好坏和新旧程度，但卖者却非常了解，因此，存在信息不对称问题。就买者而言，虽然不知道每一辆二手车的具体情况，但是他们可以根据经验进行推断。而买者根据期望报酬愿意支付的价格是一个平均水平，一定低于好车的卖者愿意接受的价格。于是，好车在市场上因为难以出售而退出市场。由于好车的卖者不愿意继续在旧车市场低价出售自己的产品，结果导致旧车市场只剩下破旧的车。这就是人们所说的逆向选择（adverse selection）。在交易或合约关系形成前，由于双方拥有的信息不对称，交易对象或合约条款的质量受控于拥有较多信息的一方，其结果对拥有信息较少的一方极为不利。因为好车的退出，使得市场的产品质量更差，买者愿意支付的价格更低。进而，相对好一些的车又退出市场。因为买者无法区分好车和坏车，所以他们可能宁可不买也不愿冒风险。逆向选择导致市场规模缩小，甚至可能出现最终消失的情况。

这种情况在保险市场也存在。保险公司在计算保费的时候，是根据家庭财产受到危害的平均概率得出的，但结果是那些居住环境不安全、失窃率较高的地区的家庭最想参加保险，而那些安全系数相对大一些的家庭却不愿意进行保险，最终导致所确定的保险费率无法应付事故损失的赔偿。这也是一种逆向选择，是保险公司在全部潜在客户的群体中进行的逆向选择。对于那些已经参加了保险的人来说，可能会进行一些不合理的行为，导致不合理的后果。比如，买了自行车保险的人，可能会不再像过去那样小心保管自己的车子；买了家庭财产保险的人，可能会不如从前那样仔细防范家庭财产不受损害；有全额医疗保险的人，则会比限额医疗保险的人更多地去医院甚至超过需要。这种拥有信息的一方以损害缺乏信息一方的利益为代价而获得自己的利益的情况被称为道德风险（moral hazard）。道德风险是指在交易或合约形成后，由于一方的行为难以被察觉，他就可能做出损害另一方的选择而从中渔利。保险市场的道德风险和逆向选择都是在信息不对称的情况下发生的，它们都会妨碍保险市场的有效运转。

（三）信息不对称的解决

1.政府的作用

对于信息不对称所造成的市场失灵，有时需要政府的干预。比如，为保护缺乏信息的消费者，政府可以制定保护消费者的法令，制定各种质量及各种技术安全质量标准并监督实施。在保险市场上，为防止低风险者不愿意投保的问题，政府对某些险种规定了强制保险。政府可以提供就业服务中心，为那些寻找工作的人提供信息，并使企业和那些可能符合条件的劳动力建立联系。而且，政府也可以提供价格、成本、就业、销售趋势方面的统计数据，使企业制订的计划具有更大的确定性。

2.中间商与信息

在政府不介入的情况下，也有可能比较好地解决信息不对称问题。正如我们所看到的那样，那些没有政府介入的旧车市场同样发展得生机勃勃。

市场自发解决信息不对称的办法之一是中间商的出现。中间商的作用是获取类似旧车市场上买者不知晓的卖者的私人信息，并把其交给买者。这样，不对称信息的状况就消失了。以旧车市场为例，中间商可以对旧车进行鉴定，然后把鉴定结果出卖给买者。买者根据中间商提供的信息进行购买，并支付一定的费用。对于卖者来说，愿意为中间商提供关于商品的信息，因为在一个健全的市场，真实信息的提供，必将为卖者带来好处。而买者为获得信息付出的成本，由于中间商的专业性和规模经济，必定小于由个人亲自获得信息所付出的代价。

3.市场信号

市场信号是指在某些市场卖方向买方发出的传递质量的信号。这种信号也是市场解决买卖双方信息不对称的方法之一。我们来看一下劳动力市场，当企业面对是否雇用和支付多少报酬时，必须根据相关的信息做出决定，比如雇员的技术水平、工作能力、努力程度等。但这些信息企业一般很难事先获得，而被雇用者对于这些则要了解得多。对于这种信息的不对称，通常的解决办法是企业根据雇员传递的某些信号进行甄别（screening）。甄别机制是解决信息不对称的方法之一。所谓甄别机制，是指拥有信号较少的一方通过采取某些措施，将对方区别开来。比如，被雇用者的穿着是一个信号，但它是一个弱信号，对于关于雇员的素质的传递作用有限，因此，企业可能更关注那些能够反映雇员素质的比较强烈的信号，常见的是教育程度。一个人的教育程度，可以通过学历、学位、毕业学校的声誉、学习成绩等来体现。接受教育的结果，是素质和能力的提高，对企业而言，这可以直接或间接地提高生产率。一般而言，能力越强的人，受教育就越多。从这个意义上说，教育即使不能直接或间接提高生产率，也能作为生产率的有用信号。企业更愿意雇用那些受过较高水平的教育因而生产率可能比较高的人，并为他们支付较高的工资。

产品市场的市场信号也是很有用的。卖者可以通过各种手段向买者传递产品信息。这里可以运用信号显示（signaling）的方法。所谓信号显示，是指拥有较多信息的一方率先通过实际行动向对方发出一个或一组信息，以令对方了解自己的真实情况的一个过程。比如，海尔对其产品冰箱的保修期长于其他企业本身就是一个信号，这不仅表示海尔重视消费者的利益，而且也反映了企业对于自身产品质量的信心，使消费者得到了海尔电冰箱质量好、维修率低的信号。在很多情况下，提供更好的保修条件和花费大量投入建造高档陈列室等举动并不是为了使消费者直接受益，而是向消费者传递信息的手段。这对于在一定程度上减少信息不对称是有利的。

（四）激励的作用

信息不对称时，经常会产生道德风险问题，因为这时个人并不承担其行动的全部后果。比如，即使出现危险，汽车险的投保者并不承担全部风险，所以，他可能不像不保险时那样注意汽车的安全。当个人不能为他做的事获得回报或不能为其行为支付全部成本的时候，就出现了激励问题。

市场交易本身就能在一定程度上解决激励问题。比如，高价格可以传递产品高质量的信息，对消费者起到一定的激励作用。

在市场运转过程中，激励问题可以通过惩罚和奖赏来实现。比如，合同是通过规定每一方在每种情况下应该做什么来解决激励问题的。一旦某一方没有遵守合同，就要受到惩罚，这种惩罚其实是对遵守合同的奖励。这种规定了在各种环境下各方应该做什么的合同有助于解决激励问题。

信誉也是提供激励的重要手段。因为信誉的损害，会直接影响到未来的利润水平，而良好的信誉会为企业带来丰厚的利润。所以，当信息不完全时，信誉是一种保证形式。

第三节　市场失灵与政府失灵

上述存在的种种现象导致市场失灵（market failures），于是，为政府的介入提供了可能性。政府可以通过政府规制（government regulation）等形式介入市场。所谓政府规制，是指政府对私人经济部门的活动进行某种限制或管理。政府介入市场的原因是市场失灵，但是市场失灵并不是政府介入的必要条件。政府介入成功与否建立在两个前提之上：一是政府有动机使资源的配置更有效率；二是政府有能力使资源的配置更有效率。

1986年诺贝尔经济学奖获得者布坎南创立并不断得到发展的公共选择（public choice）理论，对政府的作用从一个崭新的角度进行了分析。

公共选择理论的根本思想是，国家不是神的造物，它并没有无所不知和正确无误的天赋。因为国家仍是一种人类的组织，在这里做决定的人和其他人没有什么差别，既不更好，也不更坏，这些人一样会犯错误。担任政府公职的是有理性的自私的人，其行为可通过分析这些公职担任者在其任期内面临的各种诱因而得以理解。由此得出的主要推论是政府的缺陷至少和市场一样严重，所以政府不一定能纠正市场错误，事实上反倒可能使之恶化。政府行为的局限性主要存在于以下几个方面：

第一，公共决策失误。

公共选择主要是政府决策，政府对经济生活干预的基本手段是制定和实施公共政策。公共选择理论家们认为，公共决策作为非市场决策，有着不同于市场决策的特点，如市场决策以个人作为决策主体，以私人物品为对象，并通过完全竞争的经济市场来实现；而公共决策以集体作为决策主体，以公共物品为对象，并通过有一定政治秩序的政治市场（即用投票来购买公共物品）来实现。因此，公共决策是一个十分复杂的过程，存在着种种困难、障碍或制约因素，使得政府难以制定并实施好的或合理的公共政策，导致公共决策失误。这非但不能起到补充市场机制的作用，反而加剧了市场失灵，带来巨大的资源浪费及社会灾难。

第二，政府扩张或政府成长。

政府自身具有扩张的本性，政府扩张导致社会资源浪费，经济效益降低，资源配置低效，社会福利减少；政府开支的增长，还是引发通货膨胀的一个诱因。政府扩张的原因在于政府官员不能像私人经营那样把利润占为已有，加上公共物品的成本与收益难以测定，所以，政府官员的目标并不是利润的最大化，而是规模的最大化，以此增加自己的升迁机会和扩大自己的势力范围，这势必导致机构臃肿。

第三，官僚机构的低效率。

官僚机构垄断了公共物品的供给，缺乏竞争。由于没有竞争对手，就可能导致政府部门的过分投资，生产出多于社会需要的公共物品，如不适当地扩大机构，增加工作人员，提高薪金和办公费用，造成人浮于事，效率低下。作为监督者的公民完全可能受到被监督者的官员的操纵而失去监督的力量，寻租行为会大量存在，也就是“用较低的贿赂成本获取较高的收益或超额利润”的行为经常出现，比如各利益集团可以通过政府管制寻租，通过关税和进出口配额寻租和在政府订货中寻租。寻租活动导致“政府失效”，因为它导致经济资源配置扭曲，或者说，它是资源无效配置的一个根源；寻租作为一种非生产性活动，并不增加任何新产品或新财富，只不过改变生产要素的产权关系，把更大一部分的国民收入装进私人腰包；寻租导致不同政府部门官员的争权夺利，影响政府的声誉和增加廉政成本，导致社会资源浪费。

公共选择理论的研究，拓展了经济学的研究空间，使人们认识到了为弥补市场不足而进行的政府干预，也会导致政府失灵（government failure），即政府的干预造成的市场非效率。

关键概念

帕累托改进　科斯定理　外部性　交易成本　道德风险

综合训练九

一、选择题（单项或多项选择）

1.各国政府都在不同程度上对垄断市场进行干预、规制，以便提高市场的效率。政府通常采取以下几种干预措施来控制垄断的弊端：（　　）。

A.立法　B.国有制　C.征税

D.政府规制　E.行政手段

2.下列物品或服务在使用上具有排他性质的是（　　）。

A.食品　B.服装　C.有线电视

D.环境　E.国防

3.下列属于不具有竞争性的公用物品的是（　　）。

A.公海的鱼　　B.有线电视　　C.知识
D.环境　　E.国防

4.外部性是指一个人的行为对其他人福利的影响，即作为经济主体的消费者、生产者的行为，除了影响他们自身之外，还会影响到他人。如果对他人的影响是有利的，称为正的外部性；如果是不利的，称为负的外部性。解决负的外部性的措施有（　　）。

A.政府介入
B.通过合并使外部行为内部化
C.确定所有权来明确赔偿责任
D.私人协商无效时，政府可以采取征税的方式
E.政府对企业签发许可证，并准许买卖

5.信息不对称是现实世界中经常出现的现象。信息不对称的原因是（　　）。

A.人们的认识能力有限
B.缺乏信息流通的有效渠道
C.掌握信息是要付出代价的
D.信息的特性决定了信息流动的困难
E.以上都是

二、填空题

1.帕累托最优是人们衡量________的一个标准。

2.引起市场失灵的四种因素分别为_______、________、________、_______。

3.科斯定理的一个局限性是________。

三、简答题

1.什么是帕累托最优和帕累托改进？

2.解决外部性的途径有哪些？

3.科斯定理的内容是什么？

4.政府行为的局限性表现在哪些方面？

5.解决信息不对称的途径有哪些？

6.什么是市场失灵？导致市场失灵的原因有哪些？

7.公共物品有什么特点？为什么公共物品只能靠政府提供？

第十章　宏观经济学导论及国民收入核算

第一节　宏观经济学导论

宏观经济学也叫做总量经济学，是经济学的一个分支，它通过研究有关经济活动总量的决定及相互关系来说明资源如何得到充分合理的利用，以达到提高经济资源运行效率的目的。

具体来说，宏观经济学所要研究的问题涉及以下几个方面：（1）当期的国民收入是如何决定的？（2）一个国家长期的经济增长由什么决定？（3）什么导致了一个国家经济活动的波动？（4）失业是怎样产生的？（5）什么引起了价格水平的上涨与下降？（6）政策能否改变一个国家的经济状况？（7）全球化如何影响一个国家的经济状况？

在20世纪30年代之前，经济学的主要研究领域基本上都集中在资源配置方面，这就是宏观经济学的古典学派观点。该学派认为，生产起决定作用，供给决定需求，即萨伊定律。供给会自动创造需求，普遍意义上的生产过剩危机不会发生。该学派认为长期内货币工资具有完全伸缩性，通过劳动力市场的调节，经济总能处于充分就业的状态，总产出完全不受价格水平的影响，政府也没有必要对经济进行干预。20世纪30年代，西方世界发生了经济危机。传统的古典经济学派对此无能为力。此时，凯恩斯出版了《就业、利息和货币通论》一书，摒弃了传统理论，提出了有效需求理论。凯恩斯的分析属于短期分析，认为总就业量取决于“有效需求”，明确承认经济危机和严重失业的经济现实，并把发生的原因归结为消费倾向、资本边际效率、流动偏好“三大心理规律”和货币数量所决定的有效需求不足，并且凯恩斯主张扩大政府职能，对经济进行干预。凯恩斯的理论对第二次世界大战后各国的经济政策产生了深远影响。此后一直到20世纪60年代末和70年代初，凯恩斯主义风靡全球，世界进入了“凯恩斯主义时代”。由于对凯恩斯经济学的不同理解，这一理论体系被分化为以美国经济学家保罗·萨缪尔森为首的“后凯恩斯主流经济学”和以英国经济学家琼·罗宾逊为首的“后凯恩斯经济学”。在众多经济学家的努力下，凯恩斯主义的宏观经济理论日趋完善。20世纪70年代以后，西方国家出现的失业和通货膨胀并存的现象严重动摇了凯恩斯主义的统治地位。一些反对凯恩斯主义的经济学派纷纷崛起，主要有货币主义、理性预期学派和供给学派，这些非凯恩斯主义学派倾向于市场调节，与凯恩斯主义观点形成鲜明对比，被视为古典思想的“复兴”。同时，又出现了一个既不同于“后凯恩斯主流经济学”，又不同于“后凯恩斯经济学”的“新凯恩斯主义经济学”，致力于修正凯恩斯主义理论的缺陷。新凯恩斯主义学派吸收了非凯恩斯主义宏观经济学的一些研究成果，特别是理性预期学派的理性预期观点和“预期到的宏观经济政策无效”的观点，但仍然坚持凯恩斯主义的非市场出清假设。他们认为，在市场经济中，信息是不对称的，工资和价格的变动具有粘性，短期内会出现偏离自然失业率的现象，导致有效需求不足，因此，政府对经济的干预是必要的。新凯恩斯主义不仅坚持传统凯恩斯主义短期需求管理的主张，还主张从长期供给方面着手考虑经济政策，比传统凯恩斯主义更全面、更深入。总之，在宏观经济学的研究方面，西方经济学界充满争论，学派林立。本书从凯恩斯的理论出发展开分析。

第二节 国民收入核算体系

一国的总产出构成该国的国民收入。宏观经济学研究是以国民收入决定为中心的，而要进行这样的分析，首先必须明确什么是国民收入和如何对其进行核算。现代西方国家普遍采用的国民收入核算体系（the system of national accounting，SNA）是由一整套具有内在联系的复杂的账户体系构成的，用来核算一定时期内经济中的产出流量和收入流量。通过这一体系不仅可以定义和计量宏观经济中的许多总量，如国内生产总值、国内净产值、国民收入、个人收入、消费支出等，还可以明确各总量之间的关系。

在创建与完善这一核算体系的过程中，美国经济学家W.金、W.密契尔和S.库兹涅茨以及英国经济学家J.斯通等做出了重要的贡献。萨缪尔森曾高度评价国民收入核算体系的创立者——诺贝尔经济学奖得主S.库兹涅茨在这方面所做的开创性的工作为“20世纪的伟大发现之一”。

宏观经济学以社会总体的经济活动为研究对象。在它所研究的经济总量中，国内生产总值是一个最具综合性的基本指标。因此，阐明国内生产总值及其有关总量的规定与技术的国民收入核算理论，是宏观经济理论的重要组成部分，也是分析各种总量之间关系及变动的重要基础。

一、国内生产总值

在国民收入核算中，最主要的是计算国内生产总值。国内生产总值（gross domestic product，GDP）是一个国家在一定时期内运用生产要素所能生产出的最终产品和劳务的市场价值的总和。

在统计国内生产总值时，依据国际惯例，必须遵循以下几条原则：

（一）最终产品原则

所谓最终产品（final products），是指可供人们直接消费或使用的物品和劳务。这部分产品已经到达生产的最后阶段，不能再作为原料或半成品投入到其他产品和劳务的生产过程。而那些在以后的生产阶段中作为投入物的产品则称为中间产品(intermediate goods)。

在计算国内生产总值时只计算最终产品，而去除中间产品，是为了精确地计算出总产量，以避免重复计算。如以面包生产过程为例，如不区分产品类别，共有小麦、面粉和面包几种产品。但要计算各产品产值并加总的话，就会出现小麦价值被计算三次、面粉价值被计算两次的重复计算。因此，在计算总产值时，必须扣除小麦和面粉这些中间产品的价值，而只计算面包这一最终产品的价值。

（二）生产收入原则

列入国内生产总值的收入，应是当年从事经济活动的生产成果，而不是当年所出售的最终产品的价值，包括人们从事物质资料生产部门和非物质资料生产部门经济活动的所有收入。这些部门包括生产有形的物质产品和无形的劳务的所有产业。劳务在现代经济生活中占有相当重要的地位，在国民经济中的比例也日益增加，因此，计算产值时把劳务包括在内能够更全面地反映整个国民经济的状况。

（三）市场交易原则

国内生产总值的核算应是最终产品和劳务的市场价值，即它们通过市场交换所体现的价值。经济生活中还存在一些不经过市场交换的产出和劳务，因没有经过交易而没有市场价格，因此，也就无法计入国内生产总值。市场交易原则的例外是政府等非营利机构所提供的劳务，虽没有经过市场，但按惯例一般以他们得到的工资来计算劳务的价值。

（四）合法原则

国内生产总值所体现的收入，必须是依法从事经济活动的收入。法律所禁止的各项经济活动，如黑市交易、贩毒、赌博等所获得的收入均不得计入国内生产总值。

二、国内生产总值的三种基本核算方法

核算国内生产总值的基本方法有三种，即产品流动法、收入法和增值法。

（一）产品流动法

产品流动法（flow-products approach）又称支出法或最终产品法。这种方法是从最终产品的使用出发，把一年内购买各项最终产品的支出加总起来，计算出该年内生产出的产品与劳务的市场价值，即把购买各种最终产品所支出的货币加总，得出最终产品的货币价值总和。

一国经济在购买最终产品上的支出总额叫做总支出。这种支出是由购买者进行的。购买最终产品的购买者包括消费者、企业、政府和外贸部门。根据这种方法，国内生产总值由以下四个部分构成：

1.消费支出（C）

消费支出（consumption）是居民为满足自身需要，购买全部消费物品的支出，又称为个人消费支出。这项支出具体可分为三类：

（1）耐用消费品支出，如购买汽车、彩电、空调等的支出。

（2）非耐用消费品支出，即相对于耐用消费品来说，只可满足短期的消费，如购买衣物、食品、日常用品的支出。

（3）劳务支出，劳务和其他商品一样，也是居民不可缺少的消费项目，如理发、医疗、家庭服务、诉讼活动等。这部分支出在发达国家占很大比重，有时甚至

超过有形物品的消费支出。

2.私人总投资（I）

私人总投资（gross private domestic investment）是指一定时期内在购买不用于本期消费的最终产品上的支出。这类产品又叫投资品。这种投资包括民间或个人所进行的一切投资支出。

经济学意义上的投资与金融投资迥然不同。它是指实际资本的形成，如厂商购买机器、设备、厂房等。而金融投资从全社会角度看仅仅是财产的一种转移形式，经济学里一般称其为投机活动。

投资支出包括更新旧的机器和设备的投资和新增加的投资。前者称为折旧(depreciation)；后者称为净投资（net investment）。两者之和称为总投资。总投资可以分为固定投资和存货投资两大类。

（1）固定投资

固定投资是指在可以长期使用的资本品上的投资，可分为非住宅固定投资和住宅固定投资。非住宅固定投资是指生产用的建筑物和机器设备上的投资。住宅投资是建造私人住宅和购买公寓等的支出。应当注意的是，居民住宅支出不列入消费支出之列，而是投资行为。

（2）存货投资

存货投资也称净存货，主要是指本期已经生产出来而未售出的最终产品。为了保证生产的顺利进行，存货是十分必要的，否则，将导致生产和流通活动中断。

存货投资（净存货）=本期期末存货-本期期初存货

由于存货投资是本期生产的产品和劳务的一部分，因此，应计入国内生产总值。

3.政府支出（G）

政府支出（government expenditure）是指政府对于企业生产的产品及对居民提供劳务的购买。

政府支出的计算是根据成本而不是根据市场价值，因为政府提供的许多公共物品是不能用市场价值估算的。一般地，把政府支付给其雇员的一切薪金开支和向私有企业购买物品的支出都计入政府支出。

需要说明的是，政府支出中不包括政府对企业和居民的转移支付（government transfer payment），如政府对企业的补助和支付给居民的失业救济金、退休金、抚恤金等福利支出以及国债的利息支出等。因为这种支付并不形成对商品和劳务的直接购买，只是收入的转移，而不是产品的流动，因此，不能计入政府支出，从而不能计入国内生产总值。

4.净出口（X-M）

净出口是指出口总额和进口总额之差，也称贸易差额。出口总额是一定时期内本国生产并卖给外国消费者的物品的价值，加上本国向外国输送的劳务的价值。进口总额是一定时期内本国购买外国生产的物品的价值，加上本国支付给外国的劳务报酬。进口是本国经济单位对外国商品或劳务的需求支出，出口则标志着外国对本国商品或劳务的需求支出。

从支出方面来看，以上四个部分构成了国内生产总值。因此，国内生产总值可以表示为：

$$GDP=C+I+G+(X-M) \tag{10-1}$$

（二）收入法

收入法（income approach）是根据经济中循环流量的另外一种形式——收入来测算国内生产总值的方法，主要是指提供生产要素所取得的收入，也包括一部分非生产要素的收入。由于从企业角度来看，产品和劳务的生产成本（包括企业利润）为生产要素的收入，所以收入法有时又称为要素成本法。

1.生产要素收入

生产要素可以分为劳动、资本、土地以及企业家才能，因此，生产要素进入市场后会各自取得收入，即工资、利息、地租和利润。

（1）工资、薪金和业主收入

工资和薪金包括受雇于企业、政府和居民等三大部门的员工挣得的（不一定是实际可支配的）工资薪金和其他福利补助金，其中包括企业为雇员交纳给政府的社会保险、税金。它表示这些受雇人员对国民产品和劳务生产所做的贡献。

业主收入即各类非公司型企业的收入，包括医生、律师、合伙企业等自我雇用的企业主的收入。

各种受雇收入和业主收入占国内生产总值的大部分。

（2）利息收入

这里是指净利息，不包括居民、部门内部消费者个人之间的借贷关系产生的利息收入和支出，也不包括政府支付给居民部门的消费者的公债利息。因为政府公债利息属于转移支付范畴，它和个人消费性贷款的利息均来自非生产过程的价值增加，不应计入生产要素的收入。利息收入只限于企业部门借入的资本支付给要素所有者的利息。因为企业借入的资本是用于生产性目的，代表资本这种生产要素对国内生产总值所做的贡献。

（3）地租

地租是指出租人所得的租金，即房地产租金、土地（包括资源开采、农业用地、水利设施使用）租金，除此之外，还包括享有专利权、版权和自然资源所有权的具有地租性质的收入。

（4）利润

利润是税前利润，可分为公司利润和非公司利润两类。公司利润除一部分纳税以外，又可分为支付给股东的红利和公司留存的利润，而公司未分配利润用做将来的投资，这部分留存利润形成公司净储蓄。非公司利润是非公司的企业组织的盈利，这种企业组织主要有单人业主制与合伙经营制，企业规模虽小，但数量极多，作用不可低估。

2.非生产要素收入

非生产要素收入主要包括两部分内容：一类是企业间接税；另一类是折旧。

企业间接税是政府在商品生产和流通过程中向货物征收的税，如营业税、货物税、关税等。企业可以把这部分税收附加在成本之上从销售价格中得到补偿，因此表现为商品销售价格的提高。因为这种税收最终转嫁给了消费者，所以称为间接税。由于企业在收入分配前将其作为成本剔除在外，并不包括在公司利润当中，因此，作为价格的一部分，在要素收入以外，国内生产总值还应加入企业间接税。

除上述各种要素收入和企业间接税以外，市场上最终产品的价格中还必须考虑生产活动中固定资本的损耗。这部分损耗应转移到商品的市场价格中去，作为国内生产总值的内容之一。

企业的转移支付包括公司对非营利性组织的公益性捐款、奖励金、特种基金以及消费者无法清偿的呆账给公司造成的损失，这些都从企业收入中拨付，但接受者没有提供相应的服务，因而没能计入国内生产总值。但由于它属于企业的产出总值，因此应加上这一项。

在国民经济统计过程中，不可能得到所需要的每一个数据，并且由于来源不同，数据亦不可能完全精确。为使收入法与支出法的核算结果保持一致，需要在收入法中加上估算的统计误差。

以上所分析的各种生产要素和非生产要素收入项目的总和就是国内生产总值。

这些收入归纳起来无非是以下三类：个人或家庭收入、公司或企业收入、政府收入。家庭和企业的税后纯收入可以分为消费（consumption）和储蓄（saving）两部分，我们用C和S表示，政府收入主要是政府的各种课税（taxes）收入，用T表示，则从总收入方面来看：

$$GDP=C+S+T \tag{10-2}$$

从理论上讲，以上所介绍的两种国内生产总值的测算方法虽然从两个经济循环流量出发，但对于相同的对象得出的结论应该是一致的，数量上的差额可以用统计误差这个项目进行调整，即国民经济会计账户上，一国在一定时期内所发生的总支出必然等于一国在本期所创造的总收入，用公式表示：

$$C+I+G+(X-M)=C+S+T$$

或 $$I+G+(X-M)=S+T \tag{10-3}$$

$$I+G+X=S+T+M \tag{10-4}$$

需要说明的是，会计账户中的总支出C+I+G+（X-M）表示本期生产出的产品和劳务的价值总额，并不等于用同式表示的市场上的总需求AD。前者是一种事后的核算，被称为“实际的总支出”；后者则被称为“意愿的或计划的总支出”。这种区分，在分析国民收入的决定和变动时极为重要。

（三）增值法

增值法（value-added approach）是根据生产过程各个阶段上产品的增值计算国民生产总值的方法。在实际应用中，往往是用各个部门产品的增值总和来计算国内生产总值，因此，这种方法又被称为部门法。

一个国家在一定时期内生产产品和劳务的价值总和，在数值上应该对应于所有生产部门的产值总和。但是，若把所有企业的产值相加，所得的数值将远远大于国内生产总值，原因在于存在重复计算，而重复计算则来源于中间产品与最终产品的差别。因此，在计算中，必须扣除企业购买中间产品所支付的价值。所以，我们在用增值法核算国内生产总值时，只计算每个部门或企业对产品与劳务的增值，即销售产品与劳务得到的收益与为生产该产品或劳务购买中间产品支付的价值之间的差额。

一般地，增值法的计算可以列表（如表10-1所示）计算。

表10-1　**增值法核算国内生产总值**

国内生产总值
农业的增值
采掘业的增值
建筑业的增值
制造业的增值
运输和公共事业的增值
批发和零售贸易的增值
金融、保险和不动产业的增值
服务业的增值
政府部门的增值
统计误差

这种从部门增值角度核算国内生产总值的方法，有助于我们分析各部门在国民经济中的地位及其变化。

以上三种核算国内生产总值的方法，从理论上说，在数字上应该是相等的，因为它是对同一事物——最终产品和劳务的市场价值从三个不同的方面所进行的反映。但由于现实状况的复杂性，实际计算结果很难一致。一般地，支出法作为核算国内生产总值的基本方法，另两种方法以此为依据进行校正。这种校正，通过“统计误差”项进行。

三、国民收入核算体系中的常用指标

国民收入核算体系中，以下是一些常用的总量指标：

（一）国内生产总值（GDP）

这是各个指标中最具综合性的一个指标，因为它比较容易获得，因而也最常用。

（二）国内生产净值（NDP）

国内生产净值（net domestic product）是指一个国家在一定时期内（通常是一年）所生产的最终产品和劳务按市场价格计算的净值，即在国内生产总值中扣除了折旧以后新增的产值。从一定意义上说，国内生产净值能够更加确切地衡量出一个国家的国内产出。然而，由于折旧难以估算，所以大大影响了这一指标的运用。

NDP=GDP-折旧 （10-5）

（三）国民收入（NI）

国民收入（national income）是指一个国家一年内用于生产的各种生产要素的全部收入，包括税前工资、利息、地租和利润。

这里的国民收入是指狭义的国民收入。

NI=工资+利息+地租+利润 （10-6）

NI=NDP-企业间接税-企业转移支付-统计误差 （10-7）

（四）个人收入（PI）

个人收入（personal income）是指家庭以及民间非营利性团体和组织在一年内所得到的收入总量。它可以通过调整国民收入获得。由于个人收入是个人能得到的全部收入，而国民收入是提供生产要素能够得到的收入，因此，计算个人收入时需要在国民收入中加上某些项目，如政府的转移支付等。

有一些内容虽属于国民收入但个人无法获得，如企业所得税、企业未分配利润等，必须从国民收入中扣除。

$$PI=NI+\left(\begin{matrix}政府的\\转移支付\end{matrix}+\begin{matrix}企业的\\转移支付\end{matrix}\right)-\left(\begin{matrix}企业\\所得税\end{matrix}+\begin{matrix}企业\\未分配利润\end{matrix}+\begin{matrix}社会\\保险费\end{matrix}\right) \quad (10-8)$$

（五）个人可支配收入（PDI）

个人可支配收入（personal disposable income）是指一年内个人可以直接支配的收入总额。从个人收入中减去个人收入所得税，可得到个人可支配收入，这是收入者可以任意支配的部分。

PDI=PI-个人收入所得税 （10-9）

个人可支配收入还可以表示为PDI=C+S，即个人可支配收入中，一部分用于消费，未被消费的部分用于储蓄。

（六）国民生产总值（GNP）

国民生产总值（gross national product）是指一国一年内居民所拥有的投入要素所生产的最终产品和劳务的市场价值总和。这一指标曾经在很长时间内被广泛应用，直至20世纪90年代才逐渐被国内生产总值所取代。

两者的区别产生于对资本跨国流动所产生的收益的计量。因为如果在一个封闭的经济中，不存在资本的跨国流动的话，两者是没有区别的。从两个指标所反映的内容看，国民生产总值是一国居民所拥有的劳动和资本等生产要素所生产出来的总产出量，无论这些要素是在国内还是在国外投入；而国内生产总值则是在一国境内的劳动和资本等生产要素所生产出来的总产出量。所以，国内生产总值是以地理上的界限为统计标准的。在开放经济中，两者就不再相等。比如，日本公司在中国生产的产品的产值应计入中国的国内生产总值，但不能计入中国的国民生产总值，应计入日本的国民生产总值。

我们可以用公式来反映两者之间的关系：

GNP=GDP+本国要素在国外创造的收入-外国要素在本国创造的收入　(10-10)

用国内生产总值取代国民生产总值主要有三个原因：(1) 相对于国民生产总值，国内生产总值能够更好地衡量一国经济中的就业潜力；(2) 由于较难获得国外净收入的准确数值，国内生产总值更便于衡量；(3) 越来越多的国家采用国内生产总值，因而便于国家间的比较。

总之，上述各指标从不同的方面反映了国民经济总量的变化。它们几乎说明了经济状况的相同情况。当国内生产总值迅速增加时，其他指标通常也会相应地迅速增加。所以，我们可以根据不同的需要选择使用。

四、名义 GDP 和实际 GDP

我们计算国内生产总值，一般是以商品和劳务的市场价格来计算的。这种计算方法可以反映出当年的国内产出，但在比较不同时间的产出时，会遇到一个问题，即以货币进行衡量的价格水平本身也是在不断变化的，就如同经济学家所形容的那样，你仿佛在用一把橡皮尺子——可伸缩的尺子来衡量事物。这种以当年市场价格核算的国内生产总值，仅仅是一种数量上的变化，并不能全面、准确地反映出产出变化的水平，因此，称为名义国内生产总值（nominal GDP）。

引起名义国内生产总值变化的原因可能有两种：一是实际产量的变动；二是价格的变动。名义国内生产总值的变动既反映了实际产量的变动，又反映了价格的变动。要想了解实际产出的变化，应该排除价格变动的因素，这样得到的国内生产总值称为实际国内生产总值。

实际国内生产总值（real GDP）是按不变价格计算的国内生产总值。因此，实际国内生产总值的变化仅仅是由产量的变化所引起的。一般在进行不同时期国内生产总值比较时，我们可以把名义国内生产总值折算成实际国内生产总值，以消除货币本身变动对名义国内生产总值的影响，通常先选定基期，用计算期与基期比较的物价指数的变动来剔除隐含在名义国内生产总值中的物价变动。

$$实际GDP=\frac{名义GDP}{GDP价格指数} \quad (10\text{-}11)$$

假定某国只生产两种产品——面包和衣服，以2004年为基期，核算2014年的名义GDP和实际GDP（如表10-2所示）。

表10-2　**以2004年为基期，核算面包和衣服2014年的名义GDP和实际GDP**

产品	2004年产量(万)	2004年价格(元)	2004年名义GDP(万)	2014年产量(万)	2014年价格(元)	2014年名义GDP(万)	2014年实际GDP(万)
面包	15	1	15	20	1.5	30	20
衣服	5	40	200	6	50	300	240
合计			215			330	260

从表10-2中可以看出，从2004年到2014年，GDP名义上从215万元增加到330万元，但实际上只增长到260万元，即扣除物价上涨因素，GDP只增长了20.9%，而名义GDP却增长了53.5%。

第三节 对现行SNA核算体系的进一步解释

现行SNA核算体系经过经济学家和实际操作人员及机构的不断改进，正为越来越多的国家所采用。然而，它仍然不能全面地反映全部经济活动和与人们生活有直接关系的经济福利。因此，许多经济学家目前正试图通过努力对其修正以弥补其缺陷。

一、SNA体系的缺陷

（一）无法反映全部经济活动

1.地下经济活动

这是在国内生产总值核算中被忽略的一个重要内容，包括非法经济活动和合法但未纳税经济活动两种。非法经济活动如赌博、卖淫等，因其为法律所不允许，因此即使产生对生产要素的需求并在市场上交易，其收入也不计入国内生产总值。但这些收入却的确存在。如2007年韩国地下经济规模增至2 529亿美元，其规模约占韩国GDP总值的30%。合法但未纳税经济活动存在的比例也不小。如2010年意大利约有22%的经济活动未向政府申报纳税。产生大量未纳税经济活动的主要原因是偷税、漏税。

2.非市场性经济活动

这类经济活动由于没有通过市场进行交易，因而没有市场价值，其收入也没有被计入国内生产总值。对于那些市场化程度比较低的国家，生产出来的产品和劳务并没有全部进入市场，则很难把这一部分非市场经济活动的价值计入国内生产总值。另外，那些自给性的家务劳动和居民无偿为社会提供的服务等，由于不付报酬，所以在国内生产总值中也无法体现。比如，家庭主妇和保姆虽然在家庭内从事相似的家务，但家庭主妇却没有收入。有趣的是，仍然从事相同的家务劳动，如果两位家庭主妇互相调换位置提供劳务的话，支付给她们劳动报酬则是理所应当的，于是，此时的国内生产总值增加了，尽管两种情况的劳务产品几乎是等量的，人们的福利总水平也没有发生变化。

（二）无法全面反映福利的变动

经济活动给人类带来的满足，除了来自于以国内生产总值核算所能体现出来的物质上的满足以外，还有一些来自于精神上的满足。这些满足很难在SNA体系中体现出来。

1.不能反映闲暇给人们带来的福利

随着现代物质生活水平逐渐提高，人们对于闲暇的需求也越来越大。因而，闲暇给人们带来的满足程度也越来越大。闲暇的增加是福利水平增加的一个标志。然而，按照SNA体系，闲暇与国内生产总值是相对立的，闲暇越多，用于生产产品的时间就越少，产品的产量就越少，相应的国内生产总值也就越少，这实际上没有确切地反映出人们的满足程度。

2.不能反映环境污染带来的不利影响

现代机器大工业建立后，生产效率提高，产值增加，但这种产值增加也给福利的增加带来负面影响，如生存环境的破坏以及由此引发的诸如职业病、精神疾病等等。这些都没有在国内生产总值中体现出来，有时，相反却是国内生产总值在数量上的增加。比如，由于工业生产造成环境污染，这时，在产值上存在一个增量，而要治理污染，则要进行一系列经济活动，这些活动的进行使得产值进一步增加，而福利水平却没有进入更高水平。

3.不能反映经济结构对福利的影响

不同的产品结构会给人们带来不同的满足程度。比如，花费在同量军用品和民用品上的支出带来的福利水平根本不会相同。另外，我们计算的国内生产总值中，包括存货部分。如果非意愿存货和积压品以市场价格计入国内生产总值，这显然是对福利增加不起作用的内容。

另外，分配结构也会影响人们的满足程度。同样产品在不同的分配结构下会带来不同的满足程度，这在SNA体系中亦无法体现。

（三）无法确切进行国内生产总值的国际比较

各个国家市场经济发展水平不同，进入市场交易的产品比重不同，所以，能计入国内生产总值的产品与劳务的范围也不同。对于经济发展水平相对落后的发展中国家而言，市场化程度低，尽管有一定数量产品，但自给程度较高，所以这一部分产品由于没有进入市场而未被计入国内生产总值，因而国内生产总值被低估了。另外，汇率的差异和价格体系的不同以及自然环境的优劣都会造成GDP国际比较的困难。所以，仅根据国内生产总值或人均国内生产总值进行比较是无法比较出不同国家的富裕程度和人民生活水平的。

二、纯经济福利

由于存在种种缺陷，有必要对SNA体系进行修正。一些经济学家提出了相应的建议与设想。20世纪70年代，美国经济学家詹姆斯·托宾和威廉·诺德豪斯提出了GDP调整尺度——经济福利尺度（measure of economic welfare，MEW）。萨缪尔森则提出纯经济福利（net economic welfare，NEW）来对国内生产总值进行校正。

很多经济学家认为，经济活动的最终目的是福利的增进而不是单纯的产品与产值的增加，因而，改进后的指标试图衡量所有给经济福利带来影响的方面。他们设想在原有的国内生产总值指标上减去某些对福利不能做出贡献的项目，加上某些对福利做出了贡献又没有计入国内生产总值的项目。

在调整的过程中，人们可以进行如下变化：

（一）需要增加一部分内容

1.加上闲暇的价值

由于更加富有而决定缩短工作时间，以便从闲暇中得到商品和劳务之外的精神满足时，虽然福利水平上升，而GDP却下降了。因此，为修正闲暇所带来的精神上的满足，必须在GDP上再加上一个修正值，以反映纯粹的福利水平。

2.加上地下经济

新的核算体系中，应加上地下经济活动收入以及那些被GDP所忽略的自我服务和自给性劳动的收入。

(二) 需要减少的内容

应减去环境破坏所带来的损害。环境污染和都市化给人们带来痛苦而不是福利。同时，还应减去不能对改善人们生活做出贡献的项目，如部分国际开支和军队开支。

萨缪尔森的初步研究显示，NEW的增长大大慢于GDP的增长。在一个人口不断增加、拥挤状况日益严重、人类对自然界的开发有时会超过自然界吸收人类丢弃垃圾的能力的社会中，GDP无法衡量人们的福利水平是不可避免的。

目前，上述指标还处于理论设想阶段，如何量化这些指标牵涉一系列复杂因素，如政治因素、心理因素、技术因素等，因而近期难以实现。因此，国内生产总值等指标仍是我们用来衡量宏观经济状况的重要指标。经济学家曼昆这样评价对国内生产总值指标的运用："虽然它没有直接去衡量这些对生活有意义的东西，但它确实衡量了我们获得能使我们过上这份有意义生活的投入的能力……我们可以得出这样的结论，就大多数情况而言——但不是所有情况——GDP是衡量福利的一个好指标。重要的是记住GDP包括了什么，遗漏了什么。"

关键概念

国民生产总值　国内生产总值　支出法　国民收入　个人可支配收入

综合训练十

一、选择题（单项或多项选择）

1.国民收入是指一个国家一年内用于生产的各种生产要素的全部收入，包括：(　　)。

A.税后工资　　B.税前工资　　C.利息

D.地租　　E.利润

2.产品流动法又称支出法或最终产品法。按照这种方法，国内生产总值由以下部分组成：(　　)。

A.个人消费支出　　B.私人总投资　　C.政府支出

D.税收　　E.净出口

3.现行SNA核算体系经过经济学家和实际操作人员及机构的不断发展改进，正为越来越多的国家采用。但是，它仍然有许多缺陷，这些缺陷有：(　　)。

A.无法反映地下经济活动

B.无法反映非市场性经济活动

C.不能反映闲暇给人们带来的福利

D.不能反映环境污染带来的不利影响

E.不能反映经济结构对福利的影响

4.下列应计入GDP的是（　　）。

A.食品厂购买的面粉　　B.个人购买的1 000股银行股票

C.国航购买的一架波音飞机　　D.汽车厂购买的轮胎

5.用产品流动法计算GDP时，不属于投资的是（　　）。

A.上海大众购买了政府债券　　B.上海大众购买了一台新机床

C.上海大众建了一条新装配线　　D.上海大众增加了500辆汽车的存货

二、填空题

1.核算国内生产总值的基本方法有三种，即________、________、________。

2.净出口是指________与________之差。

3.投资支出包括________与________。

三、简答题

1.国内收入核算体系中的常用指标有哪些？

2.国内生产总值和国民生产总值的区别与联系是什么？

3.名义GDP和实际GDP有什么不同？如何将名义GDP换算成实际GDP？

四、计算题

假设某经济体某年只发生了如下经济活动：(1) 一银矿公司支付了7.5万美元给矿工开采了50千克银卖给一银器制造商，售价为10万元；(2) 银器制造商支付了5万美元工资给工人，制造了一批项链卖给消费者，售价是40万美元。

要求：

(1) 用产品流动法计算GDP。

(2) 每个阶段生产多少价值？用增值法计算GDP。

(3) 生产活动中赚得工资和利润各多少？用收入法计算GDP。

第十一章　总支出与国民收入决定

决定国民收入的因素有很多，主要可以归结为总供给和总需求。本章主要从总需求（总支出）的角度入手分析国民收入决定。

凯恩斯主义的收入决定理论是在美国20世纪30年代经济大萧条的背景下产生的。对于当时生产能力过剩、大量工人失业和真实国民收入水平降低，古典经济学无法做出完美的解释，古典经济学者所信奉的市场机制——认为市场会自行消除经济中的障碍，价格和工资也会自动调整；工资的下降会使就业更为充分，失业自行消除，受到了严峻的挑战，凯恩斯经济学说应运而生。凯恩斯认为，在某种程度上，大萧条的长期持续可以用价格和工资下降的僵化性质来解释。这样，一种带有生产能力过剩和高失业率的、整个经济范围的一般均衡便可能出现，并持续较长时期。

凯恩斯理论分析的特点是，假定潜在的国民收入不变，即经济中的生产能力是不变的，只研究短期，不研究中长期的问题；假定总供给不会成为经济发展的制约因素，各种资源都处于没有充分利用的状态。因此，总供给可以随着需求的扩大而扩大；价格具有黏性，从而在宏观经济均衡中，总支出具有了主导性作用。

按照这样的观点，国民收入水平，就不是由供给决定而是由需求决定的，即经济中有多少构成总需求的支出，就能够实现多少国民收入。

第一节　总支出的构成

如上一章介绍的内容，从总支出角度考虑，一个国家的总产出可由消费、投资、政府支出和净出口构成。那时我们分析的总产出，是一种事后的核算，是实际的总支出。实际的总支出总是等于供给的。这一章，我们分析的重点是国民收入水平的决定。因此，我们要研究在现实经济中存在的意愿的总支出，即一种人们意愿的、计划的总支出。显然，意愿的总支出不一定等于供给。而只有当意愿的总支出和供给相等时，才能实现均衡的国民收入。

同样地，意愿的总支出也由消费、投资、政府支出和净出口构成。虽然为了简便起见我们仍这样使用，但在分析国民收入决定时，我们再提到这四个量时，其含义已经发生了变化，即意愿的消费、意愿的投资、意愿的政府支出和意愿的净出口。它们的水平决定了均衡国民收入水平。所以，我们首先分别对它们进行研究。

一、消费函数与储蓄函数

（一）消费函数

消费和储蓄是国民经济决定中的基本变量，消费（consumption）是将收入用于购买直接满足消费者需要的物品。储蓄（saving）就是将收入留作在将来某个时间购买消费者需要的物品的行为。我们首先来研究消费。

通常，我们运用消费函数这一工具来阐明消费和决定消费的因素之间的关系。在简单的国民收入决定模型中，有两个假定条件：

（1）经济中只存在消费者和生产者这两大部门，没有税收；

（2）价格水平不变。

我们定义消费函数为：

$$C=f(a_1, a_2, \cdots, a_n) \tag{11-1}$$

式中：C表示消费支出；a_1，a_2，…，a_n表示消费支出的决定因素，诸如收入水平、商品价格、利率水平、分配状况、个人偏好以及社会习俗等。

在凯恩斯经济学中，认为在现期消费支出中的影响因素主要是可支配收入，就是消费者收入在除去税收之后实际可支配的收入。在这里，由于假定没有税收，因此可支配收入就等于国民收入Y，由此，消费函数就可以写为：

$$C=f(Y) \tag{11-2}$$

这就意味着人们的消费支出是其收入的函数，消费随收入的变化而变化。而根据经验数据，我们又可以假定消费函数是线性函数，其形式为：

$$C=a+bY \tag{11-3}$$

这一函数分为两部分：a的消费额是不取决于收入Y的，我们称其为自发性消费（autonomous consumption），这是符合现实的。比如，无论一个人有无收入，他都要有最基本的食物消费，以维持其生命的存在。bY的消费额是直接取决于收入水平的开支，称为引致性消费（induced consumption），这一部分的消费额是随收入的变动而变动的。同时，在这里，限定$0<b<1$，之所以如此，是因为“基本心理规律”假定。这一假定认为，消费与个人可支配收入呈同方向变动关系，收入增加使得消费也随之增加，但消费的增加不如收入增加的幅度大。由此，我们就可以画出消费曲线，如图11-1所示。

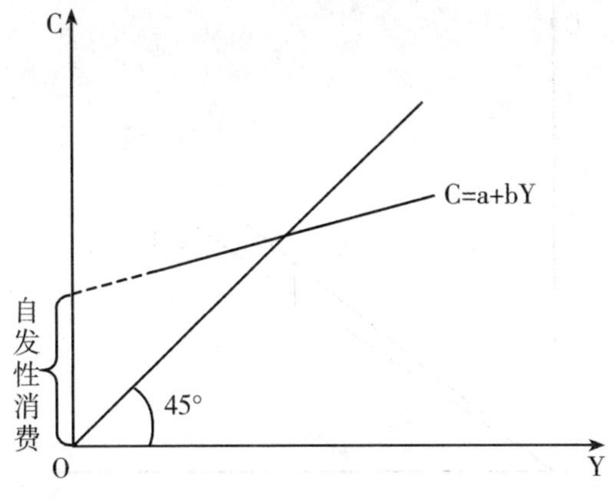

图11-1　消费曲线

在图11-1中，横轴表示可支配收入，这里等于国民收入，纵轴表示消费水平，与两轴成45°夹角的线称为45°线，在这条线上的每一点，都表示消费支出与收入恰好相等。在其左侧，表示消费大于其收入，入不敷出；在其右侧，表示消费小于其收入，有部分剩余可以形成储蓄。消费曲线是一条向右上方倾斜的曲线，实际上，随着收入的增加，消费曲线有向下弯曲的趋势，也就是说，b并不是固定不变的，而是递减的，即虽然随着收入的增加，消费也是增加的，但其增加的幅度却越来越小。图11-2反映了这种消费和收入之间的变化关系。但通常为了研究的方便，我们都假定消费曲线为线性曲线。

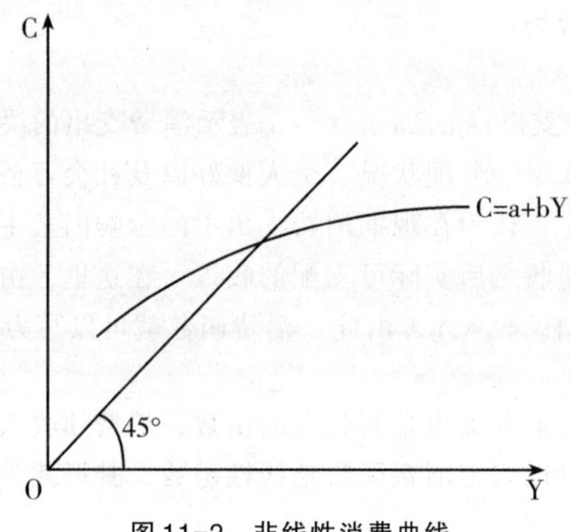

图11-2 非线性消费曲线

上面我们介绍的都是在短期内的情况，而在长期内，情况却并非如此，因为在长期内，消费只取决于收入，没有收入，也就不存在长期消费，因此长期内的收入变化会比短期内的收入变化对消费有更重要的影响，在长期内，不存在自发性消费。因此，在长期内，消费函数的形式是：

$$C=bY \tag{11-4}$$

消费曲线就是一条从原点出发向右上方倾斜的直线，由于b<1，所以这条消费曲线位于45°线的下方，如图11-3所示。

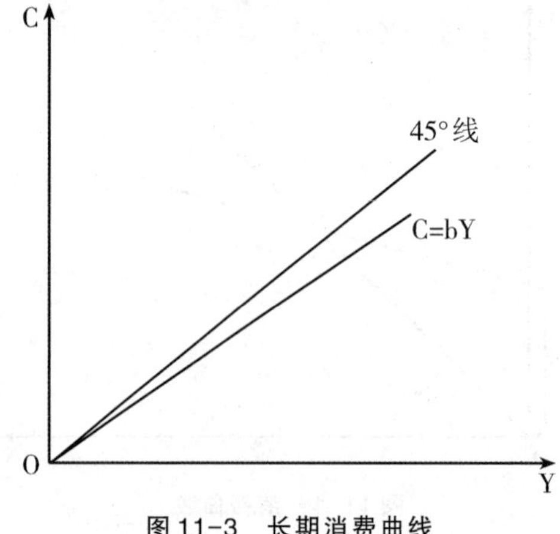

图11-3 长期消费曲线

在描述消费与收入之间的关系时，除了消费函数，我们还可以通过两种消费倾向来加以研究。

1.平均消费倾向

平均消费倾向（average propensity to consume，APC）是指在消费者的收入中消

费所占有的比例，其定义式为：

$$APC=\frac{C}{Y} \tag{11-5}$$

从定义式可以看出，当消费超过收入水平时，APC>1；反之，则APC<1。应当注意的是，平均消费倾向随收入的增加而降低，换句话说，收入中进入储蓄的部分随收入的上升而增加了。

2.边际消费倾向

边际消费倾向（marginal propensity to consume，MPC）是指在增加的收入中消费所占的比例，即增加的消费与增加的收入之间的比例，其定义式为：

$$MPC=\frac{\Delta C}{\Delta Y} \tag{11-6}$$

由数学知识可知，一定收入水平下的边际消费倾向就是消费曲线上该点的斜率，也就是消费函数中的b。随着收入的上升，边际消费倾向也是递减的。

通过对消费函数的变换，可以得出，$APC=(\frac{a}{Y}+b)$，大于MPC等于b，并且，随着Y的增大，$\frac{a}{Y}$逐步变小，因此APC逐渐趋近于MPC。

凯恩斯认为，在人们随收入增加而增加消费的过程中，存在着一种趋势，即消费增加趋势下降。他把这种现象归纳为边际消费倾向递减。

（二）储蓄函数

下面我们来研究储蓄函数。

在凯恩斯的宏观经济模型中，虽然储蓄也受其他因素的影响，但储蓄也被视为收入的函数。根据定义为：

$$Y=C+S \tag{11-7}$$

因此有：

$$S=Y-C=Y-(a+bY)=-a+(1-b)Y \tag{11-8}$$

储蓄和收入的这种关系称为储蓄函数，可以看出，储蓄和收入之间也是同方向变化的。当我们假定b固定不变时，则线性的储蓄曲线如图11-4所示。

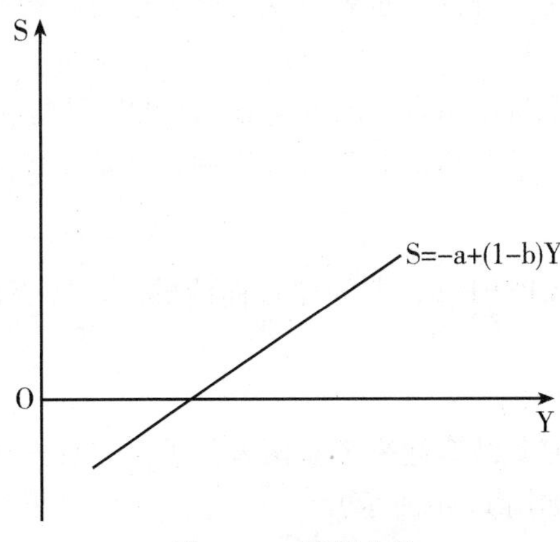

图11-4　储蓄曲线

在图11-4中，横轴表示收入，纵轴表示储蓄，储蓄曲线与横轴的交点表示储蓄为零，这时收支相抵，其收入水平对应于消费曲线与45°线相交处的收入水平。在该点的左侧，储蓄为负储蓄；在该点的右侧，储蓄为正储蓄。当考虑到b是递减的时候，(1-b）就是递增的，因此，实际上，储蓄曲线有向上弯曲的趋势，如图11-5所示。

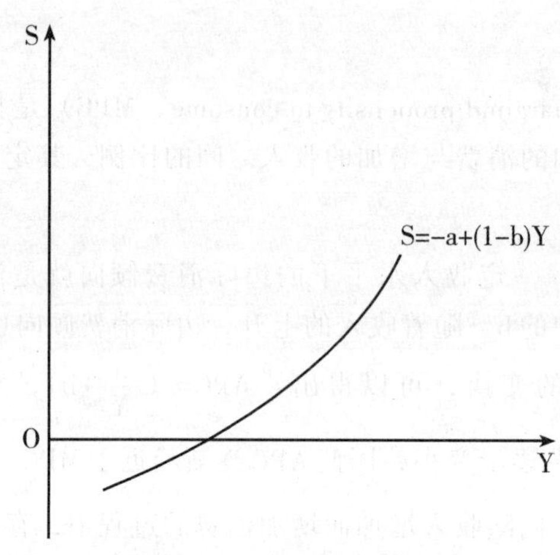

图11-5 非线性储蓄曲线

与研究消费相类似，我们也可以通过平均储蓄倾向和边际储蓄倾向来描述储蓄。

1.平均储蓄倾向

平均储蓄倾向（average propensity to save，APS）是指在消费者的收入中储蓄所占的比例，其定义式为：

$$APS=\frac{S}{Y} \tag{11-9}$$

APS通常是小于1的，在某些特殊情况下，比如战争时期，产品极度匮乏，需求得不到满足，便形成强制性储蓄，使得储蓄规模超出正常状态。另外，随着收入的增加，平均储蓄倾向是上升的，也就是说，收入中进入储蓄的部分是增加的。

2.边际储蓄倾向

边际储蓄倾向（marginal propensity to save，MPS）是指在增加的收入中储蓄所占有的比例，即增加的储蓄与增加的收入的比率，其定义式为：

$$MPS=\frac{\Delta S}{\Delta Y} \tag{11-10}$$

由数学知识可知，MPS=1-b，即为储蓄曲线的斜率，当储蓄曲线为非线性时，即为该点的切线的斜率。

（三）消费和储蓄的关系

下面我们将消费和储蓄结合起来考察两者的关系。首先从消费曲线和储蓄曲线来看两者的对应关系（如图11-6所示）。

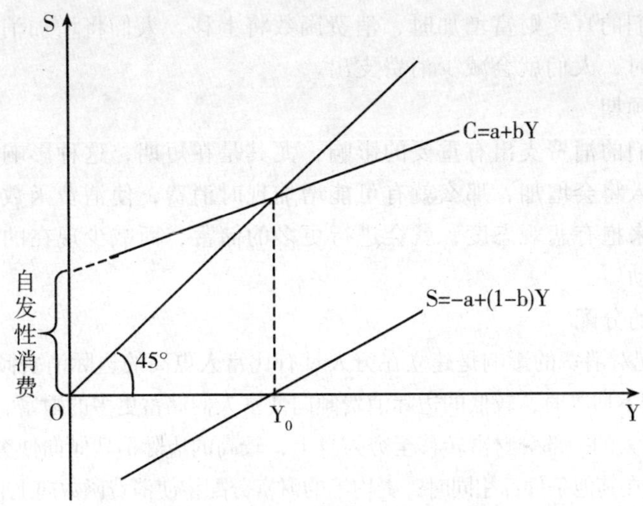

图11-6 消费曲线与储蓄曲线的结合

从图11-6中我们可以看出，消费曲线与45°线的交点同储蓄曲线与横轴的交点对应相同的收入Y_0。当消费曲线位于45°线上方时，消费大于收入，储蓄为负，储蓄曲线位于横轴的下方；当消费曲线位于45°线下方时，消费小于收入，储蓄为正，储蓄曲线位于横轴的上方。

另外，我们还可以从两个重要的等式来看两者的关系：

$$APC+APS=1 \tag{11-11}$$

$$MPC+MPS=1 \tag{11-12}$$

其证明是很简单的：

根据定义：

$$Y=C+S$$

$$\Delta Y=\Delta C+\Delta S$$

则有：

$$\frac{C}{Y}+\frac{S}{Y}=1$$

$$\frac{\Delta C}{\Delta Y}+\frac{\Delta S}{\Delta Y}=1$$

即：

$$APC+APS=1$$

$$MPC+MPS=1$$

（四）决定消费的其他因素

1.凯恩斯理论

我们在研究消费理论时，都内含着一个假定，就是将收入作为人们进行消费的唯一决定因素，而在现实生活中，人们真实的消费还具有其他的决定因素：

（1）财富的真实价值

在其他条件都相同的情况下，消费函数将部分地取决于人们所拥有的财富的真实价值。当人们的真实财富增加时，消费函数将上移，人们将增加消费支出；而当真实财富减少时，人们就会减少消费支出。

（2）消费预期

预期对人们的消费支出有重要的影响，尤其是在短期，这种影响可能很大。如果人们预期收入将会增加，那么就有可能增加现时消费，使消费函数向上移动；而一旦人们对未来抱有悲观态度，就会进行更多的储蓄，而减少现在的消费，消费函数就会向下移动。

（3）财富的分配

财富的分配对消费的影响是建立在穷人具有比富人更高的边际消费倾向的假定之上的。当财富分配不均等时，较低的边际消费倾向使富人们储蓄更多的财富，而如果财富分配均等化，将富人的一部分财富转移至穷人身上，较高的边际消费倾向使穷人将其全部用于消费，因此，在其他条件都相同时，更均等的财富分配将使消费函数向上移动。

（4）利率及获得信贷的可能性

这一因素对消费的影响主要是针对诸如汽车、住房等大额消费而言的，对于这些资本品的消费，通常是靠借款实现的，因此，对利率就具有了敏感性：利率越高，消费的成本就越大，人们就会减少这些消费；利率越低，消费的可能性就越大，消费函数将向上移动。人们获得消费信贷越困难，就会促使利率上升，进而减少人们的消费；反之，则增加人们的消费。

2.其他消费理论

上面我们介绍的主要是凯恩斯主义的绝对收入假说的观点，对于消费及其决定因素，还有另外不同的观点，这里主要介绍其中的两种——持久收入假说和相对收入假说。

（1）持久收入假说

这一假说是由弗里德曼在1957年提出来的。他认为，消费与收入的基本关系是恒常消费C_p取决于恒常收入Y_p，两者有着恒常不变的比例关系：$C_p=bY_p$。这一假说有三个基本命题：第一，一个家庭事实上取得的收入Y由两部分组成，即恒常收入Y_p与暂时收入Y_t。与收入相对应，现实的消费支出C也由恒常消费C_p与暂时消费C_t两大部分组成。第二，恒常消费在恒常收入中所占的比例是固定不变的常数，即：$C_p=\beta Y_p$（$0<\beta<1$），并进一步假定，这一比例在所有不同收入水平的家庭是一样的，这意味着“富人”和“穷人”在他们的“恒常收入”中以相同的比例储蓄。第三，暂时消费与暂时收入无关。这意味着暂时收入的边际消费倾向为零，也就是说，获得一笔意外之财的家庭不会增加其消费支出，全部意外收入成为储蓄。同样，蒙受意外损失的家庭也不会削减其消费支出，而是减少其储蓄。简言之，现实的消费不受“意外的”收入或损失的影响，现实的消费取决于恒常收入，因为暂时的（即意外的）收入（或损失）全部表现为储蓄的增加（或减少）。

通过上述假定可以看出，消费在一段时间内会保持得相当稳定，并不会因收入的增减而起伏不定。同时需要注意的是，持久收入假说并不包含与长期相对应的短期消费函数，因为这一假说论及的是恒常收入与恒常消费之间存在着固定不变的比例关系，在这里，消费和收入指的都是在相当长的时期内的平均数。

(2) 相对收入假说

这一假说是由詹姆斯·杜森贝里在1949年提出来的。他认为，人的消费行为具有强烈的“模仿”和追求更高生活水平的倾向。一个家庭的收入用于消费的部分取决于他的收入与其邻居或相同社会阶层的收入的相对水平。如果一个家庭的收入与其邻居同比例提高，每个家庭的消费支出会与他们的收入同比例提高，以保持其与邻居的相对地位；同样，如果一个家庭的收入不变，而其邻居的家庭收入提高，这个家庭的收入相对于邻居而言就下降了。相对收入假说认为，这个家庭的消费支出在其收入中所占的比例也将提高，尽管收入的绝对水平没有变化。也就是说，宁肯减少储蓄，也要在消费方面保持与邻居的相对地位。如果把相对收入假说扩展到宏观的消费总支出时，一个人的消费支出对收入的比率取决于现有的收入对以前曾达到的最高的收入的比率，那么，为什么在短期内我们观察到的是明显的非比例性消费函数 $C_S=a+bY$ 呢？杜森贝里认为，假如经济在长时期内是稳定地持续增长的，消费支出将按照一个固定的比率稳定增长，如图11-7所示的 $C_L=bY$。但是，由于在经济增长的长期趋势中，国民收入会周期性地出现大起大落。假定 Y_3 为某一经济周期顶峰时的国民收入，其对应的消费支出为 C_3，当经济出现衰退时，生产和收入下降到 Y_2，按照长期消费函数，消费支出应下降到 C_2，但是，由于人们力图维持其已达到的生活水平，因此便尽可能少地减少消费，而是急剧地削减其储蓄，使得消费支出只削减到 C_2'；当经济进一步衰退，国民收入下降到 Y_1 时，与 Y_1 相对应的消费支出不是 C_1，而是 C_1'。而当经济转入复苏阶段后，在收入逐渐增加到衰退前的顶峰 Y_3 的过程中，消费也缓慢增加，而用收入增量中的较大部分来恢复储蓄，即消费支出在复苏阶段沿着图示的短期消费函数直到到达顶峰为止。Y_4 为下一个经济周期的顶峰的收入，在收入从 Y_3 增长到 Y_4 的经济高涨过程中，消费沿着长期消费函数与收入同比例增加，直到再次发生经济衰退，其后的衰退阶段和复苏阶段表现出非比例的消费函数。

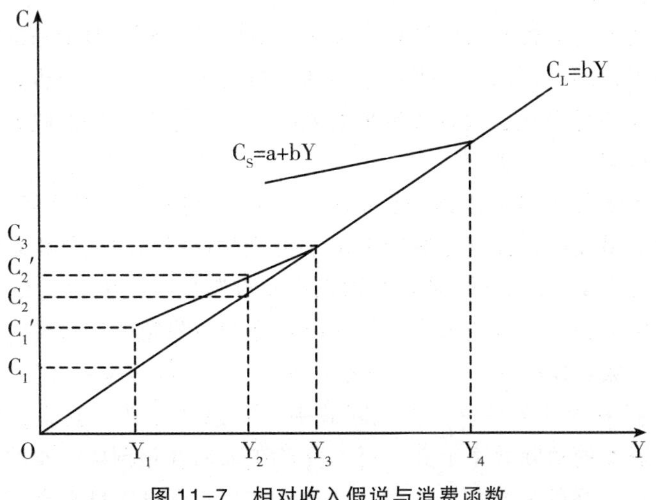

图11-7　相对收入假说与消费函数

二、投资

在上一章我们指出，投资是总支出的一个重要组成部分，投资水平的变化会引起总支出的变化，进而引起国民收入的变化。那么，投资与国民收入是怎样一种关系呢?又有哪些因素对投资有影响呢?下面将给出解释。

投资（investment）是指对资本品（厂房、机器设备等）的支出，并预期它们可以产生一系列的未来收入。投资水平经常是不稳定的，尤其是净投资——总投资减去折旧或资本耗费——更是如此，这取决于人们对投资的预期如何。那么，究竟有哪些因素影响了投资的水平呢?

（一）实际的利率水平

实际的利率水平是影响投资的最主要的因素。前面我们指出，储蓄构成资本的供给，而投资则构成对资本的需求，利率就是由资本的供给（储蓄）与对资本的需求（投资）共同决定的。当利率较高时，投资的成本就较大，因为要付出较多的利息，因此就会减少投资，只有那些收益率高于利率的投资才是可行的；而当利率水平较低时，投资的成本就会较小，也就会增加投资，因此，利率和投资是呈反方向变动的。我们在确定投资函数时，就是将资本的需求曲线看做是利率的函数：I=I（r）。这将在投资函数部分详细论述。

（二）投资的预期收益率

企业在进行投资之前，首先要确定的就是未来盈利的可能性，预期的投资收益率越高，就越能促进投资；预期的投资收益率越低（不能低于投资成本，即利率），投资就会越少。而未来收益率的大小又主要取决于以下几方面因素：（1）产品是否有需求。产品的需求越大，收益率就会越高；反之，则越低。（2）生产成本是否能降低。生产成本降低越多，收益率就越大；反之，则越小。（3）税收政策。对利润的课税越少，收益率就越大；反之，则越小。（4）创新与技术。生产技术能够得到改进或创新，则收益率越大；反之，则越小。

（三）投资风险

由于信息的不完全性和人的知识与能力的有限性，任何对未来的预测都不可能达到完美的程度，因此，风险是不可避免的。投资者进行投资与否，必须考虑投资的收益率是否高到足以补偿投资所带来的风险，只有包含风险的收益率才是投资者可以接受的，投资才可以进行。

尽管投资受到以上各种因素的影响，并且还有其他的影响因素，但在短期内，只有利率是灵活易变的，尤其是短期利率。而预期在短期内则是相对稳定的，虽然投资活动常常是长期的，但任何人的知识都是有限的，所获得的信息也是不完全的，所以在投资之初，都假定未来的投资收益是相对稳定的。这样，我们就将投资看做是利率的函数：I=I（r）。其中，r表示利率。下面我们来研究其特性。

首先，我们来看什么是资本的边际效率。凯恩斯在其《就业、利息和货币通论》一书中将资本的边际效率定义为资本资产在未来各年预期收益的现值之和等于资本资产的供给价格的贴现率。假设某项投资在以后的n年里都会产生收益，其各年的收益分别为R_1，R_2，R_3，…，R_n，这项投资的初始供给价格为R_0，贴现率假定为i（以i表示，以免与利率r混淆），则根据定义，当11-13式成立时，其中的i便是资本的边际效率：

$$R_0=\frac{R_1}{(1+i)}+\frac{R_2}{(1+i)^2}+\frac{R_3}{(1+i)^3}+\cdots+\frac{R_n}{(1+i)^n} \tag{11-13}$$

在做出投资决策时，只有当投资的边际效率大于实际利率时，投资才是可行的。

假定在某一时点上，厂商面对一系列可能的投资方案，如图11-8所示,其中，横轴代表投资额，纵轴代表利率以及投资收益率。

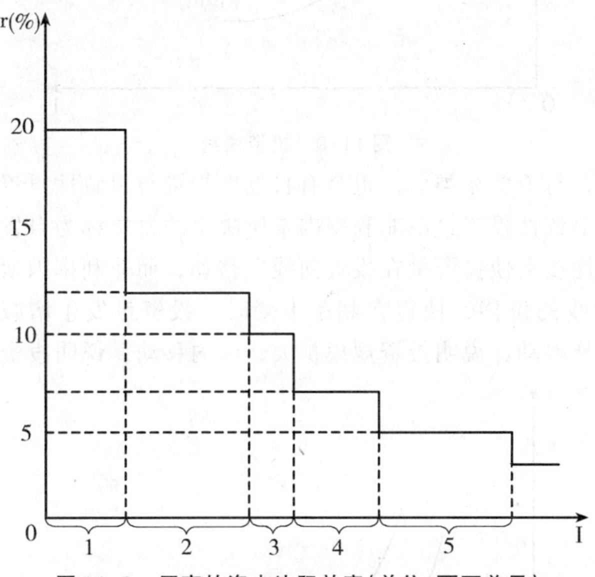

图11-8　厂商的资本边际效率(单位:百万美元)

从图11-8中可以看出，第一个项目需要耗资100万美元，其资本的边际效率为20%，同时这20%也是可接受的最高的利率，如果利率超过20%，厂商将不会进行投资；第二个项目需要耗资150万美元，可获得的资本边际效率为12%，同时这也是第二个项目可接受的最高的利率；第三个项目需要耗资50万美元，可获得的资本边际效率为10%，也是第三个项目所追加的50万美元可接受的最高的利率；第四个项目的资本边际效率则为7%。假若市场的真实利率低于7%，如果厂商资金充足的话，则四个项目都可以选择，共需投资400万美元（100+150+50+100）；假若市场的真实利率为11%的话，则只有前两个项目的资本的边际效率大于11%，项目才是可以进行投资的，共需投资250万美元（100+150）。可以看出，当利率提高时，厂商的投资减少，当利率降低时，厂商的投资增加，所以投资量与利率呈反向变动关系。

图11-8是一个厂商所面临的投资曲线，如果整个经济中的所有厂商都面临类似上述的投资选择，则把所有厂商的投资选择加总在一起，则可以得到如图11-9所示的光滑的投资曲线。

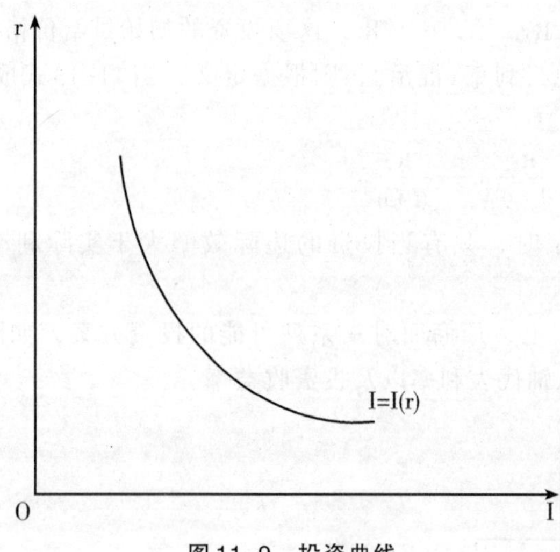

图 11-9 投资曲线

对投资而言，与消费相类似，也具有自发性投资与引致性投资之分。由利率所决定的投资称为引致性投资，由非利率因素所决定的投资称为自发性投资。由利率变动引起的引致性投资使投资量在投资曲线上移动，而非利率因素引起的自发性投资会引起投资曲线的位移，使得在利率不变时，投资量发生增减。如图 11-10 所示，投资曲线向外移动，说明投资规模扩大，向内移动，说明投资规模缩小。

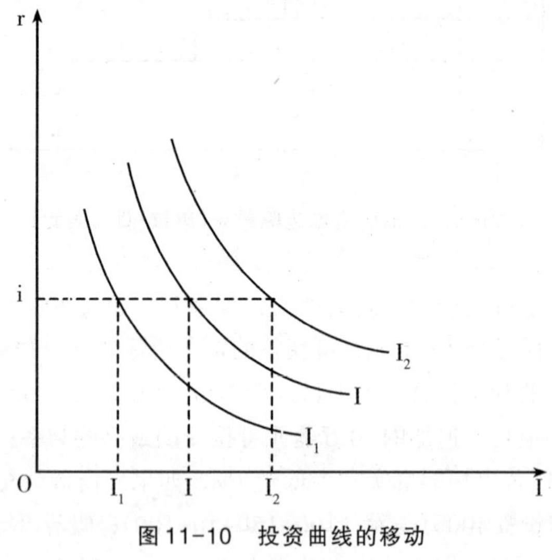

图 11-10 投资曲线的移动

第二节 均衡国民收入的决定

一、均衡国民收入分析

我们首先举例说明这个问题。表 11-1 列出了某国国民经济的运行状况。在不同的产出水平下，我们来分析国民收入的稳定状态。

表11-1　**均衡的国民收入**　单位：亿元

国民收入	消费	投资	政府支出	净出口	意愿总支出	国民收入变动趋势
100	50	90	40	30	210	扩张
200	80	90	40	30	240	扩张
300	140	90	40	30	300	均衡
400	200	90	40	30	360	收缩
500	260	90	40	30	420	收缩

我们看到，消费随着收入的增加而增加，而其他支出虽然在一定程度上受国民收入的影响，但又在很大程度上受其他因素的影响，为简单起见，我们假设它们是一个常量。假设现实的经济处于表中第一行的情况时，由各项支出构成的意愿总支出为210亿元，大于产出的100亿元，说明经济中存在的状况是，消费者、投资者、政府部门和国外的购买者所愿意购买的产品和劳务的数量大于产出的产量，即大约有110亿元的需求无法得到满足，即经济中只有使劳务和商品的产量再增加110亿元才能满足社会需要。所以，100亿元的产出是无法适应社会的各项支出需要的，在这种情况下，国民收入有扩张的趋势。

假如现实的经济处于表中最后一行的情况，即由各项支出构成的意愿总支出为420亿元，小于实际产出的500亿元，说明经济中存在的状况是，消费者、投资者、政府部门和国外的购买者所愿意购买的产品和劳务的数量小于产出的产量，即大约有80亿元的产出无法实现。经济中产生了大约80亿元的过剩，它们会因无法销售而积压。只有使产品和劳务的产量再减少80亿元才能避免生产者的损失。在这种情况下，实际的国民收入有收缩的趋势。

实际上，只要国民收入小于意愿总支出，国民收入就有扩张的趋势；当意愿总支出小于国民收入时，国民收入就有收缩的趋势。所以，只有当意愿总支出等于国民收入时，实际的国民收入才是均衡的国民收入。

二、均衡国民收入决定模型

在简单的国民收入决定模型中，我们研究只有家庭和企业两个经济部门时的情况。这时，构成意愿总支出的，只有消费和投资两个因素，所以下面的方法被称为消费加投资法。

在凯恩斯的模型中，消费取决于人们的收入，可以用消费函数来反映它们之间的关系，而投资不受收入的影响。在图11-11中，横轴为总产出Y，纵轴为意愿总支出AE。投资曲线是一条不受收入影响的水平线，消费曲线则是一条以边际消费倾向为斜率的直线。两者相加，我们可以得到一条斜率与消费曲线一致的总支出曲线。这条曲线上的每一个点反映了与每一个收入水平相对应的意愿总支出状况。我们已经知道，国民收入的均衡点，是在实际国民收入与意愿总支出相等的时候。为了找出均衡点，我们在图11-11中画一条45°线。这条线上的每一点都满足总支出恰好等于总产出。这样，在图11-11中，我们就能找到均衡的国民收入了。因为在意愿总支出曲线上，只有和45°线相交的点，才是满足均衡条件的点，如图11-11中的E点。国民收入在Y_0点实现了均衡。

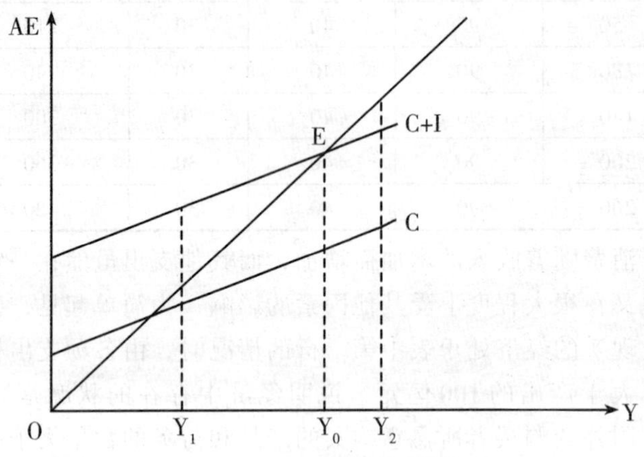

图11-11 均衡国民收入的决定

如果总产出为Y_1的话，总支出曲线位于45°线的上方，说明总支出大于总产出，即想要购买产品和劳务的数量大于企业生产的数量，所以，不是均衡状态，经济有内在的扩张趋势，直到经济的总水平达到Y_0为止；如果总产出为Y_2的话，经济会有内在的收缩趋势。

实际上，运用这一模型，我们考虑政府和开放部门的情况时，状况是类似的，只不过这时的意愿总支出曲线是由四项支出构成的（如图11-12所示）。

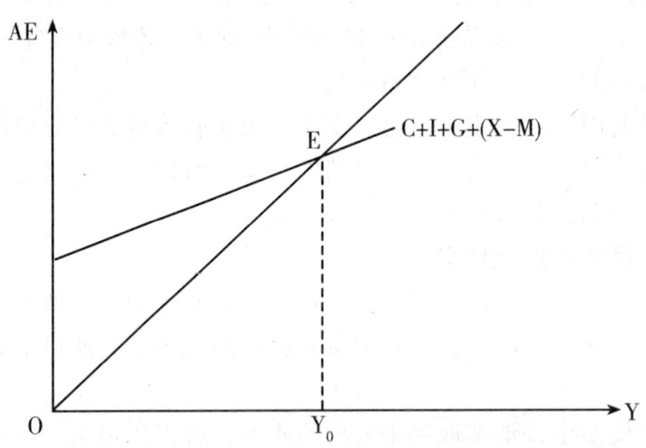

图11-12 四部门时均衡国民收入的决定

三、均衡国民收入的变动

如果总支出中的某一项发生变化，会导致总支出曲线的位置变化，则均衡国民收入就会相应地发生变化，而总支出曲线位置的变化可能有斜率变化和自发变量变化两种情况。

我们考虑后一种情况。在四部门经济中，构成总支出的消费、投资、政府支出和净出口的任何一种自发变量的变化，都会引起均衡的变化。假如它们中的一种因素如投资增加ΔI的话，则总支出曲线会向上平行移动，和45°线在更高的水平相交。这时，均衡的国民收入水平也相应地提高了。可见，我们可以通过增加自发支出的办法来使国民收入水平提高，但自发支出的增加，会相应地使国民收入增加多少呢?对于这个问题的定量分析，就是乘数理论要研究的内容。如图11-13所示，当意愿总支出增加了ΔI后，均衡国民收入增加了Y_1-Y_0。

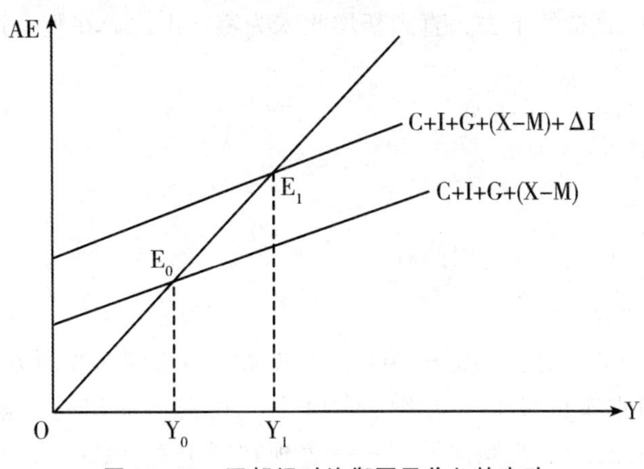

图11-13 四部门时均衡国民收入的变动

第三节 乘数原理

乘数原理（multiplier theorem）又称倍数原理，是凯恩斯国民收入决定理论的核心组成部分之一。其主要内容是：如果总支出增加ΔAE，那么，由此引起的国民收入的增加量ΔY并不限于原来增加的这笔支出，而是原来这笔支出的若干倍，即ΔY=KΔAE，其中K称为投资乘数，其值通常大于1。乘数越大，表明一定量的总支出的增加（减少）引起的国民收入的增加（减少）的幅度就越大。

投资乘数是指投资的变动所引起的国民收入变动的倍数，其计算公式为：

$$K_I=\frac{\Delta Y}{\Delta I} \tag{11-14}$$

式中：ΔI表示投资的增量。

下面我们说明投资乘数是如何发生作用的。

乘数发生作用的首要条件是经济中各个部门是相互联系的，一个部门的收入增加或减少会相应引起该部门消费的增加或减少，而本部门的消费变化又会引起其他部门收入的变化，这些部门收入的变化同样又会带动本部门消费的变化，使得最初的支出变化引起经济中各部门一系列的连锁反应，以至于最后所有部门的收入和消费增加，进而国民收入的增加大于最初支出的增加。其具体过程我们以下例来说明。

假设某项投资的投资额增加ΔI，这意味着总支出增加了ΔI，边际消费倾向为

b，我们来看这些投资将会发生怎样的运动。当经济中的总支出增加ΔI，投资者将其用于购买各种生产要素，这使得其他生产要素部门的收入增加了ΔI，也就是国民收入Y增加了ΔI，但这并没有结束，取得这部分收入的部门并不是将这部分收入停止运动，而是按照边际消费倾向来进行消费，因此增加的消费就为bΔI，这部分消费又成为生产消费品部门的收入，使得国民收入又增加了bΔI，在新的一轮消费中，bΔI的国民收入按照边际消费倾向又进行消费，新形成的消费支出为$bb\Delta I=b^2\Delta I$，这种行为一直持续下去，直到新增收入为零。由此，在整个过程中,国民收入的增量就为：

$$\Delta Y=\Delta I+b\Delta I+b^2\Delta I+b^3\Delta I+\cdots+b^n\Delta I$$

$$=\Delta I\left(1+b+b^2+b^3+\cdots+b^n\right)$$

$$=\frac{\Delta I\left(1-b^{n+1}\right)}{1-b}$$

当b<1，n→∞时，$b^n=0$，因此有：

$$\frac{\Delta Y}{\Delta I}=\frac{1}{1-b}=\frac{1}{1-MPC}=\frac{1}{MPS} \tag{11-15}$$

从这一等式可以看出，边际消费倾向与投资乘数呈同向变动关系，这一点可以从图11-14得到直观的反映。在图11-14中，投资增加相同的幅度ΔI，但由于（a）、（b）两图的边际消费倾向不同——表现在图中就是总支出曲线的斜率不同，即（b）图的边际消费倾向大于（a）图——使得后者增加的国民收入大于前者。

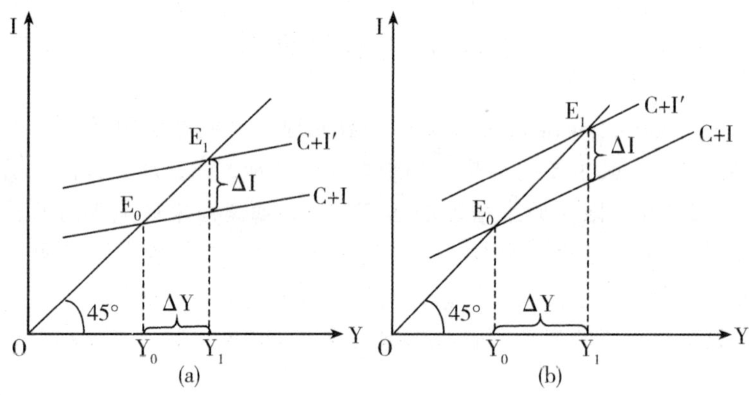

图11-14 投资乘数

同时也应看到，乘数的作用是双向的，增加总支出可以使国民收入倍增，而如果减少总支出，则会使国民收入数倍于总支出减少。因此，对乘数的运用要十分谨慎。

乘数原理发生作用的必要前提是存在着可用于增加生产的劳动力和生产资料，只是由于缺乏有效需求而闲置未用，也就是说，乘数的作用不是无限的，而是以充分就业作为极限。

关键概念

自发性消费　引致性消费　平均消费倾向　边际消费倾向　资本的边际效率

乘数原理　投资乘数

综合训练十一

一、选择题（单项或多项选择）

1.边际消费倾向与边际储蓄倾向之和（　　）。

A.大于1　　B.小于1　　C.等于1

D.等于零　　E.以上都不正确

2.关于边际消费倾向的内容错误的是（　　）。

A.消费水平的高低会随着收入的变动而变动，收入越多，消费水平越高

B.消费水平的高低与收入的变动无关

C.随着人们收入的增加，消费数量的增加赶不上收入的增加

D.随着人们收入的增加，消费数量的增加赶不上投资的增加

3.根据消费函数，引起消费增加的因素有（　　）。

A.收入增加　　B.财富的真实价值增加

C.价格水平下降　　D.利率提高

E.获得信贷比较容易

4.下列哪些项的形成属于投资（　　）。

A.厂房　　B.设备　　C.存货

D.个人购买债券

二、填空题

1.边际消费倾向与投资乘数呈________变动关系。

2.投资量与利率呈________变动关系。

3.凯恩斯理论认为国民收入水平是由________决定的。

三、简答题

1.影响消费增加的因素有哪些？

2.影响投资的因素有哪些？

第十二章　产品市场和货币市场的均衡

第一节　货币概述

我们每天的生活都离不开货币。货币作为一种特殊的资产，代表着社会财富。从经济学的角度理解，货币是一种人们普遍接受的高流动性的资产。所谓流动性，是指资产转变为现金支付能力的难易程度。一般而言，货币主要有三个基本功能：交换媒介、价值标准、价值储藏。

一、货币功能

（一）交换媒介

建立在效用论基础上的西方经济理论强调交换的重要性，因而认为货币的首要功能就是交换媒介。货币出现后，人们可先将自己的商品拿到市场上换成货币，再用货币在市场上随时买进自己需要的商品。货币在发挥交换媒介功能时，卖与买的过程分开了，货币作为一般等价物得到人们的普遍接受。如果没有货币，商品交换会变得非常麻烦。比如，你是一位农民，想用小麦换取课本，好不容易找到愿意交换课本的人，但是他并不需要小麦。

货币作为交换媒介，必须是真实的货币，而不能是观念的货币。但流通中的货币可以是不足值的，或是纯粹的价值符号。只要其具有交换媒介的功能，最终会演变成货币符号。

（二）价值标准

货币的价值标准功能是指货币作为衡量商品价值尺度的作用。在物物交换的市场上，每一种商品的价值都可以通过商品的交换数量相对地表现出来。例如：一米布=两把斧子，一只羊=三千克粮食，即一米布的价值和一只羊的价值分别用斧子和粮食的交换数量表现出来了。而在货币作为交换媒介的市场中，一切商品的价值均以货币形式表现出来。货币与商品的交换比率就是该种商品的价格。

货币发挥价值标准的功能使人们对不同商品的价格有了统一的衡量标准。在此统一标准下，人们才能进行收入支出的计算和各种债权债务的结算。货币的价值标准功能只发挥了其计量标准的作用，因此作为核算的工具，只要观念上的货币即可，并不需要真实的货币。

（三）价值储藏

货币代替实物成为一般等价物后，商品买和卖的过程就可以相分离了。于是人们可将获得的货币保存起来，到需要或适当的时候再购入商品。当货币退出流通领域处于一种静止状态时，就发挥了其价值储藏的功能。

货币能否发挥价值储藏功能主要取决于两个因素：其一，在储藏期间，其本身的价值必须稳定且方便储存、不易腐烂变质。例如，虽然股票、房地产也具有价值储藏的特点，但相对于货币来讲，其价值往往不稳定、易遭贬损且流动性差。其二，在需要购买相应的商品时能够顺利买到。在货币流通的情况下，物价与币值的稳定成为货币发挥价值储藏功能的关键。如果出现通货膨胀，货币因为不能顺利购买到商品而丧失了价值储藏的功能。另外，在币值稳定的情况下，持有货币不仅具有保值功能，而且具有流动性受益功能。货币本身就是金融资产的一种形式。

在上述货币的三个功能中，通常把交换媒介与价值标准作为其基本功能，而价值储藏则是由基本功能延伸而来。当货币跨越国界发挥这三大功能时，就成为一种国际性货币，即世界货币。

二、金融机构

凡从事金融活动的经济组织均可成为金融机构，但由于其经营活动的方式不同、功能不同，金融机构的种类也不同。一般来讲，世界各国的金融机构主要由中央银行、商业银行以及其他金融机构组成。

(一) 中央银行

中央银行是现代各国金融机构的中枢，对各国金融体系的稳定和发展作用重大。它是现代金融业发展的产物，同时也影响金融业的发展。

1.中央银行的产生

18世纪后半期到19世纪上半期，随着资本主义工商业的日渐繁荣，银行业也迅速地发展起来。到1814年，英国的银行数已经从1776年的150家增加到940家。随着商业银行业务的增加和资本的不断积累扩大，货币金融领域产生了一系列急需解决的问题：第一，银行券的发行问题，在当时的金本位制下，每家商业银行都可以发行银行券，银行券可随时兑换成金属货币，如果银行券发行过多，势必造成银行业的混乱和危机；第二，票据交换问题，随着银行业务量的不断增加，客观上要求一个统一的票据交换和债权债务清算机构；第三，最后贷款人问题，商业银行贷款规模的扩大，通常会导致因支付能力不足而产生的挤兑现象，需要有一个统一的机构处理这种困难；第四，金融监管问题，需要有一个专门的技术部门对金融市场进行管理和协调。为了解决以上问题，中央银行在商业银行的基础上应运而生。最早的中央银行是18世纪下半期的英格兰银行和瑞典银行。

2.中央银行的性质

中央银行的性质是由其在国民经济活动中的特殊地位决定的。在法律上，中央银行对社会承担责任，是一国金融制度中最高管理当局，是政府在金融领域内的代理人；在经济上，它又是一个办理存款、放款和结算业务的银行，但它的客户又不同于普通的客户。它居于一国的货币、信用和金融机构的中枢地位。中央银行有别于其他金融机构，具体表现为：(1) 其货币信用的活动对象主要是金融机构和政府，不以营利为目的，原则上不经营普通银行业务；(2) 主要代表国家制定和推行统一的货币金融政策，监督全国金融机构的活动，其领导人由国家任命，属国家机关；(3) 吸收存款不付利息，属于保管和调节性质，为金融机构和政府服务不收费；(4) 资产流动性大，可随时兑付存款；(5) 为各商业银行和金融机构办理清算业务、发行业务，并代理国库。

3.中央银行的职能

各国中央银行的职能主要表现在：中央银行是发行银行、银行的银行和国家的银行。其首要的职能是发行的银行，中央银行是一国唯一具有货币发行权的银行。在各国经济中，中央银行所发行的信用货币是一国最基本和最主要的流通手段和支付手段，因此，作为发行银行，央行必须保持货币币值的稳定，这是社会经济正常运转与发展的一个基本条件。其次，作为银行的银行，央行主要充当各商业银行和其他金融机构的最后贷款人，集中商业银行上交的存款准备金，并且是全国的清算中心。最后，作为国家的银行，中央银行主要代理国库、为政府融通资金以及代表政府管理国内外金融事务，如对内实施金融监管、对外参加国际金融组织活动等。

(二) 商业银行

商业银行是各国金融机构中的主干力量，是最早出现的金融机构。它是以经营工商企业存贷款业务为主，以利润最大化为主要经营目标的银行。它是通过吸收存款，创造和收缩交易媒介和支付手段的金融机构，因此又被称为“存款货币银行”。一般认为成立于1694年的英格兰银行是第一家具有现代意义的股份商业银行。

1.商业银行的性质

作为金融机构主体的商业银行是经营货币资本的特殊企业。首先，商业银行具有一般企业的基本特征，是社会经济的重要组成部分。它具有从事业务经营所需的自有资本、依法经营、照章纳税、自负盈亏。其次，与一般的工商企业不同，商业银行不经营商品的使用价值，而是经营特殊的商品，即货币和货币资本。最后，作为金融企业，与其他金融机构相比，商业银行业务更综合、功能更全面，经营一切零售和批发业务，业务扩张比较快。

2.商业银行的职能

商业银行的性质决定了商业银行的职能。作为金融企业，它具有如下职能：其一，信用中介职能。这是商业银行最基本的职能，其实质是通过银行的负债业务把社会的各种闲散资金集中到银行，再通过资产业务把它投向社会经济各部门。作为信用中介，商业银行可以把暂时从再生产过程中游离出来的闲散资本转化为职能资本，可以把小额货币储蓄起来变为巨额投资，还可以把短期资本长期化。其二，支付中介职能。商业银行通过存款在账户上的转移，代理客户支付；在存款的基础上为客户兑现。这样大大减少了现金的使用，节约了社会流通费用，加速了结算过程和货币资本的周转，促进了社会再生产的扩大。其三，信用创造职能。商业银行利用吸收的存款发放贷款，在支票转账结算的基础上，贷款又转化为存款，这种存款不完全被提取，则增加了商业银行的资金，最后在整个银行体系形成数倍于原始存款的派生存款。其四，金融服务职能。随着经济的发展，银行的联系面广、信息比较灵通，特别是计算机网络系统在银行业的广泛应用，使其具备了为客户提供信息服务、咨询服务的条件。对企业的决策支持服务日渐形成。在现代经济生活中，金融服务已成为商业银行的重要职能。

第二节　货币供给

一、货币供给的概念

货币供给（money supply）是一个存量概念。它是一个国家在某一时点上由家庭和厂商所持有的政府和银行系统以外的货币总和。名义货币供给量M_S是指一定时点上不考虑物价因素影响的货币存量，实际货币供给量m是指剔除物价影响之后的一定时点上的货币存量，P代表价格指数，$\frac{M_S}{P}=m$。

各国划分货币层次的口径不同，一般地，依据货币的流动性，把货币供给划分为以下几个层次：M_0、M_1、M_2、M_3。

M_0=流通中的现金

M_1=M_0+活期存款

M_2=M_1+定期存款+储蓄存款+货币市场共同基金和其他存款

M_1是狭义的货币供给；M_2是广义的货币供给。

此外，根据金融工具的不断创新，有时更广义地把金融债券、商业票据等包括在内，形成M_3，即M_3=M_2+其他金融资产。

本书所讨论的货币供给均指狭义的货币供给。

货币供给与货币发行不同，货币发行是货币供给的一种连续行为，前者从数量上把握，后者从性质上考察。另外，货币供给与货币流通也有区别。货币供给是由货币创造者创造货币开始到货币持有者持有货币为止。货币持有者在此之后的货币收付行为应属于货币流通范畴，例如，个人对名义货币收入所做出的选择——存入银行、购买证券等不被看做是货币供给，因为个人不能创造货币。

二、货币供给量的决定因素

货币供给量主要受基础货币和货币乘数两个因素影响。用数学式表示如下：

$$M_S=B\cdot K \tag{12-1}$$

式中：M_S表示名义货币供给量；B表示基础货币；K表示货币乘数。

货币供给量等于基础货币与货币乘数的乘积。

（一）基础货币

基础货币是由公众持有的现金和商业银行的准备金构成，它是商业银行存款货币扩张的基础，因此，基础货币又被称为高能货币或强力货币。其中，公众持有的现金由于不直接在银行手中，因而不能用来直接创造存款货币，法定准备金存入中央银行也不能直接进行信用创造，因此，基础货币中能直接进行货币创造的只有商业银行的超额准备金和库存现金。从12-1式可知，当货币乘数保持不变时，基础货币总量的变化，会引起货币供给量成倍的变化。

当基础货币的总量一定，基础货币的结构变化会影响货币供给量的变化。例如，当银行的超额准备金增多时，会引起货币供给量的增加；当银行的库存现金减少时，货币供给量也会相应减少。当然，这是有前提条件的，就是在其他条件保持不变的情况下。

（二）货币乘数

“乘数”这个概念最早是由英国经济学家卡恩（R.F.Kahn）提出来的。后来英国著名经济学家凯恩斯（J.M.Keynes）将其进一步发展成为投资乘数理论，再后来，新古典综合派又将乘数理论引入货币金融领域，提出了货币乘数论。

作为一般信用控制工具，法定存款准备金率对货币供应量具有决定性的作用。中央银行规定商业银行必须按照一定的比率将其存款的一部分上交给中央银行作为法定存款准备金。其相对数就是法定存款准备金率，它是影响货币供应量的主要工具。中央银行通过提高或降低法定存款准备金率，有效地控制了货币供应量的大小，并影响商业银行的存款创造能力。其对货币供应量的调控功能也体现在货币乘数理论中。所谓货币乘数，简单地讲，就是货币扩张或收缩的倍数。货币乘数反映了货币供应量和基础货币之间的倍数关系。简单的货币乘数公式为：

$$K=\frac{1}{r}=\frac{D}{R} \tag{12-2}$$

式中：K表示货币乘数；r表示中央银行的法定存款准备金率；D表示存款总额；R表示原始存款。

首先我们以商业银行存款为例，说明存款创造货币的原理。假定商业银行的法定存款准备金率为20%，银行客户会将其一切货币收入以活期存款形式存入银行。客户甲将100万元存入银行A，银行系统将增加100万元的准备金。A按照法定准备金率将80万元贷给客户乙。客户乙将80万元存入银行B，B得到80万元存款后留下16万元作为准备金，继续放贷64万元给客户丙。客户丙将64万元存入银行C……不断存贷下去，各银行的存款总和是：

$$\begin{aligned}&100+80+64+\cdots\\&=100\times(1+0.8+0.8^2+0.8^3+\cdots+0.8^{n-1})\\&=100\times\frac{1}{1-0.8}\\&=500\text{（万元）}\end{aligned}$$

简单的货币乘数是商业银行派生存款创造过程中的存款总额与原始存款之比，反映了商业银行通过贷款创造派生存款的扩张或收缩的倍数。从上例可以看出，商业银行最终创造的派生存款为500万元，货币乘数为5倍，即 $\frac{1}{0.2}=5$。如果法定存款准备金率变为10%或40%，则货币乘数相应地为10倍或2.5倍，可见，法定存款准备金率同货币乘数成反比关系。法定存款准备金率越高，则货币乘数越低，反之亦然。

在现代货币制度和银行体制下，货币供给量在很大程度上受中央银行货币政策的影响，故我们将其视为一个由中央银行系统控制的外生政策变量，与利率无关。如图12-1所示，横轴表示实际货币供给，纵轴表示市场利率水平。货币供给曲线是一条由中央银行控制的货币供给量M_{s1}决定的垂直于横轴的直线。当政府的政策发生改变，从而对货币供给量带来影响时，这条曲线的位置会发生变化，比如，如果货币供给量增加，曲线向右移动。

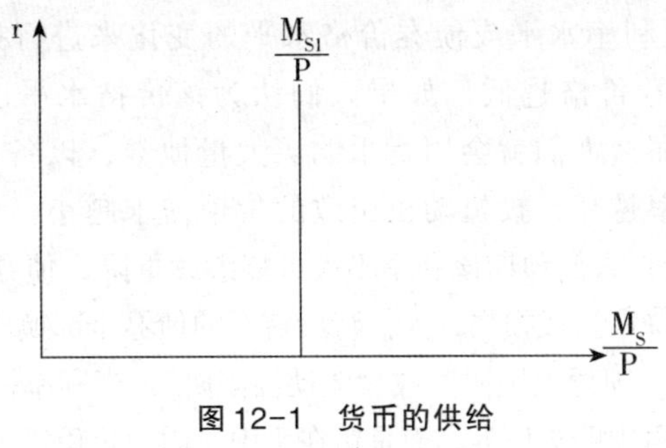

图12-1　货币的供给

第三节　货币需求

货币需求是个人、企业或各种机构愿以货币形式持有其拥有的部分或全部财产的需要。人们在一定时期内所拥有的财富总量是既定的，而持有财富的形式是多样的。除了货币形式外，还存在非货币形式，比如定期存款、债券及实物资产等。持有这类非货币形式资产可给持有者带来预期收益。以货币形式持有财富意味着放弃一定的收益，那么为什么人们还有货币需求呢?

一、凯恩斯的货币需求理论

凯恩斯把人们对货币的需求称为流动偏好，货币需求理论称为流动性偏好理论。根据凯恩斯的观点，货币需求出于以下三类不同的动机：

（一）交易动机

它是指企业或个人为日常交易所持有货币的动机。根据凯恩斯的理论，用于交易的货币需求取决于收入、收入与支出的时间间隔。人们总是在某固定时间获得收入，但是日常支付却是经常进行的。由于收入和支出的时间间隔，企业和个人必须持有足够的货币来保证日常开支。收入较高，交易量便越大，所交易的商品或劳务的价格便越高，从而为应付日常开支所需的货币量越多。例如，我们取得薪水后，会留出部分薪水以货币形式保存，以备日常开支；企业为应付小额现金周转，存有货币形式的资金。

（二）谨慎动机（预防性动机）

它是指为了防备意外或其他不可预测的紧急需求所持有货币的动机。由于未来收入和支出的不确定性，人们为应付意外事故而存在对货币的需求，如个人或企业为了应付事故、失业、疾病等意外事件需要事先持有部分货币。西方经济学家认为，个人对货币预防性需求的数量主要决定于他对意外事件的看法，但从全社会来看，这一货币需求量总体上与收入成正比。

（三）投机动机

为了在货币与盈利性资产之间进行选择，也需要持有一定量的货币。为了更好地理解投机动机，假定人们暂时不动的财富只能用货币形式或债券形式保存。债券能带来收益，而闲置货币没有收益，人们为什么不全部购买债券而要在二者之间选择呢?因为人们想利用利率水平或债券价格水平的变化来进行投机获利。在实际生活中，利率越高，债券价格越低。如果人们认为该价格水平已经降到正常水平之下，预期就要上升，那么人们就会用货币购买大量债券，以备日后以更高的价格卖出该债券。可见，利率越高，投机动机引致的货币需求越小。

反之，当利率极低，人们预期该利率不大可能继续下降，债券价格水平很可能跌落时，为避免债券价格下降所造成损失，人们将所持有的债券全部换成货币，绝不肯再去购买债券。这就是所谓的“凯恩斯陷阱”或“流动性陷阱”。当利率极低时，人们手中无论存有多少货币，都不会再去购买债券，而是留在手中，因而货币需求量趋向无限大。

在这三个动机中，为满足交易动机和谨慎动机所持有的货币需求大小取决于收入水平，与收入水平成正比，我们统称为交易需求l_1。而满足投机动机的货币需求l_2则取决于利率，与利率成反比。

二、货币需求函数

货币需求与收入和利率之间的关系可以用简单的线性货币需求函数加以描述。货币需求函数描述了人们希望持有的实际货币量l是由哪些因素所决定的。实际货币需求量l等于名义货币需求量L除以价格指数P。根据上面的描述，可以将货币需求函数写为：

$$l=\frac{L}{P}=l_1(y)+l_2(r) \tag{12-3}$$

式中：$l_1(y)$表示交易动机和谨慎动机所需要的全部实际货币需求，即货币的交易需求；$l_2(r)$表示投机动机所需要的全部实际货币需求，即货币的投机需求；r为利率。

以实际货币需求量为横轴，以利率为纵轴，货币需求函数如图12-2所示。满足交易动机和预防动机的货币需求l_1，与利率无关，因而垂直于横轴。满足投机动机的货币需求l_2与利率成反比关系。当利率降至某一很低水平时，根据“流动性陷阱”，货币需求量无限大，所以货币需求曲线呈水平线。

三、其他学派的货币需求理论

古典学派的经济学家一般认为货币本身没有价值，将货币视为交换媒介，货币的价值源自于其交换价值。这种思想历史相当悠久，在经济学史上被称为“货币数量说”。凯恩斯以前的货币数量说被称为“传统的”货币数量说。“传统的”货币数量说认为人们为了满足交易的需要而持有货币。随着收入的增加，货币需求也会增加。他们揭示了对既定数量的总收入应持有的货币数量，并没有考虑货币需求与利率之间的关系。后来，以弗里德曼为代表的货币数量说承袭了传统货币数量说的长期结论，同时也受到了凯恩斯观点的影响，考虑了利率对货币的影响，从而创立了自己的货币需求理论，即“现代的”货币数量说。对货币需求，弗里德曼最具有概括性的论断是：由于持久性收入的波动幅度比现期收入小得多，且货币流通速度也相对稳定，货币需求因而也比较稳定。

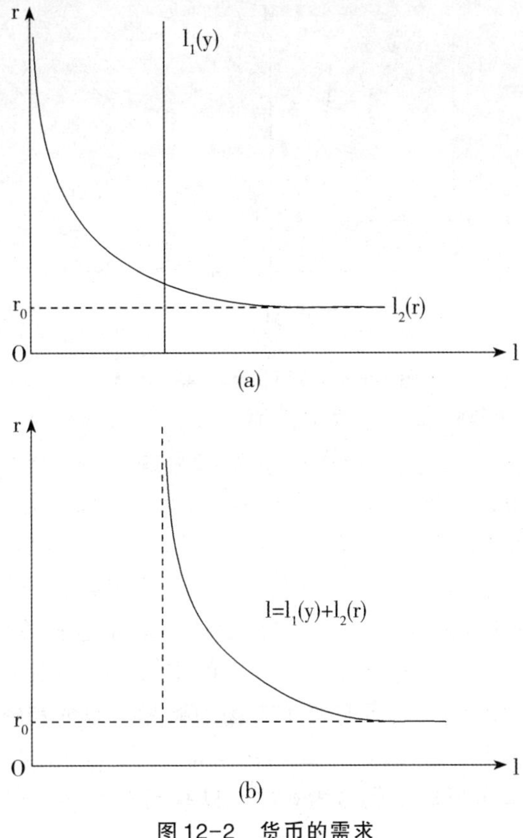

图 12-2　货币的需求

第四节　货币市场均衡及LM曲线

一、货币市场均衡利率的决定

只有当货币供给等于货币需求时，货币市场才能达到均衡状态。本节的货币需求均按照凯恩斯的理论，由 12-3 式决定，货币供给由中央银行控制，为外生变量。货币市场的均衡可以表示为：

$$\frac{L}{P}=l_1(y)+l_2(r)=m=\frac{M_S}{P} \tag{12-4}$$

如图 12-3 所示，货币需求曲线与货币供给曲线相交于E点，决定了货币市场的均衡状态。E点对应着均衡的实际货币数量（$\frac{M}{P}$）*和均衡利率 r^*。当利率降低到某一程度时，货币需求曲线接近于水平状态，即凯恩斯所说的“流动性陷阱”。这时候，不管货币供给曲线如何右移，不管政府增加多少货币供给，利率都不再下降。

二、LM 曲线的推导

LM 曲线表示在货币供给和价格水平保持不变的情况下，货币市场均衡时，利率和国民收入组合点的轨迹。我们可以通过图形推导 LM 曲线。

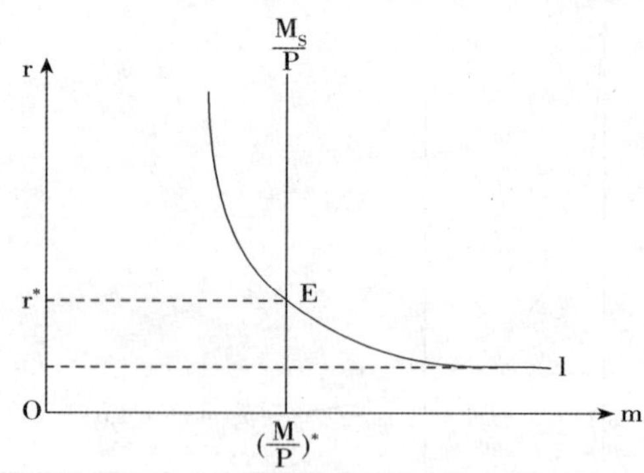

图 12-3 货币供给和需求均衡

现举例说明LM曲线的推导。根据前面内容，货币的交易需求函数l_1（y）与收入成正比，假定l_1（y）=2y；货币的投机需求函数l_2（r）与利率成反比，假定l_2（r）=6-2r，实际货币供给量m=6。如图12-4所示，图（a）向右下方倾斜的直线表示货币的投机需求函数l_2，利率r从2降至1时，货币的投机需求量从2增至4。图（b）表示当货币供给为一定量时，应如何划分用于交易需求的货币和投机需求的货币。由于$m=l_1+l_2$，所以$m-l_2=l_1$，图（b）的直线就表示这种关系。当投机需求为2时，交易需求为4。图（c）的直线表示货币的交易需求函数$l_1=2y$，当y=1时，$l_1=2$；当y=2时，$l_1=4$。图（d）表示与货币市场均衡相一致的利率与收入的一系列组合。当r=2时，$l_2=2$；由于m=6，因此$l_1=4$；当$l_1=4$时，y=2。图（d）将以上三个图的内容结合起来，说明当货币供给为6时，只有当r=2，y=2时，货币总需求才是6，从而达到货币市场均衡。同样，当利率为1时，收入为1，货币市场才均衡。将一系列使货币市场均衡的利率和收入组合点连接起来，就描绘出LM曲线。

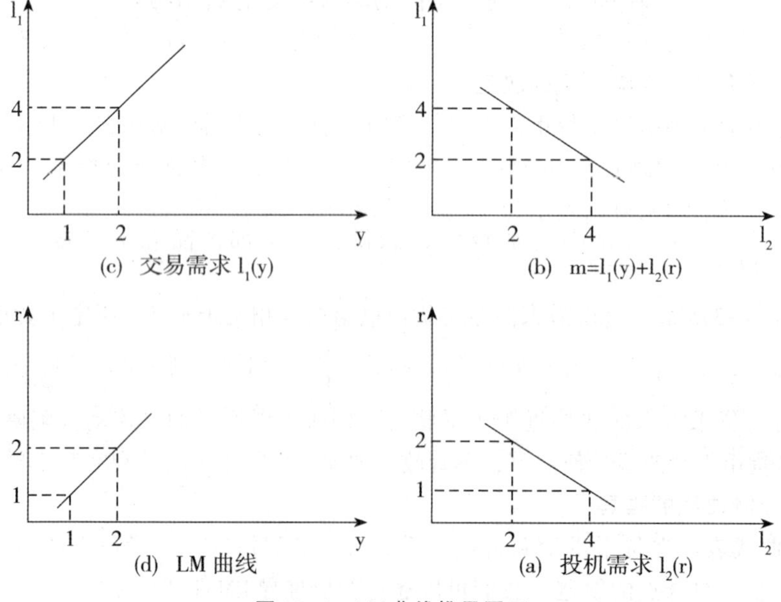

图 12-4 LM 曲线推导图示

LM曲线的推导过程表明，该曲线上的任何一点都表示当货币市场均衡时利率与国民收入的组合点。LM曲线向右上方倾斜说明货币市场均衡时，利率与均衡国民收入是正向变动的关系。

LM曲线的斜率主要取决于货币投机需求对利率的敏感程度。当实际货币供给量m变动时，LM曲线会相应地平行移动。实际货币供给量是由名义货币供给量M_s和价格水平P决定的。在其他量不变的情况下，实际货币供给量增加时，LM曲线向右移动。反之，实际货币供给量减少时，LM曲线向左移动。

如图12-5所示，当中央银行扩大货币供给量，实行扩张性货币政策时，LM曲线向右移动；当减少货币供给量，实行紧缩性货币政策时，LM曲线向左移动。

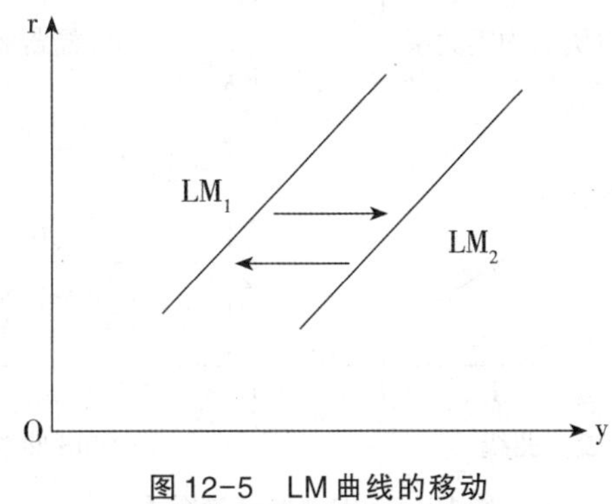

图12-5　LM曲线的移动

第五节　产品市场均衡及IS曲线

一、产品市场的均衡

IS曲线表示产品市场均衡时，利率和国民收入组合点的轨迹。产品市场均衡是指产品市场上总供给和总需求相等。在只有家庭和企业两部门的经济中，从支出角度来看，由于存货被看做是企业自己购买，总支出只有总消费C和总投资I两个因素。总支出代表了社会对最终产品的总需求。换言之，总需求等于总支出，等于消费加投资。总供给是全部产品和劳务供给的总和。产品与劳务是由各种生产要素生产出来的，即劳动、资本、土地、企业家才能的总和。生产要素供给的总和可以用各种生产要素相应得到收入的总和来表示，即工资、利息、地租、利润的总和。从收入角度来看，由于把利润看成是企业家的收入，总收入分为消费C和储蓄S两部分。换言之，总供给等于总收入，等于消费加储蓄。那么，产品市场均衡意味着总需求等于总供给，即C+S=C+I，S=I。

二、IS曲线的推导

我们可以通过图形推导IS曲线。如图12-6所示，图（a）表示总投资曲线，图（c）表示储蓄曲线。假定初始状态下的市场利率为r_1，投资需求为I_1。根据产品市场均衡条件，S=I。当投资需求为I_1时，储蓄S_1等于I_1。根据储蓄函数S=-a+（1-b）y，$S_1=I_1=-a+(1-b)y_1$，进而求出与S_1对应的收入y_1。将图（a）中利率r_1与图（c）中收入y_1连接在图（d）中，得A点。同理，当市场利率为r_2时，得B点。将A、B连接起来，所得到的向下倾斜的曲线，即IS曲线。

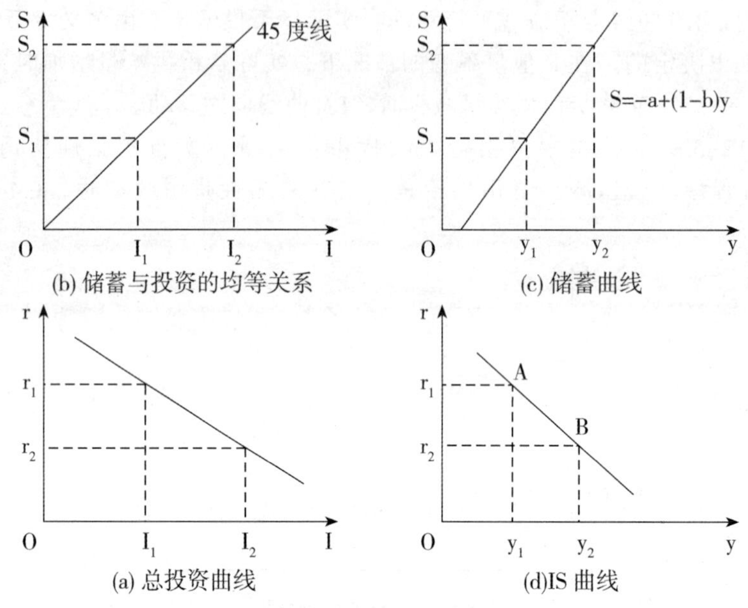

图12-6 IS曲线推导图示

IS曲线的推导过程表明，该曲线上的任何一点都表示当产品市场均衡时利率与国民收入的组合点。IS曲线向右下方倾斜说明产品市场均衡时，利率与均衡国民收入是反向变动的关系。

影响IS斜率的因素主要是投资对利率的敏感度，即投资的利率弹性。在两部门经济中，如果投资函数或储蓄函数变化，IS曲线就会移动。假如由于种种原因（投资边际效率提高、技术革新或企业家对经济前景的预期比较乐观等），在同样利率水平上，投资需求增加时，IS曲线便向右移动；反之，投资需求下降时，IS曲线就向左移动。同理，如果自发性消费增加时，即储蓄意愿减少时，IS曲线就向右移动。

扩展到三部门或四部门经济中，I、G、S、T都会影响IS曲线的移动。增加政府购买性支出和减税都属于增加产品市场总需求的扩张性财政政策，而减少政府支出和增税都属于降低总需求的紧缩性财政政策。扩张性财政政策使IS曲线向右移动，而紧缩性财政政策使IS曲线向左移动。比如政府增加购买性支出或减少税收，IS曲线就会右移。实际上，西方经济学家提出IS曲线的重要目的之一，就是分析财政政策如何影响国民收入变动。

第六节　IS-LM模型分析

一、均衡收入和利率

IS曲线代表了产品市场均衡时利率和国民收入的关系，两者是负相关关系；LM曲线代表了货币市场均衡时利率和国民收入的关系，两者是正相关关系。显然，两个市场是互相关联的。国民收入和利率是相互作用的，仅分析单个市场不能说明利率和收入的决定，只有把两个市场结合起来综合分析。IS-LM模型是将IS曲线与LM曲线放在同一坐标平面上，当产品市场与货币市场同时均衡时，来分析均衡利率和均衡收入的。该模型主要应用于短期宏观经济分析。由于是短期分析，该模型的前提假定是价格水平不变。

如图12-7所示，IS与LM曲线交于E点。E点是宏观经济均衡点，在该均衡点上，产品市场与货币市场同时实现了均衡，此时的均衡利率水平为r^*，均衡国民收入为y^*。

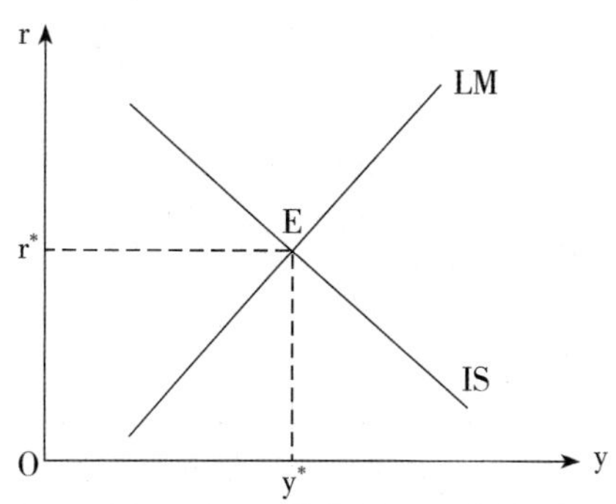

图12-7　产品市场与货币市场的同时均衡

二、均衡收入和利率的变动

IS与LM曲线的交点是产品市场与货币市场的唯一均衡点，如果不在该均衡点上，就意味着市场失衡。如果IS曲线与LM曲线变动了，则均衡利率与均衡收入就会发生相应变化。如图12-8所示，LM曲线不动时，IS曲线的右移使利率增加，收入增加。如图12-9所示，IS曲线不动时，LM曲线的右移使利率下降，收入增加。

如果IS曲线与LM曲线同时发生移动，两者既可能是同方向移动，也可能是反方向移动；移动的幅度既可能一样，也可能不一样。这会使收入、利率的均衡组合出现多种情况。假定政府购买性支出增加的同时，实际货币供给量减少。根据前面的分析，当政府购买性支出增加时，IS曲线向右移动，从IS_0右移到IS_1。当货币供给量减少时，LM曲线向左移动，从LM_0左移到LM_1。IS曲线的右移使利率提高，国民收入水平增加。LM曲线的左移使利率提高，国民收入减少。两条曲线都移动的结果一定使利率上升，从r_0上升到r_1。但均衡国民收入水平的变化则是根据IS和LM曲线移动的相对幅度。如果IS曲线右移的幅度超过LM曲线左移的幅度，国民收入就会增加；如果IS曲线右移的幅度小于LM曲线左移的幅度，国民收入就会减少。如果IS曲线右移造成国民收入上升的幅度恰好与LM曲线左移造成国民收入下降的幅度相互抵消，如图12-10所示，国民收入便保持不变。

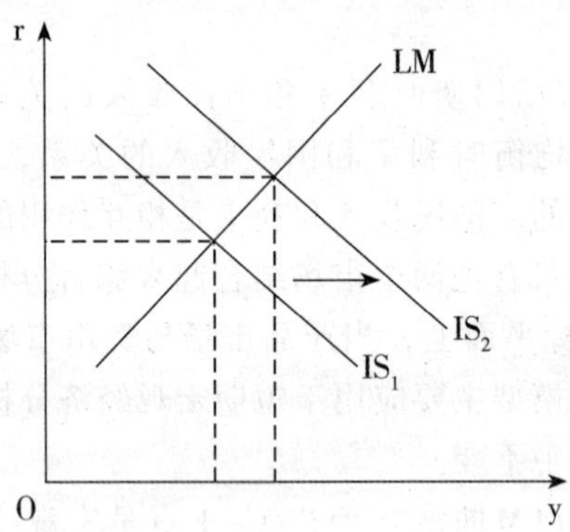

图12-8 LM曲线不动，IS曲线右移

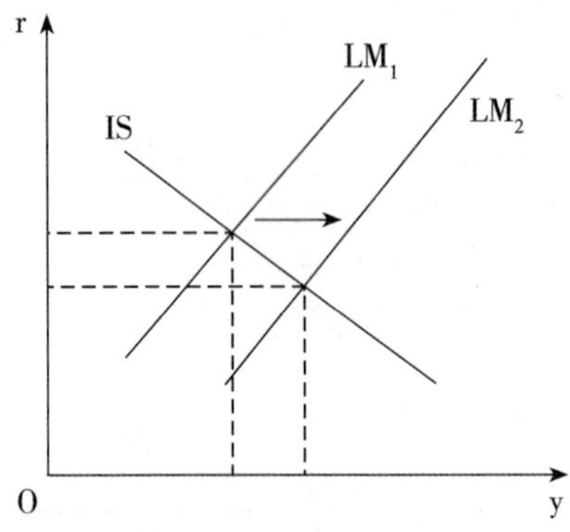

图12-9 IS曲线不动，LM曲线右移

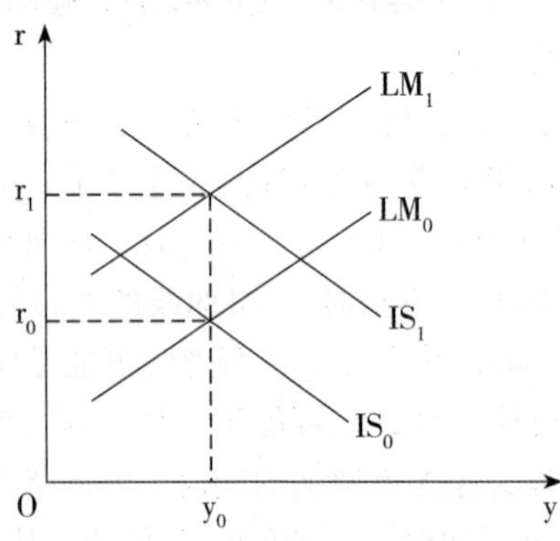

图12-10 均衡收入和利率的变动

关键概念

凯恩斯陷阱　LM曲线　法定存款准备金率　货币的交易需求　基础货币

综合训练十二

一、选择题（单项或多项选择）

1.货币的功能有（　　）。

A.价值储藏　　B.交换媒介　　C.价值标准

2.凯恩斯的货币需求函数与收入和利率的关系是（　　）。

A.正相关，正相关　　B.正相关，负相关

C.负相关，负相关　　D.负相关，正相关

3.使LM曲线向右移动的因素有（　　）。

A.名义货币供给的增加　　B.名义货币供给的减少

C.价格水平的上升　　D.政府购买的增加

4.IS曲线上每一点都表示（　　）。

A.产品市场投资等于储蓄时，收入与利率的组合

B.使投资等于储蓄的均衡货币额

C.货币市场中货币需求等于货币供给时的均衡货币额

D.产品市场与货币市场都均衡时的收入与利率的组合

5.在其他条件不变的情况下，政府购买增加会使IS曲线（　　）。

A.向左移动　　B.向右移动

C.保持不变　　D.发生转动

二、填空题

1.货币供给量主要受________和________两个因素影响。

2.人们对货币需求的选择从总体上是为了满足三个动机：________、________、________。

3.货币的投机需求与利率呈__________关系，货币的投机需求曲线向右下方倾斜。

三、简答题

1.从产品市场均衡出发，推导IS曲线。在什么情况下IS曲线向右移动？

2.从货币市场均衡出发，推导LM曲线。在什么情况下LM曲线向左移动？

3.什么是货币乘数？它与法定存款准备金率有什么联系？

4.人们对货币需求的选择从总体上说是为了满足什么动机？

5.在下列情形下，用IS-LM模型分析下列情况对需求的影响。

（1）由于公司大量破产引起的悲观情绪。

（2）货币供给量的增加。

（3）政府增加个人所得税。

（4）边际消费倾向降低。

第十三章　总供给和总需求

正如我们用市场需求曲线和市场供给曲线分析个别市场一样，我们用总需求与总供给模型来分析整个经济的波动，诸如国民收入、价格水平、失业、经济增长等宏观经济现象。同时，通过这一模型，我们也可以说明国民收入和价格水平是如何达到均衡的。首先，我们来看什么是总需求和总供给。

总需求（aggregate demand）是指整个社会对产品和劳务需求的总和，通常包括各种消费支出、投资支出和政府购买支出等。总供给（aggregate supply）是指整个经济所能够提供的产品和劳务的总量，表明产品及劳务总量与价格水平之间的关系。影响总供给的因素主要有资源的数量、技术水平、要素的生产率、劳动力状况等。

第一节　总供给曲线

总供给曲线是一条表示在每一既定的价格水平下，所有企业愿意提供的产品和劳务的总和的曲线。所有企业愿意提供的数量多少取决于资源的利用情况，在不同的资源利用情况下，总供给与价格水平之间的关系是不同的，通常有三种情况，我们以图 13-1 来说明。

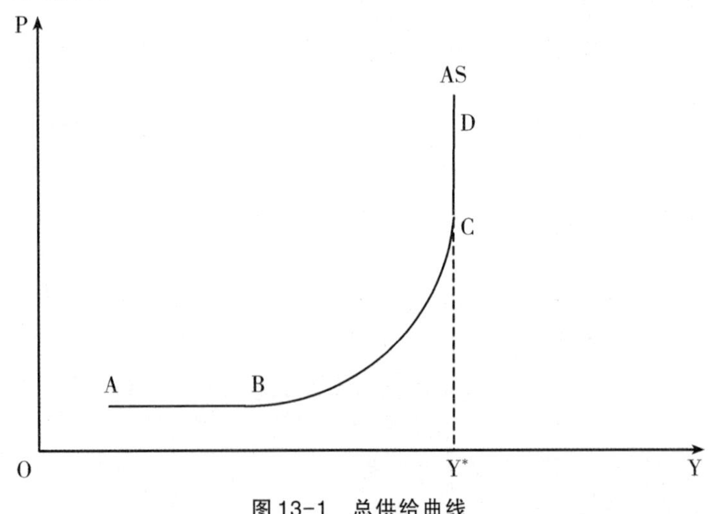

图 13-1　总供给曲线

在图 13-1 中，横轴表示实际国民收入（总产量）（Y），纵轴表示价格水平（P）。在 AB 段，总供给曲线是一条与横轴平行的线，这说明在价格水平不变的情况下，总供给可以增加，这是因为资源还没有得到充分利用，所以在不提高价格的情况下，可以增加总供给。这是一种非常少见的情况，美国 20 世纪 30 年代大萧条期间曾出现过，也就是凯恩斯在其《就业、利息和货币通论》中所描述的情况，因此被称为凯恩斯区间。在BC段，总供给曲线是一条向右上方倾斜的曲线，表明总供给和价格水平开始同方向变动。这是因为在资源利用率提高的情况下，产量增加会使生产要素的价格上升，从而使产品的成本上升，进而促使价格水平上升。这种情况在短期内发生，通常被称为中间区间。在CD段，总供给曲线是一条垂直线，表明无论价格水平怎样上升，总供给都固定不变，这是因为资源已经被充分利用，实现了充分就业，达到了潜在的国民收入水平Y^*，无法再增加供给。这种情况只在长期内才出现，由于凯恩斯以前的古典经济学把充分就业作为长期内宏观经济均衡的必然趋势，所以这种情况通常被称为古典区间。

在一国资源既定，也就是潜在的国民收入水平既定的条件下，长期总供给曲线处于潜在国民收入水平的位置而固定不变，但短期总供给曲线是可以发生变动的，我们用图13-2来说明。

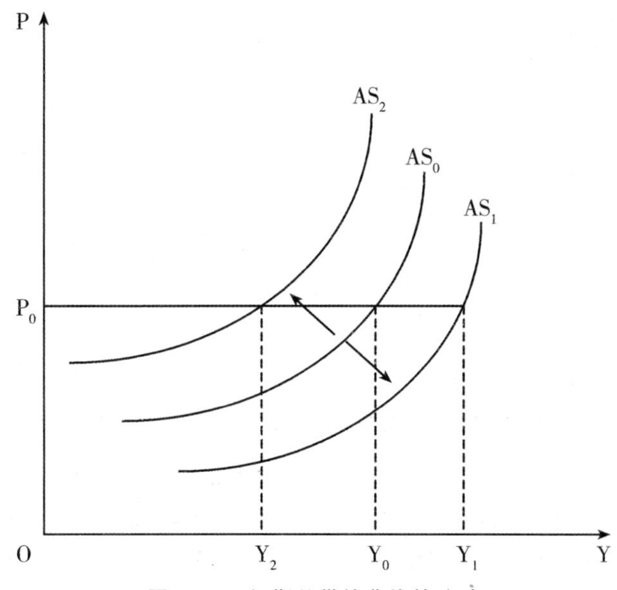

图13-2　短期总供给曲线的移动

在图13-2中，总供给曲线向右下方移动，即从AS_0移动到AS_1，表示在价格不变的情况下，总供给增加。总供给曲线向左上方移动，即从AS_0移动到AS_2，表示在价格不变的情况下，总供给减少。

引起总供给变化的因素主要有：

1.投入要素价格的变化

当其他条件不变时，工资等生产要素价格的提高，会使企业的利润减少，企业会选择减少产量来适应市场的变化，这时，这个市场的总供给曲线就会向左移动；反之，当生产要素的价格下降时，由于其他因素不变，企业的利润水平会增加，企业会扩大规模，增加产量，市场的总供给曲线就会向右移动。

2.技术水平的变化

当技术水平提高后，意味着在其他条件不变的情况下，生产效率提高了。这时，单位投入能够产出更多的产品。于是，扩大产量可以使企业增加利润。所以，在相同的价格水平下，企业会增加产量，这个社会的产出水平也会提高，导致总供给曲线向右移动。

3.生产要素供给的增加

生产要素供给的增加，表明了生产能力的扩大，也会导致社会总产出的增加。

第二节 总需求曲线

总需求曲线是一条表示在每一既定的价格水平下，所有家庭、企业、政府对物品和劳务的需求总量的曲线。我们用图13-3来说明。

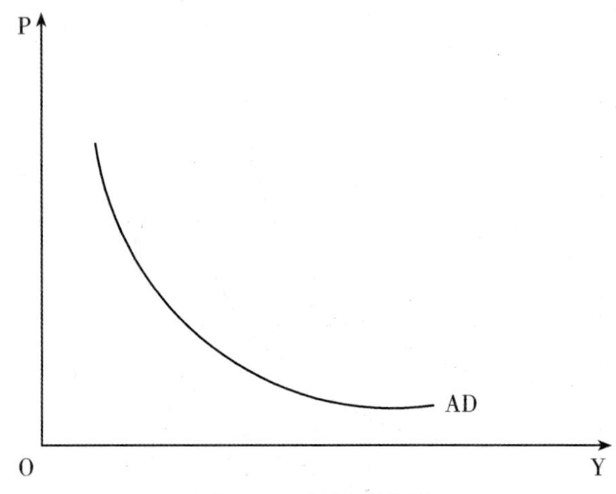

图13-3 总需求曲线

在图13-3中，横轴代表的是国民收入（Y），纵轴代表的是价格水平（P），总需求曲线是一条向右下方倾斜的曲线，说明总需求与价格水平呈反方向变动关系，即价格水平上升，总需求减少；价格水平下降，总需求增加。

总需求曲线向右下方倾斜主要有以下三方面原因：

1.财富效应

财富效应也就是价格对财富的真实价值的影响。价格水平的下降，使得人们所拥有的在名义上固定不变的财富的真实价值得以提高；反之，则下降。这种真实财富价值的上升与下降就相应地促使人们增加与减少消费，从而影响总需求。经济学家庇古强调了这种效应，因此，财富效应通常也被称为庇古效应。

2.利率效应

价格水平上升，使得人们对持有货币的需求增加，从而使利率水平随之上升，利率的提高又使投资和消费支出减少，也就减少了总需求；而如果价格水平下降，人们对货币的需求也会随之下降，从而促使利率水平下降，利率水平的下降会刺激消费和投资支出，从而总需求增加。由于凯恩斯首先强调了利率效应，因此，利率效应通常也被称为凯恩斯效应。

3.替代产品的相对价格的变化

在开放经济中，如果一国产品的价格水平上升，而外国可替代产品的价格保持不变，则人们将增加对外国产品的购买以替代对本国产品的购买，国内的总需求因此而减少；如果国内产品的价格水平下降，外国产品的价格水平保持不变，则外国产品的相对价格较高，人们则更多地购买本国产品，从而使国内产品的需求量上升。

正是上述三种力量的作用，使得总需求与价格呈反方向变动关系，总需求曲线斜率为负。

与总供给曲线一样，由于某些因素的作用，总需求曲线也会发生移动，如图13-4所示。AD_0曲线向右上方移动，表明在价格水平不变时，总需求增加，国民收入也随之增加；AD_0曲线向左下方移动，表明在价格水平不变时，总需求减少，国民收入水平也随之减少。

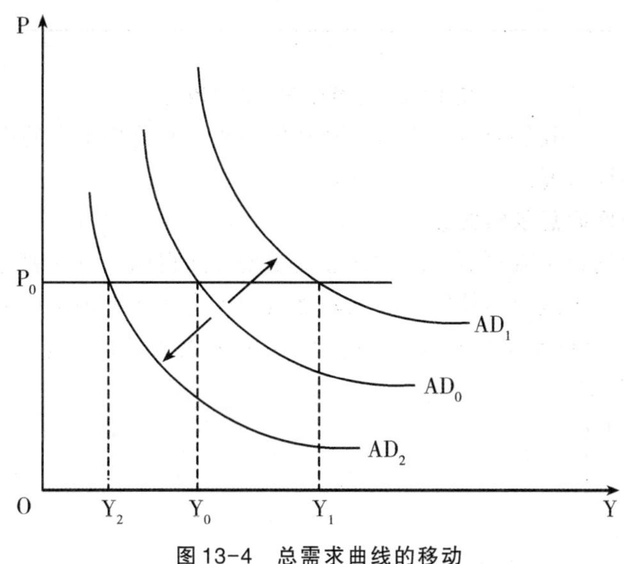

图13-4　总需求曲线的移动

第三节　宏观经济均衡

在宏观经济均衡中，我们以总需求-总供给模型来说明价格水平和国民收入的决定。

在图13-5中，将总需求曲线和总供给曲线结合起来，两者相交于E点，在这一点上，宏观经济处于均衡状态，总供给等于总需求，由此点所决定的国民收入Y_0和价格水平P_0分别为均衡的国民收入和均衡的价格水平，此时，整个经济中所有企业所愿意提供的产品和劳务的总量与经济中对产品和劳务的需求总量恰好相等。如果价格水平由于某些因素偏离了P_0，无论是上升还是下降，都会使总供给与总需求不一致，从而使经济处于非均衡状态，而在市场自发力量的作用下，总供给与总需求又会自动趋于一致，经济又处于新的均衡，但这时的均衡价格水平和均衡的国民收入可能已经处于新的水平上了。下面我们来看一下总需求变动及总供给变动对价格水平和国民收入的影响。

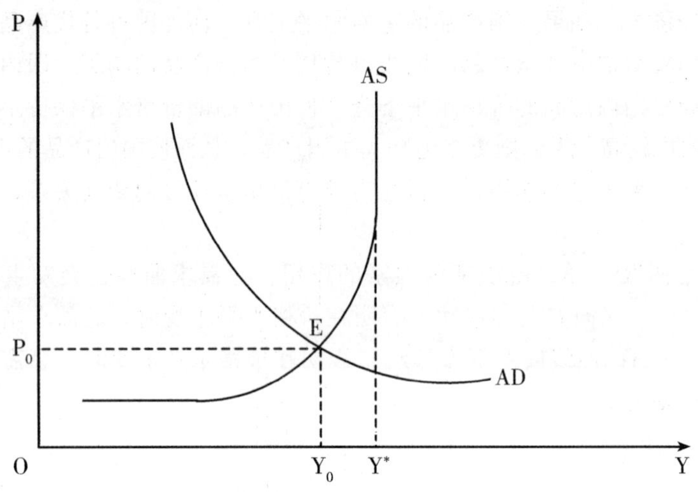

图 13-5　总需求与总供给均衡

在这一模型中，我们分析总需求变动对国民收入和价格水平的影响时，要考虑总供给曲线的不同情况。

一、凯恩斯区间总供给曲线

当总供给曲线处于凯恩斯区间时，总需求增加使得国民收入随之增加，价格水平保持不变；总需求减少会使国民收入随之减少，价格水平仍保持不变，即总需求的变动不会引起价格水平的变动，只会引起国民收入的同方向变动。我们用图13-6来说明这种情况。

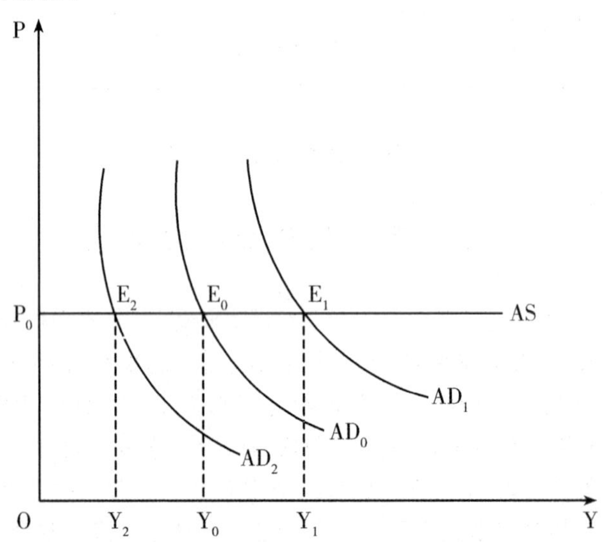

图 13-6　总需求曲线的变动——凯恩斯区间总供给曲线

在图13-6中，最初的均衡由AS和AD_0决定于E_0，均衡的价格水平为P_0，均衡的国民收入为Y_0。总需求的增加使得AD曲线由AD_0移动到AD_1，这时均衡点在E_1，决定的国民收入为Y_1，价格水平仍为P_0；当总需求减少时，总需求曲线由AD_0移动到AD_2，这时AD_2与AS相交于E_2，决定的国民收入为Y_2，而价格水平仍保持在P_0。这就是说，在凯恩斯区间，总需求无论怎样变动，所影响的只是国民收入的变化，而对价格水平并没有影响。

二、中间区间总供给曲线

当总供给曲线处于中间区间时，也就是在短期内，总需求的增加会使国民收入增加，同时价格水平上升；总需求的减少会使国民收入减少，同时价格水平下降，即总需求的变动引起国民收入和价格水平的同方向变动。我们用图13-7来说明这种情况。

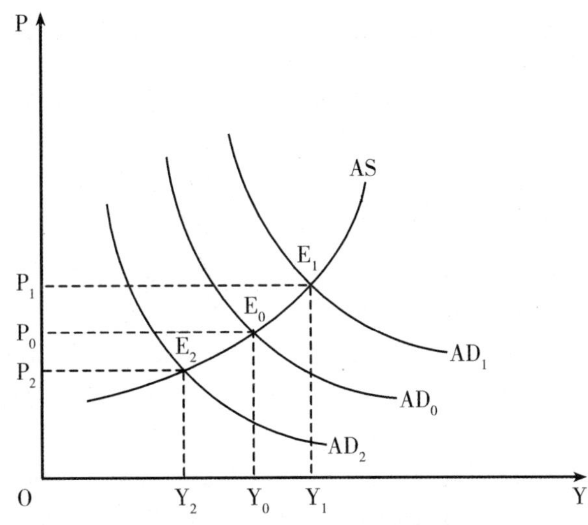

图13-7　总需求曲线的变动——中间区间总供给曲线

在图13-7中，最初的宏观经济均衡由AD_0和AS决定于E_0，均衡的国民收入和均衡的价格水平分别为Y_0和P_0。当总需求增加时，总需求曲线由AD_0移动到AD_1，这时AD_1与AS相交于E_1，所决定的国民收入为Y_1、价格水平为P_1，说明总需求的增加使国民收入由Y_0增加到Y_1，使价格水平由P_0上升到P_1；当总需求减少时，总需求曲线由AD_0移动到AD_2，这时AD_2与AS相交于E_2，所决定的国民收入为Y_2、价格水平为P_2，说明总需求减少使国民收入由Y_0减少到Y_2，使价格水平由P_0下降为P_2。

三、古典区间总供给曲线

当总供给曲线处于古典区间时，由于资源已经得到了充分的利用，就业也已处于充分就业水平，所以，总需求的增加只会使价格水平上升，而国民收入保持不变，处于潜在国民收入水平Y^*；同样，总需求的减少也只会使价格水平下降，而国民收入水平仍保持不变，即总需求的变动只会引起价格水平的同方向变动，而对国民收入没有影响。我们用图13-8来说明这种情况。

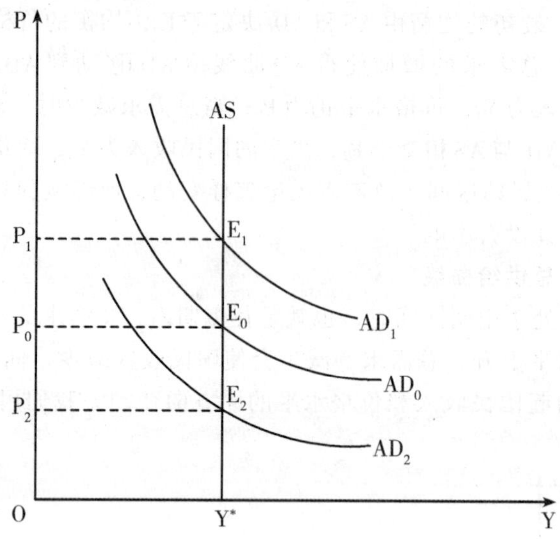

图13-8 总需求曲线的变动——古典区间总供给曲线

在图13-8中，AS为长期的总供给曲线，也就是潜在的国民收入，由AD_0和AS决定的均衡价格水平为P_0，均衡国民收入为充分就业时的国民收入Y^*。当总需求增加时，总需求曲线由AD_0移动到AD_1，这时AD_1与AS相交于E_1，所决定的国民收入仍为Y^*，价格水平为P_1，说明总需求增加使价格水平由P_0上升到P_1，而国民收入保持不变；当总需求减少时，总需求曲线由AD_0移动到AD_2，这时AD_2与AS相交于E_2，所决定的国民收入仍为Y^*，价格水平为P_2，说明总需求减少使价格水平由P_0下降到P_2，国民收入保持不变。

对于总供给曲线的变动，我们仅分析短期总供给曲线的变动对国民收入和价格水平的影响。在总需求不变的情况下，总供给的增加，即产量的增加，会使国民收入增加、价格水平下降；而总供给的减少，即产量的减少，会使国民收入减少、价格水平上升。我们用图13-9来说明这种情况。

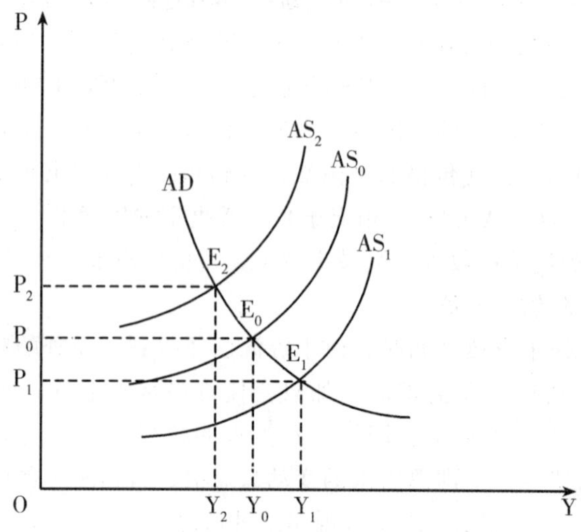

图13-9 短期总供给变动对国民收入和价格水平的影响

在图13-9中，由AD与AS_0所决定的国民收入水平为Y_0，价格水平为P_0。当总供给增加时，总供给曲线由AS_0移动到AS_1，此时由AS_1与AD所决定的国民收入为Y_1，价格水平为P_1，说明由于总供给的增加，国民收入由Y_0增加到Y_1，而价格水平由P_0下降到P_1；当总供给减少时，总供给曲线由AS_0移动到AS_2，AS_2与AD相交于E_2点，所决定的国民收入为Y_2，价格水平为P_2，说明由于总供给的减少，国民收入由Y_0减少到Y_2，而价格水平却由P_0上升到P_2。

第四节　总需求-总供给模型的应用

总供给-总需求模型是分析宏观经济情况与政策的一种很有用的工具，这里我们以这一模型来分析应对通货膨胀的不同政策所产生的不同效果。我们用图13-10来说明。

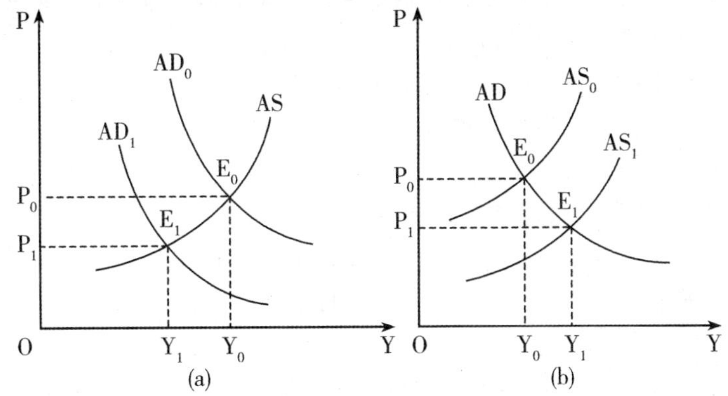

图13-10　总需求-总供给模型在通货膨胀政策上的应用

假定政策目标是要抑制通货膨胀，使价格水平下降，从图13-10（a）中可以看出，要使价格水平由P_0下降到P_1，采取抑制总需求的紧缩政策（即减少总需求，使总需求曲线由AD_0移动到AD_1）便可达到目的。但同时也要看到，这一政策虽然使价格水平下降了，与此同时，却使国民收入由Y_0减少到Y_1，从而引起经济的衰退，因此这一政策并不可取。而在图13-10（b）中，实施的政策是采取刺激总供给的方法（即刺激经济中的总供给，使总供给曲线由AS_0移动到AS_1）来达到降低价格水平的目标，采用这一政策的效果是在价格水平下降的同时，国民收入随之增加（由Y_0增加到Y_1），从而促进经济的繁荣，可谓是“一箭双雕”。由此可见，在资源尚未达到充分利用的情况下，采用刺激总供给的政策来抑制通货膨胀比采用抑制总需求的政策更为有利。

总需求-总供给模型是宏观经济分析的基本工具，关于失业、经济周期等问题，都可以以此为工具进行分析。

关键概念

总需求　总供给　总供给曲线　总需求曲线

综合训练十三

一、选择题（单项或多项选择）

1.引起总供给变化的因素有（　　）。

A.人口的增加　　B.投入要素价格的变化

C.技术水平的变化　　D.生产要素供给的增加

E.以上都不是

2.总需求曲线向右下方倾斜的主要原因是（　　）。

A.财富效应　　B.利率效应

C.边际消费递减规律　　D.替代产品的相对价格的变化

E.以上都是

3.假定经济已实现充分就业，总供给曲线是垂直的，减税的政策将（　　）。

A.提高价格水平和实际产出

B.提高价格水平但不影响实际产出

C.提高实际产出但不影响价格水平

D.对价格水平和产出均无影响

4.用总需求-总供给模型可以直接决定（　　）。

A.国民收入　　B.投资

C.价格水平　　D.利息率

二、填空题

1.总需求是指整个社会对产品和劳务需求的总和，通常包括各种________、________、________等。

2.当总供给曲线处于凯恩斯区间时，总需求增加的结果使得国民收入________，价格水平________。

3.当总供给曲线处于古典区间时，总需求增加的结果使得国民收入______，价格水平________。

三、简答题

1.短期内引起总供给变化的因素有哪些？

2.引起总需求曲线向右下方倾斜的主要原因是什么？

3.为什么在抑制通货膨胀时采取刺激总供给比抑制总需求的政策更为有利？

第十四章　经济增长与经济周期

第一节　经济增长

一、经济增长的含义与度量

（一）经济增长的含义

经济增长（economic growth）是指一国潜在的国内生产总值或国民产出的增加。经济增长并不仅仅指国民收入的增加，它一定是和潜在的国民收入相联系的。潜在国民收入（potential GDP）是指一个国家的资源在其正常使用强度下得到充分利用时，经济所能达到的产出水平。它也是在生产资源，包括技术和人口既定时，能够维持下去，而又不发生通货膨胀加速的最高产出水平。我们在第一章曾介绍过生产可能性边界曲线，经济增长就意味着一国生产可能性边界曲线的外移。

美国经济学家库兹涅茨总结了现代经济增长的六个特征：

第一，按人口计算的产量、人口以及资本形成的高增长率；

第二，生产率本身的增长程度也是很高的；

第三，经济结构的快速变革，例如农业转向非农业、工业迅速转向服务业、生产规模的变化、单个私人企业转向全国性或跨国公司等；

第四，社会结构与意识形态迅速改变，表现在社会城市化和移风易俗上；

第五，增长在世界范围内迅速扩大，经济发达国家要向其他国家争取市场和原料；

第六，世界各国经济增长不平衡，先进国家和落后国家之间人均产出水平有很大差距。

库兹涅茨对经济增长的研究是很有影响的，他认定的经济增长不仅包括人均收入的增加，还包括社会制度结构的变化。但不少西方经济学家实际上是将经济增长与经济发展相区别使用的。认为两者虽然都有人均收入增加的含义，但经济增长一般是指人均实际国民收入的增加，而经济发展的含义要更广一些，它不仅指人均国民收入的增加，还包括适应这种增长的社会制度的变化。

（二）经济增长的度量

一般用经济增长率来衡量经济增长的速度。由于人们把国内生产总值（GDP）作为衡量商品和劳务生产总量的指标，因此，可以用国内生产总值的变化来反映国民收入和经济增长的速度。

常用以下两个方法：

1.国民收入的变化指数或倍数

国民产出指数是指某一时期国民产出水平与基期国民产出水平之比。其计算公式如下：

$$G=\frac{GDP_i}{GDP_0} \tag{14-1}$$

式中：GDP_i表示某一时期的国内生产总值；GDP_0表示某基期的国内生产总值。

两者的比值即为某一时期的国内生产总值相对于基期国内生产总值的倍数。这个倍数反映了国内生产总值的变化与发展状况。假如某国以2000年为基期计算国民收入的变化，2000年的国内生产总值为2万亿美元，2005年的国内生产总值为2.4万亿美元的话，那么，2005年相对于2000年的国民收入的增长倍数就是1.2倍。

2.国民收入增长率

经济增长率是某一时期国民收入与基期国民收入水平相比的增加量与基期国民收入水平的比值。其计算公式如下：

$$g=\frac{GDP_i-GDP_0}{GDP} \tag{14-2}$$

刚才的例子中，经济增长率将是（2.4−2）÷2=0.2，或乘以100%后，用增加了20%来表示。

这种以一个固定的时期为基期计算出来的增长速度，被称为定基增长速度。有时，我们可以选择另外一种基期来计算增长速度。即某一时期的国民收入水平与上一期国民收入水平之比（指数或倍数），或某一时期的国民收入产出水平相对上期水平的增加量与上期水平之比（经济增长率）。这种增长率被称为环比增长速度。

在运用增长率反映经济增长时，为正确反映现实，必须注意以下几点：

第一，应剔除价格变化的因素。在讨论经济的变化时，应先修正名义GDP，因为经济增长更为正确的含义应该是实际国内生产总值比过去的提高。比如名义国内生产总值增加了20%，并不一定意味着经济水平的提高，假如物价水平上升超过20%的话，实际的产出水平是下降的。因此，剔除价格因素变动的影响，是衡量经济水平时必须注意的问题。所以经济增长率的含义应该包括的是实际GDP比过去的提高。

第二，应剔除人口变化的因素。假如某国GDP的增长率是3%，但人口增长率是5%，那么按照人口平均的GDP根本没有增长，反而还下降了。因而这时的增长率并没有如实地反映经济的变化特征。所以，正确的计算方法是剔除人口变化的影响。所以，我们对经济增长的理解应该进一步完善为人均实际产出的增加。

第三，我们在计算增长率时，都使用实际的GDP，而不是理论上应该使用的潜在的GDP，这是由于目前还无法准确地计算出潜在的GDP。这样计算出来的经济增长速度，实际包含了经济周期性波动的影响。但由于经济周期性波动的影响只是短期的，因此，从长期来看，以实际GDP计算出来的经济增长速度，仍能在一定程度上反映潜在GDP的增长速度。

当然，用潜在的国民收入来计算经济增长速度，也并非完美无缺。因为这样的指标仍然是局限在对物质产出的衡量上，而无法衡量与人们感受直接相关的福利水平的变化。所以，经济增长的衡量标准问题还有待于进一步研究。

二、经济增长的影响因素

潜在的经济增长在很大程度上取决于一个国家所拥有的生产要素，而实际的增长则取决于这些生产要素被开发的程度及组合的效果。分析各种类型的国家的发展历程我们可以发现，高速经济增长的实现，无法离开这四种要素，即人力资源、自然资源、资本和技术。

（一）人力资源

劳动的投入可以从劳动的数量和劳动的质量两个方面进行研究。

从数量来看，如果其他条件不变，则就业人数越多，劳动的投入量越大，产出就越多。但这种增加，至多只能增加一国的产出总量，而无法提高人均国民产出。另外，劳动的投入数量还和全部劳动者平均每日的工作时间有关。如果这一时间缩短，则劳动的投入量就减少了，进而会给国民收入带来影响。

劳动的质量是指劳动者各方面的能力，包括所掌握的知识、具有的技能和体力、是否遵守纪律及价值取向等。劳动是异质的，而不是同质的。与低质量的劳动相比，高质量的劳动具有较高的劳动生产率。所以，除劳动投入的数量外，劳动的质量的提高，也可以促进经济增长。

劳动质量的提高相当于低质量劳动投入的倍加。而且，在现代经济中，很多经济活动只有高质量的劳动才能承担，其作用是低质量劳动所无法取代的。一个国家可以购买最先进的通信设备、计算机等，但这些资本只有那些经过技术训练的劳动者才能使其充分发挥作用。提高劳动者的知识水平、职业技能、健康程度以及纪律意识，将会大大提高劳动生产率。

所以，一些专家认为，劳动质量是决定经济增长的最重要的因素，其他一切因素都是通过劳动者的劳动而发挥作用的。由于劳动者的知识、技能可以通过各种手段得以提高，因此，发展教育、开展各种培训计划、改善公共卫生等“人力资本”的投资，可以提高一国的劳动质量，进而有效地促进经济增长。

（二）自然资源

自然资源包括土地资源、矿产资源、水力资源、生物资源、海洋资源、自然环境等。自然资源一般是客观存在的。自然资源是经济增长的基础，并在一定程度上制约了产业结构的选择。比如，无大量耕地的日本是无法发展成为以农业为主要产业的国家的。

有一些国家，凭借着自然资源取得了巨大的经济发展，成为了高收入国家。比如加拿大和澳大利亚等国，就是凭借丰富的自然资源，取得了农业、畜牧业和林业的大发展。但是，大自然的资源并不能充分保证经济的增长。一些欠发达国家在自然资源方面极为富有，但在资源的开发和利用方面并没有取得显著的成效。而一些缺乏资源的国家，经济增长却很快，如第二次世界大战后日本的发展。可见，自然资源并不是一国增长的决定因素。

（三）资本

资本包括各种机器设备、生产性建筑物、道路等各种基础设施、存货等。资本的积累是净投资的结果，但资本的存量因净投资增加而增长时，就会引起外延的经济增长。如果资本存量的增长率快于劳动的增长率，劳动生产率就会提高，这会导致人均收入的提高。如果资本积累伴有技术进步的话，就会同时发生外延的经济增长和内涵的经济增长。

对资本的投入，实际上是将现在的产出用于将来的生产，是以牺牲当前的消费为代价的。因为这需要从每年用来生产消费品的资源中节省出一部分用于实际的资本积累。人们必须将每年的收入储蓄起来，并将其用于投资，资本的存量才能增加。自工业革命以来，资本的数量的增加成为推动经济增长的重要因素。一般认为，一个国家要保持快速的增长，至少须将全部产出的10%～20%用于资本积累。另外，对于一个社会而言，资本的形成不能仅靠私人部门进行。有些资本的投资规模巨大，私人企业无法承担。而还有一些投资具有外部性，私人企业不愿意承担。这些资本多属于社会的基础设施，对于这些基础设施的建设，如公路、灌溉和引水工程、公众医疗保健等，往往是由政府承担的。

（四）技术

这主要体现在技术进步上。技术进步可以分为两类：一类是具体化的技术进步，指直接由新的有更高效率的机器设备体现出的技术进步，新的发明创造是这种技术进步的典型方式。另一类是非具体化的技术进步。通常不是由新的机器设备引起的，例如产生了一种新的工作方法，就可以在旧有的机器设备的条件下提高生产效率，增加总产量，引起内涵的经济增长。这两类技术进步在内涵的经济增长中都是十分重要的。

随着理论的发展，人们逐渐认识到，技术进步本身也是经济体系的产出，各种新产品、新机器、新知识、新技术是通过研究开发活动而产生的。这些研究开发活动同样是一种经济活动，也需要投入劳动和资本，并获得收益。只是与一般的生产相比，研究开发活动具有更大的风险，其收益具有更大的不确定性。而且，与一般的经济活动相比，许多技术具有共用品的性质，从而导致市场失灵。因此，需要政府采取措施，促进技术进步，如对研究开发活动提供补助，保护知识产权，促进研究机构、大学与企业的联合等。

一般地，一个国家引进和维持技术变迁能力，取决于以下因素：公民的科学能力、国家教育和培训的质量和规模、每年基础研究和开发费用在每年收入中的比例等。毋庸置疑，一国的经济发展与其科学技术进步的速度是联系在一起的。

三、经济增长的源泉

长期以来，经济学家一直在研究决定经济增长的不同因素的相对重要性问题。各个不同的历史时期，由于与劳动相配合的各种生产要素在生产中所起的作用不同，相应地，就产生了不同的经济理论。

（一）土地的利用与经济增长

早期的经济学家如亚当·斯密和马尔萨斯都非常强调土地在经济增长中的重要作用。在土地大量存在、土地私有开始的状态下，产出主要决定于土地和劳动这两种生产要素。经济增长的原因在于投入使用的土地和劳动的不断增加。

由于在经济发展的早期，还很少出现土地数量的制约，所以，产出的增加，在很大程度上是由劳动的投入数量决定的。经济学家威廉·配第曾这样总结过当时的经济状况："土地是财富之母，劳动是财富之父。"劳动投入的增加，导致土地的使用量相应地增加，从而产出也会相应地增加。而劳动投入的增加，取决于人口的增长，所以，产出和人口的增长是同步的。

但这种状态难以永远维持下去。作为固定数量的土地，总有被基本利用完毕的时候。这时，新增加的人口只能在已经利用了的土地上更拥挤地进行经济活动。土地的稀缺使得边际收益递减规律开始发挥作用。不断地把增加的劳动投入到固定数量的土地上去，必定会导致劳动的边际产量下降，实际工资率将会随之下降。按照马尔萨斯的悲观的分析，人口规模的增加是按几何级数，而潜在的可能农业生产力是按算术级数增加的。最终，人口的压力会使经济状况恶化到劳动者仅能维持生存的最低生活水平这一经济增长的长期均衡，人类的未来注定是朝不保夕，除非出现灾害或人为地去控制人口，否则世界将会走向毁灭。

（二）资本积累与经济增长

后来经济增长事实，并没有像马尔萨斯预想的那么悲观，因为他忽略了除劳动与土地之外的其他要素对经济增长的促进作用，而这种分析并不适合工业革命后的状况。在工业社会中，土地对经济的制约作用已经不断缩小，取而代之的是资本、技术变革等其他因素。对此进行研究并取得了巨大成果的是麻省理工学院的罗伯特·索洛。他建立了著名的新古典增长模型，并由于对经济增长研究的贡献，获得了1987年的诺贝尔经济学奖。

索洛在研究中的一个重要发现是，工业革命之后的一个多世纪里，资本的增长超过了人口的增长，每个工人占有的资本量增加了。他把这种现象称为资本深化(capital deepening)。与数量有限的土地不同，从理论上说，劳动和资本的数量都是可以随时间的增加而增加的。现实中，在铁路、通信等产业，社会都投入了大量的资本，结果是人均产出有了很大的提高，劳动者的收入也大幅度地提高了。

但从长期来看，经济会进入一种稳定的状态：资本深化最终会终止，实际工资会停止增长，资本的收益会递减并降低资本收益率。因为最有价值的投资项目总是最先实施，越是到后来的投资，其价值越小。

以上分析，虽然摆脱了土地要素的制约，引入了资本积累，使人类对增长的预言跳出了"马尔萨斯陷阱"，但人均产出仍然存在增长的极限。经济如果仅仅靠资本的积累，而这种资本的积累如果只不过是靠用现存的生产技术来增加工厂的数目的话，生活水平的提高最终仍然受到限制，收入和工资也将停滞。

但分析并没有就此停止。索洛和其他一些经济学家，对经济增长的研究，并不承认增长的极限的存在。因为，他们还引入了分析中的另外一个变量——技术进步。

（三）技术进步与经济增长

按照索洛的进一步研究，资本深化的最终结果会导致收益递减的出现，但技术的进步会遏制这一收益下降的产生。遏制的程度取决于资本深化速度和技术进步速度之间的关系。

如果资本深化的速度较慢，而技术进步的速度较快的话，则资本的收益率会长期上升，技术进步的作用足以抵消收益递减规律的作用，因而在长期，虽然资本深化仍在进行，但资本的收益率却能够保持上升，经济增长速度也会有加快的趋势。从人类历史的发展历程来看，的确存在资本深化的趋势，但至今仍未有极限出现的迹象。其原因在于在增长的过程中，技术进步的作用正是像我们所分析的那样，完全抵消了资本深化过程中的收益递减规律的作用。一直以来被人们所忽略的技术进步极大地推进了经济增长。索洛坚信，依靠市场的力量，经济能够在长期中趋于稳定，而且稳定在一个较高的水平上。

近年来，新增长理论开始关注引导技术变革的模式。内生技术变革理论，把技术变革看做经济体系的一种产出，它的政策含义是国家应该加大力度保护和促进新技术的开发、运用并完善知识产权制度，以提高技术水平，促进经济增长。

四、经济增长的前途

（一）经济是否应该增长

一直以来，较高的经济增长率意味着社会财富的增加和人们福利水平的上升。但是伴随着经济增长，在人们从越来越多的物质财富中获得的满足程度越来越高的同时，很多国家出现了一系列比较严重的问题，如环境污染、工业废弃物的增加、自然资源枯竭、居民因公害而身体受损等。这些现象的出现，引起了人们的普遍关注。所以，从20世纪60年代开始，伴随着经济增长的代价越来越大，对经济增长问题的慎重考虑开始成为一些经济学者的研究内容。

对这一问题最早进行研究的是英国经济学家米香（E.J.Mishan）。他在1967年首先提出，西方社会继续追求经济增长，在社会福利方面得不偿失。技术发明固然给人们提供了较多福利，但也会增加人们的焦虑：飞速的交通工具使人们趋于孤立；移动性增加反而使转换时间更多地增加；自动化程度提高增加了人们的隔离感；电视增多使人们更少交往，人们较以往更少地理解他们的邻居。物质财富的享乐不是人们快乐的唯一源泉，还有闲暇、文化和美丽的环境。然而，这些令人向往的事物，现在却成了增加国民生产总值的牺牲品。

而最有影响的研究者当推美国经济学家D.H.梅多斯（Donella H.Meadows）。梅多斯等学者用翔实的资料论证了全人类面临的五种基本趋势：人口的急剧膨胀、工业化的加速发展、广泛的营养不良、资源的日渐枯竭以及生态环境的日益恶化。他们得出的结论是：如果人类按目前的人口、工业化、污染、粮食生产和资源消耗的增长趋势发展下去，将在100年内达到增长的极限。此后，整个人类将彻底崩溃。他们还认为，技术进步并不能避免增长极限的出现，他们提出，人类要避免这种灾难性后果，必须停止目前这种不顾后果的经济增长，使人类向一种人口稳定、资源消耗极慢的全球性平衡系统转化。而这种平衡的条件是人口的零增长和资本存量的固定，从而使传统的以资本增加为基础的经济增长不再发生。这样，再伴随技术进步，才可以使世界进入一种平衡发展的稳定状态。

尽管很多经济学家都认为梅多斯的研究有可参考之处，但持同样悲观论点的人并不多。

（二）经济应该如何增长

尽管梅多斯的零增长理论并没有被人们普遍接受，但他提出的现代经济增长带来的环境污染、生态破坏、资源枯竭问题却引起了人们的高度重视。人们反思经济增长的速度并不是越快越好，不能盲目追求最大的增长率，而应选择一个适度或最优的经济增长速度作为目标，实现可持续的增长，使得经济的增长，既满足当代人的需要，又不损害后代满足自身需要的能力的发展。有两点人们已经给予了足够的重视：第一，认识到了环境与资源对经济增长的制约。第二，强调代际内和代际间的公平。在确定最优的经济增长速度时，原则上应考虑以下问题：

（1）应能够保持经济增长的长期持续。因此，必须实现增长所需要的资源投入与现有资源基础和资源增长可能相适应，避免因过高的经济增长速度而导致通货膨胀、资源短缺及经济结构的失调。同时，改变资源消耗型的粗放式生产方式，改变过度消费的奢侈习惯。

（2）应能兼顾目前消费与未来消费。经济增长不是人们的最终目标，而是提高生活水平的手段。一国人民的生活水平，很大程度上取决于人均消费水平。而人均消费水平面临目前消费与未来消费的选择问题。人们在发展经济时，不仅要考虑当代人的利益，而且要为后代着想。当代人应当为后代做出多大的牺牲，或在多大的程度上能向后代借支生存发展的资源，如何确定个人当前的消费欲望，不但需要提高全民的可持续发展的理念，更需要发挥政府的行政干预和宏观调控在平衡当前和未来利益方面所起的主导作用。

（3）应该兼顾其他的目标。除了我们一直关注的物质产出和劳务产出指标以外，还应该关注平等、环境保护、社会保障等问题，以维持我们社会的协调和有序的发展。

第二节　经济周期

一、经济周期概述

（一）经济周期的定义

自1825年资本主义世界爆发第一次经济危机以来，西方资本主义国家的经济是在周期性的繁荣与萧条中交替发展的。经济周期（business cycle）是国民产出、总收入、总就业量的周期性波动。它以大多数经济部门的扩张和收缩为标志。所谓的波动，就总产出来说，是指实际产出相对于潜在产出的上升或下降，这是绝对量的变动，被称为古典的经济周期定义。现代的经济周期的定义是建立在经济增长率变化的基础上的，认为经济周期是经济增长率上升和下降的过程。如果按照这样的定义，衰退不一定表现为产出绝对量的下降，只要产出的增长率下降了，即使不是负值，也可以称为经济衰退，所以，西方有增长性衰退之说。

西方经济学家一般把经济波动的周期分为四个阶段，即谷底、扩张、峰顶和衰退，或者两个阶段和两个转折点。扩张阶段是总需求和经济活动的增长时期，通常伴有就业、生产、价格、货币、工资和利率及利润的上升；而衰退阶段则正好相反，是总需求活动的下降时期，通常伴随着就业、生产、价格、货币、工资和利率及利润的下降。而谷底和峰顶则分别是整个经济周期的最低点和最高点，也是用来表示经济萧条与繁荣的转折点。

（二）经济周期的特点

经济周期性波动有如下三个特点：

（1）每一个经济周期都包括谷底、扩张、峰顶和衰退四个阶段。扩张和衰退是相互交替的，在交替中会出现两个转折点。如果经济是由扩张转向衰退或收缩，则转折点是峰顶。如果经济是由衰退转向扩张或者说经济活动水平由收缩转向扩张，那么，转折点就是谷底。由于扩张和衰退是相互交替的，谷底与峰顶也是相互交替的。

（2）每个经济周期都是按四个阶段的顺序排列，但在每一个实际发生的周期中，其长度和形态会有很大的差异，没有任何两个经济周期的状况会是完全相同的。

（3）在一定时期内，存在着生产能力增长的趋势。所以，在某一谷底阶段，其实际的生产和就业水平，有可能出现比以前周期的峰顶水平还高的状况。一般来说，经济周期是围绕一定趋势的暂时波动。

二、经济周期产生的原因

对于经济周期的解释，可以从各种因素中找到原因。这些原因可以分为两个大类，即外生的因素和内生的因素。

（一）外生因素理论

外生因素理论认为，经济周期的根源在于经济体系之外的某种因素的波动，比如战争、政治事件、土地资源的发现、科学技术的突破甚至一些极特殊的因素，如太阳黑子的频繁活动或气候的变化等。这些因素会影响到经济的变化规律。

实际经济周期理论就是这种理论的一种。该种理论认为，经济波动是随机的、不可预测的。因为波动的原因不是来自经济内在力量，而是来自实际、外生的事件，例如某种重要要素的价格变动、自然灾害或技术冲击。这一理论强调的是对供给的冲击，而不是对需求的冲击。例如认为石油价格的上升会导致与石油有关的各种商品的价格上升，从而引起成本推进的通货膨胀，并进而引发经济的衰退。

经济周期的政治理论将经济波动归因于政治家为重新当选而对财政政策和货币政策的操纵。为了创造对自己有利的经济状况，大选之年的总统会在尽可能的条件下，关注并影响经济状况。他们或许会有动机在上任初期让国内经济经历一下较严重的衰退，然后在竞选重任的时候，恰逢经济的好转，这样，能为其吸引足够的选票。

（二）内生因素理论

该理论认为影响经济周期的是经济制度本身以内的诸多因素，即在经济体系内寻找经济周期的机制。这种理论认为，任何一次扩张都孕育着新的衰退和收缩，任何一次收缩都包含着可能的复苏和扩张。经济生活正是在内在因素的作用下，以近乎规律的方式不断循环和往复。下面介绍几种内生因素理论的主要观点和研究方法：

1.创新理论

美籍奥地利经济学家熊彼特1939年出版了《经济周期：资本主义过程的理论、历史与统计分析》一书，建立了用“创新”解释经济周期的学说。

熊彼特认为，企业家是资本主义经济的灵魂，而创新则是企业家的基本职能。所谓“创新”就是重新组合生产要素，建立一种新的生产函数。这种创新包括五个方面的内容：（1）引进新产品；（2）开辟新市场；（3）采用新技术和新的生产方法；（4）创造和使用新材料、新能源；（5）创立新的企业组织。

创新的过程不是持续的，而是阶段性的，于是便使经济呈现出周期波动。他认为企业的创新汇集起来会造成某些产业的创新，甚至造成“产业突变”，然后引起整个经济的创新。较小规模的创新造成了3～4年的短周期，小规模创新汇集成较大规模的创新，造成了9～10年的中周期，整个经济的创新造成了50～60年的长周期。他把1780年—20世纪30年代的150多年分为三个长周期：1780—1842年为产业革命时期；1842—1897年为动力钢铁时期；1897年—20世纪30年代为电器、化学、汽车时代。

2.货币主义理论

以米尔顿·弗里德曼为代表的货币主义者，将经济周期的原因归结于货币和信贷的扩张和收缩。该理论认为，货币是影响总需求的最基本因素，而总需求的变化，又会导致经济状况的变化。弗里德曼认为，第二次世界大战之后的美国，正是由于依据凯恩斯主义滥用货币政策，导致了经济的不稳定和不规则的波动。所以，控制经济发展稳定的最佳办法是维持稳定的货币发行量，他们认为最好的货币政策就是应该能使货币供给量按照某一固定的比例增长，不论经济形势如何变化。这样，就能够消除现代经济波动的主要根源。

3.新古典经济学理论

以罗伯特·卢卡斯为代表的新古典经济学家认为，引起经济波动的重大干扰来自政府。他们强调预期对经济的不同影响。例如，当人们预期到政府要增加货币供给时，就会预期物价水平要上升，从而要相应增加工资和提高利率，于是名义货币供给量虽增加了，但实际货币供给（以真实购买力计算的货币供给）并未变化，因而实际工资、利率和实际产出都不会变化，从而货币政策没有什么效果。相反，如果货币供给增加或减少未被预期到，厂商就不会同比例变动价格水平，因而实际货币供给就会变动，并影响产出水平。

例如，假定政府实行扩张的货币政策使货币供给增加并使一切商品价格上升

5%，在短期内，厂商只看到自己经营的商品的价格上升5%，未来得及认识到其他商品价格的上升情况，因此会把自己产品价格的上升当做市场对自己产品需求增加，从而增加生产。而劳动者也只看到自己货币工资增加，以为是实际工资增加，因而会提供更多劳动量，于是生产和就业就会增加。当然，这种情况只会在短期内存在，因为经营者和劳动者迟早会认识到自己的商品的实际价格和实际工资并没有增加，生产和就业会回到原来的状态。货币供给减少在短期内引起生产和就业的收缩，情况也是如此。可见，新古典主义者对经济波动的看法不但强调预期与否，还强调时期长短，即认为未被预期的政策变动虽能引起经济波动，但经过一定时期，经济总会回到自然率水平，用不着政府干预，相反，政府干预反而会引起经济波动。

4.新凯恩斯主义的观点

新凯恩斯主义者认为，供给方面的干扰和货币方面的干扰都可能引起经济波动的冲击。他们不相信市场经济总能吸收各种冲击的影响而恢复充分就业，相反，在大多数情况下，经济中存在一种机制，能扩大这些冲击并使冲击的作用持续。例如，假定外在冲击使投资需求下降，会使产出有乘数作用地下降。反之，当干扰使投资增加时会使产出有若干倍的增加。经济要恢复到原来的局面，需要有一个相当长的过程。例如，经济也许要花费几年时间才会恢复到没有发生衰退时应有的水平，社会会因此付出沉重代价。

在遭受冲击时，长期劳动合同、隐性工资合同和效率工资等形式会导致工资刚性，这会扩大就业的波动而不是工资的波动，进而影响到整个经济的状况。

5.乘数-加速模型的研究

这是一种传统的经济周期理论。这种理论认为，经济波动的根源在于经济自身，因而是内生的。具体地说，投资的变动会引起收入或消费的若干倍的变动，即我们已经涉及过的投资乘数的作用。而收入或消费的变动又会引起投资的若干倍的变动，即加速作用。经济中乘数和加速的交互作用，造成了经济的周期波动。

可见，经济过程可能由于供给冲击、政策冲击或需求冲击而引发初始冲击，并通过传导机制向外扩展传播，引起整个经济的周期性变动。近年来，随着新经济泡沫、房地产泡沫所引发的经济衰退的出现，金融体系对经济周期的影响也日益引起学者的注意。

由于各个学派的经济学家对引起经济周期波动的原因有不同看法，因此，对如何治理经济波动的经济政策也有不同主张。与反对政府干预的理论相反，新凯恩斯主义者和传统的经济周期理论（乘数-加速模型）认为市场不会自动消除经济波动，因而需要政府干预。新凯恩斯主义者尽管承认具有理性预期的个人反应常常确实会部分抵消政府的行动，但不可能永远完全抵消政府政策的影响。政府在稳定经济方面有必要采取斟酌使用的政策，即经济不景气时实行扩张总需求的政策，经济过热时实行紧缩的政策。

关键概念

经济增长　经济发展　潜在国民收入　经济周期　资本深化

综合训练十四

一、选择题（单项或多项选择）

1.经济周期繁荣阶段的特征是（　　）。

A.生产迅速增加　　B.投资增加

C.价格水平上升　　D.失业严重

2.在确定最优的经济增长速度时，原则上应考虑以下问题：（　　）。

A.应能够保持经济增长的长期持续

B.应能够兼顾目前消费与未来消费

C.应考虑国际社会的发展水平

D.应关注平等、环境和社会保障

E.以上都不正确

3.经济增长的最基本特征是（　　）。

A.国民生产总值的增加　　B.技术进步

C.制度与意识的相应调整　　D.以上三个都是

二、填空题

1.乘数-加速模型认为由于经济中________和________的交互作用，造成了经济的周期波动。

2.实际经济周期理论认为波动的原因来自实际。外生的冲击，这一理论强调的是对________的冲击，而不是对需求的冲击。

3.熊彼特认为，企业家是资本主义经济的灵魂，而________是企业家的基本职能。这种创新包括五个方面的内容：________、________、________、______、________。

三、简答题

1.自然资源对经济增长有什么作用？

2.技术进步对经济增长有什么作用？

3.在确定最优的经济增长的速度时，原则上应当考虑什么问题？

4.影响经济增长的基本因素包括哪些方面？

第十五章　失业理论

失业问题已成为困扰各个国家不同时期发展的一个难题。本章我们将介绍失业的基本知识、失业的微观基础以及有关自然失业率的测度和降低失业率的政策等内容。

第一节　失业的衡量及失业的影响

一、失业的衡量

（一）失业的定义

一般来说，国家在进行失业统计的时候，把人们分为三种类型，即就业者、失业者和非劳动力人口。就业者是指从事有酬工作的人以及有职业但由于生病、罢工或休假而暂时没有去工作的人。

凡是在一定的年龄范围内，愿意工作而没有工作，并且正在寻找工作的人，都是失业者。各国对工作年龄和失业范围有不同的规定，在美国，工作年龄是16~65岁。属于失业范围的人包括：（1）新加入劳动力队伍第一次寻找工作或重新加入劳动力队伍正在寻找工作达4周以上的人。（2）为寻找其他工作而离职，在找工作期间作为失业者登记注册的人。（3）被暂时辞退并且等待重返工作岗位而连续7天未得到工资的人。（4）被企业解雇而且无法回到原工作岗位的人，即非自愿离职者。

就业者和失业者以外的其他人都是不属于劳动力范围的人，被称为非劳动力人口。他们是可能还在上学、已经退休或操持家务、因重病而不能工作或放弃寻找工作的人。

在这三种类型中，前两组即就业者和失业者人数之和，被定义为经济中的劳动力总数。我们可以通过图15-1来表示这几组数字之间的关系。

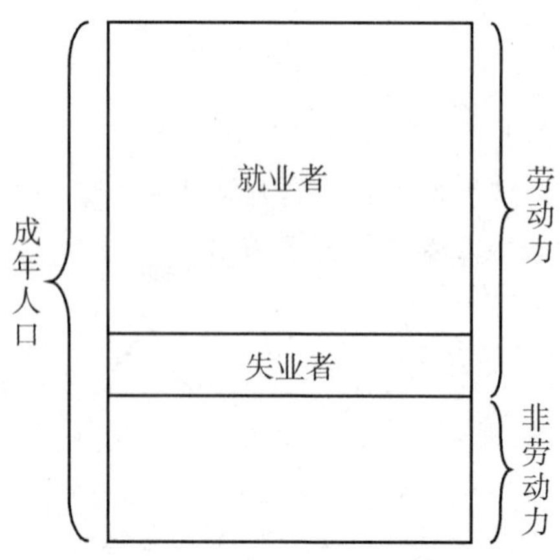

图15-1　成年人口的构成与就业

可见，劳动力由就业者和失业者构成，劳动力和非劳动力组成了全部的成年人口。

（二）失业的测度

衡量失业最常用的指标是失业率。失业率是失业者人数对劳动力人数之比。

$$失业率=\frac{失业者人数}{劳动力人数}$$

失业率的变化，要受到失业者人数和劳动力人数变化的影响。失业队伍的本身是在不断变化的。在一些人进入失业队伍的同时，另一些人则退出失业队伍。因为企业倒闭而被解雇或失去工作，或由于某种原因暂时被解雇以及由于想寻找更好的工作而放弃现在工作的人，都使失业队伍扩大。这一部分失业者人数的增加，是由于就业者人数的减少转化而来的。失业者人数的增加还可能由非劳动力人数的减少转化而来，如可能是以前未曾工作的人加入谋求职业的行列等。

失业者人数的减少与上述方向恰好相反。原失业队伍中，一部分人找到工作而退出，另外一部分人因为转化为非劳动力而退出。综上所述，失业人数的变化取决于进入或退出失业队伍的人数。

劳动力人数的变化取决于进入和退出劳动力队伍人数的多少。有一部分人因为退休、暂时不想工作、失去找工作的勇气而退出劳动力队伍，另外，还有一些非劳动力因为新加入或重新加入劳动力队伍而使劳动力人数增加。

一般地，经济衰退时失业率上升，经济回升时失业率下降。著名的奥肯定律（Okun's Law）揭示了失业与产出之间的关系。这一定律是美国经济学家A.奥肯在20世纪60年代提出的。其内容为：如果国民生产总值相对于潜在的国民生产总值每下降2%，失业率就上升1%。

当然，失业率有时并不能完全准确反映失业水平。如加入非劳动力队伍的“失去找工作的勇气”的那部分人，并不是不愿工作，而是在长时期寻找后失去了信心，然而，这部分人却不计入失业人数。当经济回升时，这部分人可能因为信心的增加而重新加入劳动力队伍，变成实际的失业者而导致失业率上升。

二、失业的影响

失业问题之所以受到重视，是因为它会使社会和个人都蒙受损失。

（一）失业的经济影响

失业会使产出减少。失业的增加本身就是一种资源的浪费。美国经济学家萨缪尔森曾经通过分析得出结论：“在高失业期间的损失是现代经济中有文献记载的最大浪费。它们比垄断或关税以及限额导致的浪费所造成的缺乏效率据估计要大许多倍。”

失业率上升使经济付出的代价是沉重的，而且这种代价的损失是无法弥补的。闲置的其他要素或许可以留待以后使用，但劳动力这种生产要素则具有特殊性。当经济复苏到即使失业率很低的时候，工人也很难用一年时间干完两年或所有失业时间的工作。所以，这种资源的浪费是一种永久的资源浪费。

（二）失业的社会后果

失业导致的产出减少，是一种显而易见的损失，但失业的成本有很多是由失业者个人负担的。短期失业者可能得到失业救济金，但一般超过一定时期后，就停发失业救济金。由于失去了保障基本生活的收入来源，失业者付出了沉重的代价，不断地寻找工作、不断地失望，使许多人的身心受到极大伤害。研究表明：失业会破坏身体和精神健康，更容易导致心脏病、酗酒和自杀。专门进行此项研究的M.哈维·希伦纳博士估计：持续6年以上的失业的一个百分点的上升会导致37 000人过早死亡。

失业使整个社会的稳定状况也受到冲击。高失业时期，往往伴随着高犯罪率、高离婚率及公众对政府的种种不满。因此，当失业率很高时，人们普遍希望走出“处境不可能更糟”的阴影。

第二节　失业的类型及成因

一、失业的类型

一般地，失业可以分为三种类型，即摩擦性失业、结构性失业和周期性失业。

（一）摩擦性失业

摩擦性失业（frictional unemployment）是一种由于经济中正常的劳动力流动而引起的失业。从对劳动力的需求来看，在动态经济中，这是一种不断变化的情况。这种变化，导致了劳动力的不断流动，但劳动力的流动与对其需求的变化，不可能完全吻合，必然导致流动过程中部分工人处于失业状态。另外，从劳动者流动过程看，会有一部分退休离开原工作，一部分新劳动者加入劳动行列。这种交替过程的不同步性，也导致新劳动者会处于暂时失业状态。摩擦性失业还可能是由于工人不满意现有的工作，离职去寻找更理想的工作所造成的。这种寻找的过程，使得寻找者处于失业状态。

在正常情况下，摩擦性失业是不可能消除的，这种失业人数的多少取决于劳动力流动性的大小以及寻找工作所需要的时间。劳动力流动量越大，寻找工作所需要的时间越长，则摩擦性失业的数量也就越大。当然，摩擦性失业的存在是一种正常的情况，在一定程度上促进了经济运行中劳动力这种生产要素的合理配置。

（二）结构性失业

结构性失业（structural unemployment）是一种由于劳动力的供求不一致所产生的失业。这种供与求的不一致往往是由于经济结构的变动所引起的。正如我们所看到的那样，经济结构是不断变化的。经济发展水平的变化、技术水平的变化等都会引起经济结构的变化，使得部门间、地区间的发展出现很大差异，对劳动力的需求状况相应地也会发生极大变化，并要求劳动力的流动也能迅速变化以适应这种变化。但由于各种因素的限制，劳动力的供给难以完全适应这种经济结构的变化。于是，出现了劳动力供求矛盾。一些发展速度放慢的部门或地区可能出现劳动力的供过于求的局面，而对那些发展速度加快的部门、地区则可能出现劳动力供不应求的局面。

结构性失业的特点，不是没有空缺的职位，也不是劳动力在总量上过剩，而是一种“失业与空位”同时存在的状况，即有工作无人干的空缺职位与有人无工作的失业同时存在。

所以，结构性失业的人可能是这样两种类型：一类是本身并不具备某些技能或未曾受过专门的训练，因此，当需要这些技能的工作存在时，他们因无法胜任而不被雇用，处于失业状态。另一类是虽受过良好的教育、具备较高的专业技术知识与技能，但由于经济、技术水平的变化，市场已不再需要这些“过时”的技术，以至于他们也将处于失业状态。

（三）周期性失业

周期性失业（cyclical unemployment）是指由于总需求不足而引起的短期失业。因为它一般出现在经济周期的萧条时期，与经济周期密切相关，所以称为周期性失业。

当总需求存在紧缩缺口的时候，国民收入水平将会小于充分就业时的国民收入水平，必然会引起失业。这是因为和其他生产要素具有相同的特性，劳动力需求也是一种引致需求。当出现总需求不足这种状况时，总产出水平下降，对商品、劳务的需求减少，从而导致对劳动力的需求减少，致使希望寻找工作而又难以找到工作的人增加。

二、失业的微观基础

进一步地，我们通过对劳动力市场的微观研究，探究导致失业这一宏观经济现象的基础是什么。

（一）自愿失业（voluntary unemployment）

自愿失业是指当存在着就业机会，而失业者在现行的工资条件下不愿意接受它而产生的失业。我们可以通过图15-2来说明自愿失业存在的原因。图中给出了劳动力的供给曲线S和需求曲线D，供给曲线在L^*这一点变得完全无弹性表明即使工资再提高，劳动者人数也无法再增加了。劳动力市场的均衡点为E，说明当获得均衡时，工资率为w_0，愿意在w_0这一工资率下就业的劳动者人数为L_0。而此时，在w_0这一工资率下企业愿意雇用的劳动者人数也为L_0。但在全部劳动力中，有相当于图中EF这一段数量的劳动者没有工作。这部分人在统计中被视为失业。但他们的失业是由于他们不愿意在现行市场工资率下工作，只有工资提高，才会使他们愿意工作。因此，在现行的工资条件下，他们属于“自愿”失业者。

在一个工资可以自发调节的灵活的市场上，不会有生产过剩或非自愿失业，这时存在的失业属于“自愿失业”。

（二）非自愿失业（involuntary unemployment）

非自愿失业是指在现有工资水平下，愿意接受工作的人却找不到工作职位而产生的失业。

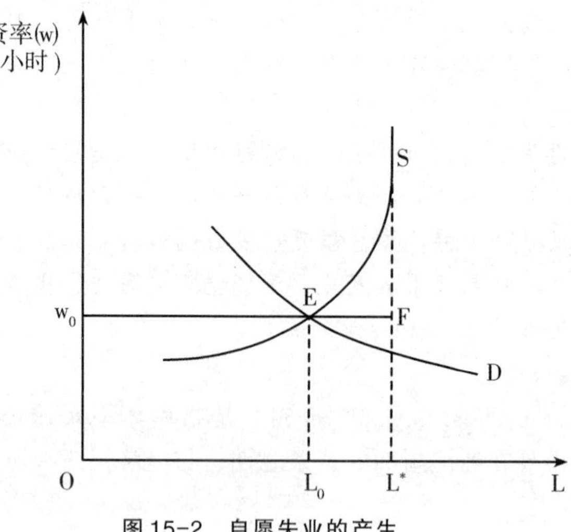

图 15-2 自愿失业的产生

如图 15-2 所示，当工资能够灵活变化时，市场调节的作用会结清劳动力市场，但很多时候，工资的变化是不灵活的。也就是说，在现实经济中，并不随时随地地进行工资的调整。于是，出现了图 15-3 所示的情况。这是一个存在过高工资的劳动力市场的情况。工资率是 w′，而且无法变动。这样，就出现了劳动力供求关系的变化。如图 15-3 所示，在 w′这一工资率水平下，愿意工作的人数可由 w′G 这条线段的长度表示，而厂商愿意雇用的人数则可用 w′H 这条线段的长度表示。这样，全部想要工作的人当中，会有 HG 线段所示部分的人没有工作，这就是我们所说的非自愿失业部分。可见，这时劳动力市场的状况是：全部劳动力 w′F，就业人数为 w′H，失业人数为 HF。HF 的失业中，又可分为两部分：一部分是不愿意接受现行工资价格而产生的自愿失业 GF 部分；另一部分是虽愿意接受现行工资价格但仍无法找到工作的非自愿失业 HG 部分。

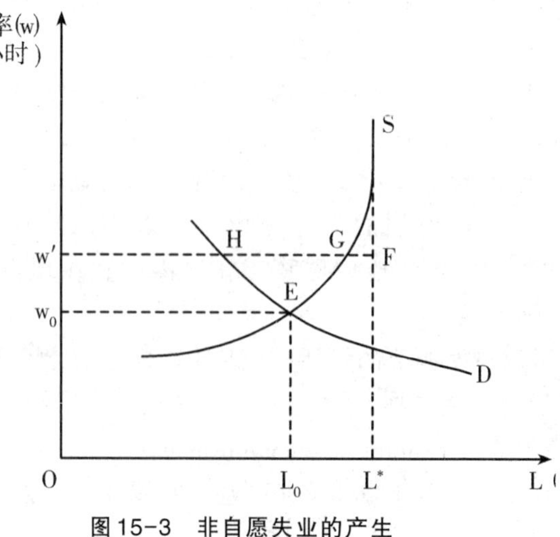

图 15-3 非自愿失业的产生

（三）工资刚性

如上述分析，非自愿失业产生于工资的不灵活变动，即工资具有所谓的刚性。这种刚性表现为劳动力市场的工资状况处于一种“粘性”状态，萨缪尔森把其形容为“一月的糖浆”。这种对工资的看法，和古典经济学家截然不同。古典经济学家认为工资是可以灵活变动的，因而不会有非自愿失业。而现代经济学家则普遍接受了工资刚性的看法，而且一般认为向下是刚性的。那么，为什么会产生这种工资刚性呢?主要原因有以下几个方面：

1.合同的存在

许多工人，尤其是加入工会的工人，都同厂商签订了关于工资等级等的长年合同。这种合同是在对未来不可预期的情况下确定的，因此不会随经济状况的变化而变化。这种合同的期限一般为1～3年，即在这段时间中，即使经济衰退，总需求减少，导致厂商对工人的需求减少，工人的工资水平并不下降，而是使一部分人失去工作。

有一种观点这样解释为什么工人会同意这种合同的约束。工人实际上可分为“高级工人”和“初级工人”两类，前者是资历比较深、在生产中处于举足轻重地位的工人，而后者则是参加生产时间较短、相对而言无足轻重的工人。因此，当需要解雇一部分人的时候，后者必将首当其冲。对于在工会谈判中很有发言权的高级工人而言，当然愿意签订在经济低潮期解雇工人代替工资下降的合同，以保证自己的利益在任何时候都不受到侵害。初级工人的愿望则是宁愿低工资也比失业强，但他们没有或很少具有“发言权”。因此，工资水平总是保持在一个固定的水平——合同所规定的水平。

2.减少不确定性的风险

一些非工会化行业的厂商一般都是先确立工资等级，再按这个工资率雇用一定量的工人。而且这种工资等级也是一旦确定长年不变，与工会化行业中的厂商一样，工资的变化是不敏感的。因为厂商不能很好地判断这种需求的变动是暂时的还是持续的。而工资的频繁变动，会使交易成本上升。事实上，制定工资等级和进行工资合同的谈判耗费太大，因此，不可能经常进行。

3.工资调整的时滞

工资并不是固定不变的。厂商可能会发现其工资水平确定所存在的问题。可能他会发现工资水平过高，但在运行时，则会面临一系列复杂的问题。他既要考虑过去制定的工资水平的误差量是多少，又要考虑上次决策制定以来经济中发生的变化是什么，因此调整工资本身可能要经过一个过程，有时可能超过一年。

4.市场形式和经济权利的影响

在非完全竞争市场中，由于垄断势力的存在，会使工资变得不那么灵活，尤其是工会的存在，使工资刚性增强。

另外，很多国家还存在最低工资法。这些法律规定了工资的最低界限。这对于那些使市场出清的工资低于这一最低工资的工人来说，无疑限制了他们的工作机会，这些工人将因无法找到工作而失业。

第三节 自然失业率

20世纪80年代以来，自然失业率的概念开始广泛地被使用，对它的深入探讨和研究，有助于我们更全面地分析失业现象。

一、自然失业率的概念和测度

这是美国芝加哥大学教授米尔顿·弗里德曼提出的。所谓自然失业率(natural rate of unemployment)，是指劳动力市场和商品市场的自发供求力量发挥作用，从而使经济中的总需求与总供给处于均衡状态的失业率。失业处于这个比率时，价格与工资都处于一种平衡状态，没有通货膨胀加速或递减的趋势。因此，可以说，自然失业率就是一国实现了潜在国民收入水平时的失业率。当实际失业率低于这个比率时，通货膨胀就趋于上升；高于这个比率时，通货膨胀将趋于平缓。

按照弗里德曼的观点，自然失业率下的失业，既包括传统的摩擦性失业和由于所要求的实际工资超过劳动边际生产力，以致难以为企业主雇用的“自愿失业”，也包括那些并不是认为现行实际工资太低，而是在寻求更称心的工作岗位期间暂时的失业。自然失业率的存在与劳动力市场和商品市场的实际结构性特征有关，也与市场信息的不完全性、寻找工作的成本和劳动力的转移成本有关。自然失业一般被认为是一个社会难以被减少的失业。自然失业是和周期性失业相对应的。周期性失业是由于经济的周期性波动所引起的，当经济危机过后，可以慢慢地消除。而自然失业是难以通过反周期的办法消除的。据西方学者认为，这样的失业从资源配置的角度来看是有效的，将会提高社会效益。

图15-4表示的是美国实际失业率和自然失业率。实际上，自然失业率是一个很难得到准确数值的量，对其的估算是通过对经济社会的充分就业和物价相对稳定的一段时期作为基准来进行的。其他时期则在此基础上根据劳动力构成的变化等实际情况进行相应调整。因此，不同的国家和同一国家的不同时期，自然失业率都不是一个固定的数字。图15-4给出了美国20世纪60—90年代的失业率情况。

要全面理解自然失业率必须注意以下两点：第一，自然失业率不是等于零的失业率。即使在经济高度繁荣、就业水平很高时，也还会有许多人处于失业状态。如我们前面所介绍的摩擦性失业和结构性失业都可能在这种状况下出现。如美国20世纪80年代劳动力总数为1亿人，即使达到充分就业状态，那么，在5%～6%的自然失业率下，仍会有至少500万人失业。第二，自然失业率与通货膨胀密切相关。就失业本身而言，对一个社会来说，似乎是失业人数越少越好，但失业率为什么不会降到一个很低诸如2%左右的水平呢?原因在于这种低失业率会导致通货膨胀以10%，甚至20%的年增长率急剧上升，即低失业率将会以高通货膨胀为代价。所以，自然失业率可以说是一个国家在不至于发生加速通货膨胀的情况下，所能得到的最低的失业率水平，亦即所能实现的最大可能的就业水平。如果失业率再降低的

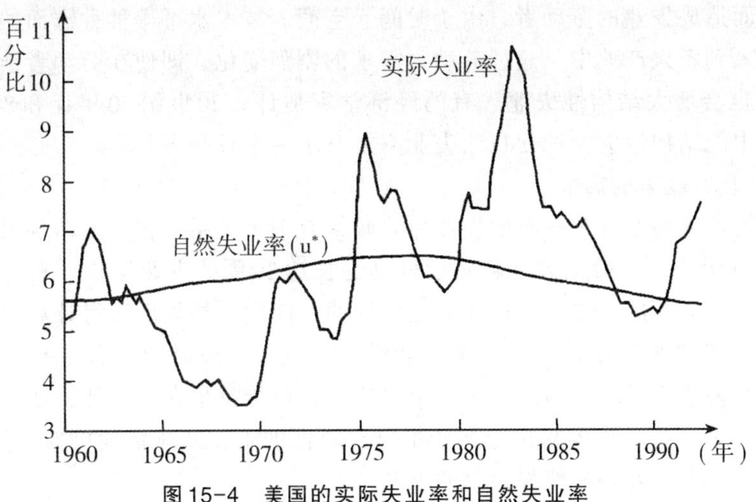

图 15-4　美国的实际失业率和自然失业率

话，那么，劳动力市场和商品市场的压力将使工资和物价逐年上涨。如果失业率高于自然失业率太多的话，通货膨胀的压力可能比较小，但众多人数的失业将会给失业者个人和社会造成巨大的损失。因此，自然失业率可以看成是失业率的一个既不过高也不过低的比较理想的中值。

正因为如此，政策制定者们在制定政策时，必须注意协调通货膨胀和失业之间的关系。一般地，政府不会有意识地使经济增长率达到超过潜在GDP的水平。因为如果这样的话，随着产量的提高，通货膨胀的加速上升则难以避免。

二、自然失业率的变化

图 15-4 反映了美国自然失业率的缓慢提高。美国公布的自然失业率的数字为20世纪60年代是4%左右、70年代是4.9%、80年代是5%～6%。

自然失业率的提高是由以下几方面原因引起的：

（一）劳动者结构的变化

劳动者结构的变化会引起自然失业率的变化。就美国而言，劳动力总量中，年轻人、黑人和妇女的比重上升。自然失业率应根据劳动力结构的变化进行调整。劳动力中年轻人增加，则自然失业率的估测值应加大一些，以反映年轻人的高失业率，同理，黑人和妇女参加劳动力队伍人数的增加，也应使自然失业率的估算值大一些。事实上，在劳动力队伍中，失业率最低的阶层——成年男子在劳动者总数中的比例从1950年的66%下降到1988年的52%，也从另外一个角度说明了为什么美国会出现自然失业率上升的情况。

（二）结构性失业的增加

第二次世界大战后美国的经济结构发生了巨大的变化。科学技术的不断突破和运用，以及20世纪70年代和80年代的石油危机，使得美国的经济结构出现了大调整的格局。这种调整使一些传统产业如日落西山般不断衰落而成为夕阳工业，而另一些如电子产业等却欣欣向荣。这种产业结构的变化直接影响到就业人数的变化。

产业衰落而造成失业的劳动者，由于时间、空间、技术水平等种种方面的差别，很难迅速加入到新兴产业中。这种劳动力需求的剧烈变化，即使在劳动者结构不变的情况下，也会增大结构性失业。有的经济学家估计，20世纪70年代和80年代中，美国经济中的结构性失业约使自然失业率上升了一个百分点。

（三）政府政策的影响

自然失业率的上升和政府的失业保险政策有很大关系。在美国，各州按不同的标准发放救济金，一般工人被解雇后可享受长达26周的失业保险。平均而言，失业救济金约为周薪的36%，而救济金是免税的，因此，按税后所得计算，一般失业者所得约为工作时所挣收入的一半。这样，至少在一段时期，有了基本的生活保障，因此，失业者可能会因此而不急于寻找工作以维持生存。另外，他们对工作的要求也会苛刻一些，更容易拒绝那些报酬比较低的工作或频繁地更换工作。因此，体现在失业率上，就是自然失业率的上升。

除此之外，劳动力流动性的增大和最低工资的规定等，都被认为是提高自然失业率的原因。这种由政府救济等原因而对自然失业率产生的影响，据估计可以使自然失业率提高一个百分点的十分之几或一个百分点。

三、降低自然失业率的政策

对于自然失业率，我们必须有一个正确的认识。实际上，自然失业率并不是自然而然的，它会受到许多诸如客观经济条件和制度性因素及政策性因素的影响，比如经济所经历的各种冲击的影响等。

另外，自然失业率也并不是最优的失业率，它很可能高于净经济福利最大时的失业水平。因此，在很多时候，设法降低自然失业率还是有必要的，可以通过以下几个措施来实现降低自然失业率：

（一）改善劳动力市场服务

很多失业的原因是有空缺的职位和适合这一职位的寻找工作者，但缺乏必要的信息，使供求难以衔接。因此，政府可以通过努力为劳动者提供有关劳动力需求方面的信息，或鼓励支持各种私人机构提供这种信息服务，使劳动者能够及时获得信息，及时寻找到工作。

（二）扩大政府就业计划

这是指政府可以通过各项措施提供更多的就业机会，如扩大某些公共工程，以扩大对劳动力的需求，在一些国有企业中也适当增加对劳动力的需求，以达到促进就业增加的目的。

（三）排除政府障碍

这里的障碍主要是指政府的一些措施对减少就业的影响。如美国自1938年以来，联邦政府要求雇主向一部分雇员支付最低工资，近些年来最低工资约为加工业中平均工资的45%。根据微观经济理论，最低工资必然使失业率上升。一般来说，这种最低工资对20岁左右新加入劳动力队伍的青年人影响最大。因为他们没有工作经验和一些熟练的技能，所以雇主不愿按最低工资雇用他们。所以，最低工资使那些能得到比最低工资更低工资的劳动者的失业数量增加了。

所以，很多学者认为，应该降低最低工资的水平，并且减少现行的失业保险金制度、社会保险方案中不利于调动劳动者参与工作积极性的部分。

（四）提供培训

劳动力供求衔接困难除信息原因外，还有供与求的差别。很多劳动者虽然知道有空缺的工作岗位，但由于缺乏所需技能，仍然难以胜任。因此，政府、企业可以通过对失业者提供一定的技术业务培训，提高失业者的素质和增强其对工作的适应能力。

当然，也有一些经济学家认为自然失业率的概念容易引起误解，因为其并非就自然而言的，所以，称之为最低可持续失业率。

关键概念

摩擦性失业　结构性失业　自愿失业　非自愿性失业　工资刚性　自然失业率

综合训练十五

一、选择题（单项或多项选择）

1.凡是在一定的年龄范围内，愿意工作而没有工作，并且在寻找工作的人，都是失业者。属于失业范围的人包括：（　　）。

A.新加入劳动力队伍第一次寻找工作达4周以上的人

B.为寻找工作而离职，在找工作期间作为失业者登记的人

C.被暂时辞退并且等待重返工作岗位而连续7天未得到工资的人

D.被企业解雇而且无法回到原工作岗位的人

E.自愿放弃工作的人

2.工资刚性产生的原因主要有以下几个方面：（　　）。

A.合同的存在　　B.减少不确定性的风险

C.工资调整的时滞　　D.市场形式和经济权利的影响

3.传统的劳动市场理论认为，对劳动需求的增加将（　　）。

A. 减少就业并提高实际工资　　B. 减少就业并降低实际工资

C. 增加就业并提高实际工资　　D. 增加就业并降低实际工资

4.下列关于自然失业率的说法哪一个是正确的？（　　）

A. 自然失业率是始终不变的

B. 自然失业率是历史上最低限度水平的失业率

C. 自然失业率包括摩擦性失业率和结构性失业率

D. 以上均不正确

二、简答题

1.工资刚性的原因有哪些？

2.失业的社会影响是什么？

3.降低自然失业率的政策措施有哪些？

4.失业的含义是什么？它有哪些分类？

第十六章　通货膨胀理论

第一节　什么是通货膨胀

一、通货膨胀的含义

通货膨胀是指价格总水平的上升，即价格总水平同以往相比出现了上升的趋势。我们所说的通货膨胀，必须具备以下几个条件:第一，它不是指某种商品价格上涨的现象，而是指所有商品的平均价格水平的上升。第二，它是指物价水平的持续上升。通货膨胀不是指物价水平短期的或一次性的上升，而是指“持续”的上升，且其趋势不可逆转。第三，通货膨胀是指物价水平有较大幅度的上升。如果每年物价水平上升幅度较小，即使是持续上升，也不能算通货膨胀。通常所指的通货膨胀，是指物价总水平有相当大幅度的持续上升，但究竟上升多少才算相当大幅度，并没有绝对的标准，要根据各国具体情况而定。

二、通货膨胀的衡量

既然通货膨胀是价格总水平的上升，我们就可以用价格指数来衡量通货膨胀。

（一）价格指数

具体地说，价格指数有三种:

1.消费者价格指数

它又被称为零售价格指数或生活费用指数，是衡量各个时期家庭和个人消费的商品和劳务价格变化的指标。它是许多种消费品和劳务价格指数的加权平均数。其计算公式为:

$$\text{消费者价格指数}=\frac{\sum P_tQ_t}{\sum P_0Q_t} \tag{16-1}$$

式中:Q_t表示现行（t期）的商品销售量；P_t表示现行（t期）的商品销售价格；P_0表示基期（0期）的商品销售价格。

消费者价格指数是以现行（t期）消费品价格计算的现期商品销售总额同以商品的基期价格计算的现期商品销售总额的比率。基期可以指上一年，亦可以指以往的某一年。比值是以基期物价水平为基数折算的报告期物价变动幅度。如以1993年为基期，1994年零售价格指数为1.153，表示1994年的商品零售价格是1993年的1.153倍，价格水平上升了15.3%。物价水平上升幅度以消费者价格指数减1表示。消费者价格指数如大于1，表示报告期物价水平高于基期物价水平。消费者价格指数大幅度上升，意味着通货膨胀已经发生；如果消费者价格指数下降，则表示通货膨胀有所缓和。

2.生产者价格指数

它又被称为批发价格指数，是衡量各个时期生产资料与消费资料批发价格变化的指标。这一指数的计算方法与消费者价格指数相同，但所取的价格不同，这一指数所包括的商品和劳务的数量和品种也与消费者价格指数不同。

3.国内生产总值折算价格指数

它是全部国内生产总值的价格指数。其计算公式为：

$$\text{GDP折算价格指数}=\frac{\text{按现行价格计算的国内生产总值}}{\text{按基期价格计算的国内生产总值}}$$

这三种价格指数都能反映出基本相同的通货膨胀变动趋势，但由于各种指数所包括的范围不同，所以，数值并不完全相同。

（二）通货膨胀率

在一定时期内（一般以一年计算），价格总水平变动的百分比被称为通货膨胀率。我们可以通过三种价格指数中的任何一种来计算通货膨胀率。其计算公式为：

$$\text{某一时期（t年）的通货膨胀率}=\frac{\text{t年的价格指数}-\text{（t-1）年的价格指数}}{\text{（t-1）年的价格指数}}\times 100\% \quad (16\text{-}2)$$

当然，用价格指数测量价格总水平的变化幅度或通货膨胀率并不是完全理想的测算方法，因为它无法准确地反映商品和劳务结构与质量的变化。

三、通货膨胀的类型

按照通货膨胀率的高低，可以将通货膨胀划分为若干等级。

（一）低通货膨胀

它也被称为温和的通货膨胀和爬行的通货膨胀。此类通货膨胀出现在价格缓慢上升的时候，具有以下特点：（1）通货膨胀率低，通常在10%以下，也常被称为一位数的通货膨胀。（2）相当稳定，各种商品之间的比价基本协调，货币贬值微弱，因而对经济没有多大不利影响。人们对货币仍比较信任，由于价格的变化缓慢且可以预测，所以对长期借贷关系的影响不是很大。

（二）奔腾的通货膨胀

奔腾的通货膨胀或称急剧的通货膨胀。它是指较长时期内物价水平发生较大幅度的持续上升，通货膨胀率高达两位数甚至三位数。

这种通货膨胀对经济的影响较大，会使不同商品的相对价格出现扭曲现象，经济信息被破坏，资源配置失衡。由于货币购买力迅速下降，造成财产的重新分配，多年积蓄的货币可能化为乌有。所以，人们仅在手中保留最低限度的货币以应付日常交易需求。常常出现抢购和囤积商品的现象，甚至出现物物交换，由于急剧的价格变化，金融市场逐渐萎缩，资本逃向国外，经济陷入大混乱局面。但一般情况下，经济仍能高速地增长。

（三）恶性通货膨胀

这种通货膨胀的特点是通货膨胀率非常高，而且价格的上涨完全失去了控制。这时，货币购买力急剧下降，通货膨胀率成倍地增长，通货膨胀率达到三位数以上，各种价格以每年百分之一百万甚至百分之十亿的惊人速率持续上涨。如1922—1923年间，德国的物价成亿倍地上涨，在1922年1月价格为1德国马克的红肠面包，到1923年10月已上涨到1.92亿德国马克。2008年，津巴布韦官方公布的年通货膨胀率高达2 200 000%。2009年因巨额的通货膨胀发行了面值100万亿的纸币，创人类历史之最。

这样的通货膨胀使市场经济无法正常运转下去，人们对本国货币完全失去了信任，货币体制与正常经济生活遭到严重破坏，人们不再签订和执行长期契约，国家面临崩溃和政权更迭的危机。

第二节　通货膨胀的原因

在市场经济中，价格是由供给和需求决定的，因此，应该从供给和需求两个方面探讨通货膨胀的原因，其他各种因素都是通过影响总需求或总供给而发生作用的。

一、需求拉上的通货膨胀

需求是影响通货膨胀的重要因素。无论是消费、投资还是政府支出的增加，都可能使总需求增加。如果总需求的增长速度超过经济的潜在生产能力，就会发生需求拉上的通货膨胀。这时，物品与劳务的需求超过按现行价格可得到的供给，从而导致物价水平上涨。

这种通货膨胀理论是由凯恩斯提出的。按照他的理论，社会总需求的增加与物价水平的上升之间的关系，会因供给曲线形状的不同而不同。如果社会上存在大量的未被利用的资源，供给曲线将是一条具有无穷弹性的水平线。这时，总需求的增加只会引起产量的增加，而不会引起价格水平的上升，不会出现通货膨胀。当经济发展到一定的程度，资源得到了进一步的利用，经济中闲置的可供使用的各种生产资源越来越稀少，继续增加产量必然要使生产要素价格水平上升。为保持利润，企业不得不以提高产品的价格来弥补。所以，供给曲线是一条向右上方倾斜的曲线。这时，当总需求增加时，价格水平也将上升，但同时也使产出增加。这种伴随着产出增加的价格水平的上升被凯恩斯称为半通货膨胀。如果产量在达到充分就业水平后进一步增加，由于这时的供给曲线已是非常陡峭以至近乎一条垂线，所以，总需求的增加只会导致价格水平的快速上升，而不会使产出有大幅度的增加。凯恩斯认为这种价格上升是真正的通货膨胀。

图16-1反映了这样三种情况。图中横轴为产出，纵轴为价格水平。AS为总供给曲线。AD为总需求曲线。当产量小于Q_1时，供给曲线是水平的，这时的总需求的增加不会使价格水平上升。但产量在Q_1和Q_4之间时，总需求的增加，会导致价格水平和产出的同时增加。比如当总需求由AD_2增加为AD_3时，价格水平由P_2上升到了P_3，产出也相应地由Q_2增加到了Q_3。当产量超过Q_4后，继续增加总需求的结果，只能是价格水平的上升，产出不会再增加，即凯恩斯所称的真正的通货膨胀。

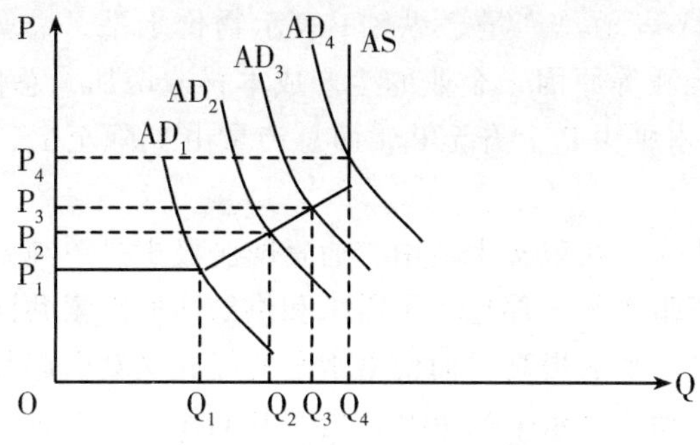

图 16-1　需求拉上的通货膨胀

一般地，当一个国家以发行过多的货币来维持支出的时候，会出现需求拉上的通货膨胀。这时的总需求的增加是由于货币供给的增加导致的。

二、成本推进的通货膨胀

需求拉上的通货膨胀理论无法解释现代的通货膨胀现象，因为通货膨胀现在常常发生在出现充分就业之前，甚至在资源大量闲置的情况下也会出现。这种现象通过成本推进的通货膨胀理论可以解释。该理论从总供给的角度来解释通货膨胀的原因，认为即使没有对物品和劳务的需求出现过度的情况，但因生产成本增加，物价也被推进上涨。

经济中出现经济停滞和通货膨胀共存的现象，最根本的原因在于总供给水平的下降，也就是总供给曲线的左移。如图 16-2 所示，这会导致更高的价格和更低的产量。引起总供给曲线左移的原因是生产成本的上升和生产要素供给量的减少。这种由成本提高所引起的价格上涨称为成本推进的通货膨胀。只要经济的增长超过了生产要素供给的增长限度，使生产要素的稀缺程度提高，就会引起成本推进的通货膨胀。

在具体解释什么要素推进了价格上涨时，工资推进是一个重要的原因。这种理论认为，在不完全竞争的劳动力市场即相当多工人组织起来成立工会的情况下，就可能使货币工资的提高超过劳动生产率的增长。工资的提高，使成本增加，供给曲线左移，导致价格水平上涨。物价上涨后，工人又要求提高工资，再度引起物价上涨。如此循环往复，就形成了工资-物价的螺旋上升，从而导致工资推进的通货膨胀。

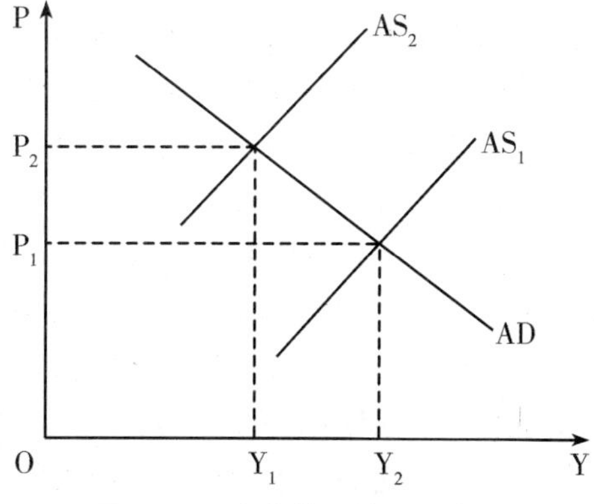

图 16-2　成本推进的通货膨胀

图16-2中横轴Y表示总产量，纵轴P表示物价水平，总需求曲线AD是既定的。如果由于工资上涨等原因，企业的生产成本普遍增加，总供给曲线由AS_1上移至AS_2，将导致物价水平由P_1上升至P_2，而总产量由Y_2降至Y_1，这就是成本推进的通货膨胀。

许多经济学家认为，在现实生活中，通货膨胀极少是单纯由需求拉上或成本推进的，大多数通货膨胀实际上都包含了需求和供给两种因素共同作用的结果。因为过度需求会引起价格水平的提高，而价格水平的提高又会引起货币工资的增加，工资成本的提高又会推动价格水平的上升，两者共同作用，轮番上升，这种“拉中有推，推中有拉”的作用，使通货膨胀能长久持续下去。

三、结构性通货膨胀

结构性通货膨胀是指由社会经济结构变化而引起的通货膨胀。这一理论由美国经济学家C.舒尔茨等人提出。该理论把通货膨胀的原因归结为经济结构的特点。认为在不存在需求拉上和成本推进的情况下，即总需求与总供给处于均衡状态时，经济结构因素的变动，也会导致一般价格水平的上涨，这就是结构性通货膨胀。

具体地，一国经济可以从不同角度划分成许多部门:按经济增长率划分，可分成扩展部门与非扩展（衰退的）部门；按与世界市场的联系划分，可分成开放经济部门和不开放经济部门；按产品类型划分，可分成资本品生产部门和消费品生产部门；按生产率划分，可分成生产率提高快的部门和生产率提高慢的部门。在这些不同的部门中，如果某一部门的物价上涨，就会通过各部门相互看齐的过程，起到连锁反应，带动其他部门价格上涨，以至引起整个社会经济的物价水平的普遍上涨。

四、预期和惯性通货膨胀

预期通货膨胀论从人们的心理预期角度来解释通货膨胀持续的原因。这种理论认为，无论是什么原因引起了通货膨胀，只要在较长的时期内存在，人们就会产生关于通货膨胀的预期。即使最初引起通货膨胀的原因消失了，它也会由于人们的预期而持续甚至加剧。

所谓预期，是指人们对未来的预计推测。一旦人们产生了对通货膨胀的预期，就会在进行各种经济活动的时候，考虑到预期的通货膨胀将会产生的后果，并尽可能地采取措施避免自身的利益受损。政府和中央银行会根据预期的通货膨胀率制定财政、货币政策，投资者、消费者、工人、管理者也会根据通货膨胀率调整自己的经济决策和经济活动。从而，预期的通货膨胀率将被纳入或被包含在利率、经济协议和经济合同以及各种关于未来的经济决策之中，这使得通货膨胀成为一种惯性。这种能够持续存在下去的预期通货膨胀也被称为惯性的通货膨胀。

在没有其他变化的情况下，预期通货膨胀一旦形成，就有无限持续下去的趋势。在现实中，各种经常发生的变化如需求和供给等因素的变化，会使实际的通货膨胀率发生变化。而当实际的通货膨胀率变化后，人们会调整对通货膨胀的预期，从而预期的通货膨胀率也发生变化。

五、现代货币数量论与通货膨胀

现代货币数量论是美国芝加哥大学教授米尔顿·弗里德曼继承和改造传统货币数量论的结果。该理论认为，货币供应量的变动是物价水平和名义收入变动的决定性因素，因此，造成持续通货膨胀的根本原因就是货币的过度发行。

弗里德曼有句名言：“通货膨胀无论何时何地都是一种货币现象。”他指出，垄断、政府赤字或工会等其他因素也会引起价格水平的上涨，但如果没有货币供给量的增加这一因素同时起作用的话，就只能使个别物品的价格上涨，而不能使价格总体水平普遍上涨。当货币的增长速度大大超过真实生产的增长时，通货膨胀就发生了，货币量增长得越快，通货膨胀率就越高。弗里德曼通过对1964—1977年间美、日、英、德的逐年平均单位产量的货币量和消费物价的对比研究，发现货币增长率的变动和通货膨胀率变动的总趋势完全一致。而且，货币增长率的变动总是先于消费物价的变动，即总是货币增长在先，通货膨胀增长在后。这就说明了货币增长是原因，通货膨胀是结果，因此，通货膨胀是一种货币现象。

第三节 通货膨胀的经济影响

如果通货膨胀被人们预期了，那么，人们会相应地根据价格的变化调整其行为，各种名义变量都可以根据通货膨胀率进行调整，从而使实际变量不变，因此，对经济的影响不是很大。但如果发生了未预期的通货膨胀，所有的价格和工资并不明确地按同样的比例变动，导致相对价格的不断变化，将会对经济产生影响。

一、通货膨胀的再分配效应

（一）对收入的影响

通货膨胀对拥有固定收入者和变动收入者的影响是完全不一样的。

1.对固定收入者的影响

通货膨胀不利于靠固定收入维持生活的人。因为对于他们而言，其收入是固定的，不随价格水平的变化而变化。因此，当发生通货膨胀时，其实际收入是减少的。他们的收入的实际购买力会随着价格水平的上升而下降。所以，他们的生活水平也会下降。

固定收入阶层主要是那些领救济金、退休金的人，还有那些白领阶层、政府雇员以及靠福利和其他转移支付维持生活的人。一般来说，他们的收入在一个比较长的时期内是不发生变化的，即使变化的话，其增长也慢于通货膨胀，或在调整的时间上滞后于通货膨胀。所以，在通货膨胀中，这些人就会受到损失。而对企业而言，雇用工人的雇主则会得到好处。

2.对变动收入者的影响

相反地，那些靠变动收入维持生活的人，则会从通货膨胀中获得利益。因为这些人的收入会随价格的变化而增加，而且货币收入的增加往往会快于价格水平的上升。例如，那些从利润得到收入的企业主就会从通货膨胀中获益。如果产品的价格上升快于要素价格上升的话，则企业的收益将比成本增加得快，也会增加企业主的收益。

（二）对财富的影响

通货膨胀对人们所拥有的财产的影响主要决定于人们拥有的财产或债务的种类。

1.对储蓄者的影响

随着价格水平的上升，拥有金额固定财产的人的利益将受到影响。比如储蓄、债券等的票面价值是固定的，其实际价值会随着价格水平的上升而下降。

2.对债权人和债务人的影响

通货膨胀可以使债权人和债务人之间发生利益的再分配。具体来说，如果按照固定利率支付，则通货膨胀可能会使债务人受益，而使债权人受到损失。比如，甲向乙借款100元，约定以年利率10%于1年后偿还，而这段时间通货膨胀率为20%，则实际利率为-10%，所以，从实际购买力来说，乙不但没有因为借出货币而获得收入，反而使购买力减少了。

3.对拥有实物资产者的影响

拥有较多实物财富的人可能在通货膨胀中受益，而手持现金较多的人则会受到损失。因为实物资产的价值往往会随着价格水平的上升而增加，如房屋、土地、黄金等价格可变的资产。

4.对政府和私人财产的再分配

通货膨胀对政府与私人部门之间的收入分配也会产生重要影响。实际研究表明，第二次世界大战以来，通货膨胀从居民手中把大量的再分配财富转移到公共经济部门去。究其原因，不外乎两点:第一，政府作为债务人的收益。第二次世界大战后各国政府发行了大量的国债。而大量的债权掌握在居民的手中。也就是说，政府是最大的债务人，而居民是债权人。因此，通货膨胀使得财富从居民手中转移到政府手中。第二，政府的所得税收入。通货膨胀通常会使人们名义收入的增加快于实际收入的增加。而税收一般是按名义收入计算的。在累进税率的情况下，通货膨胀会使人们进入较高的课税等级，从而自动地增加税收的份额，降低留归私人的收入份额，而政府的收入相应地增加了。如果政府按照通货膨胀率调整税率，则可以减少这种影响。但是，由于税负是按名义收入计算的，不考虑名义收入与实际收入的差别，即使采取某些指数化措施，也不能完全消除通货膨胀对税收的影响。

二、通货膨胀的资源配置效应

（一）价格机制无法发挥

在通货膨胀中，货币这一商品的价格尺度本身的变化，使得整个经济体系的核算遇到困难，很不利于资源配置，会降低整个社会的效率。

市场经济是依据相对价格来配置稀缺资源的，价格对资源的配置具有重要的调节作用。如果价格水平的上升是不均衡的，各种商品和劳务的相对价格发生了变化，就会引起消费者决策的扭曲，使得市场无法发挥作用。但通货膨胀也并不完全是破坏性的。生产率的提高以及其他因素的变动是不平衡的，这就要求价格体系做出调整，以适应这种变化。而在现实中有许多产品的价格在上升时是灵活的，而下降时却呈现刚性。因此，只有在某些价格上升时，才能实现为达到较好的资源配置所需要的相对价格变动。也就是说，在许多情况下，只有通过通货膨胀才能使价格体系趋于合理，进而使资源配置趋于合理。

（二）增加了“菜单成本”和“皮鞋成本”

这里的“菜单成本”是指企业调整价格所发生的成本，由餐馆印刷新菜单时发生的成本引申而来。在通货膨胀时，企业要频繁地调整价格，而调整价格的过程本身需要实实在在地支付成本。例如，印刷新价格清单和目录的成本、把这些新价格表和目录送给中间商和顾客的成本、为新价格做广告的成本，甚至包括决定新价格的成本以及包括处理顾客对价格变动的纠纷的成本。

在通货膨胀中受影响最大的价格是现金的价格。正如我们已经介绍的那样，通货膨胀时，手持现金不会带来任何利息收入，反而会受到损失。由于实际利率等于名义利率减去通货膨胀率，因此在通货膨胀时期，现金的真实利率是负数，手头保留着现金，就意味着其不断地贬值。在这种情况下，人们会急于将现金脱手，或者频繁地去银行提取，并迅速将现金换成实物或其他的硬通货，减少手持现金，增加存货，从而造成资源的浪费。恶性的通货膨胀甚至会迫使人们回到以物易物这种低效率的交换形式。这种为了减少货币持有量而支付的成本，被形象地称为“皮鞋成本”。因为经常跑银行或频繁地将货币变成商品的行为，使人们的皮鞋磨损更严重。这里引申为人们手头保留的货币数量少于没有通货膨胀时的数量所必须牺牲的时间与方便。

三、通货膨胀的产出效应

通货膨胀对于产出和就业水平的影响具有不确定性。我们可以分三种情况考虑:

（一）通货膨胀促进产出和就业的增加

在短期内，由意料之外的需求拉上的通货膨胀，会使产品价格的上涨快于货币工资率的上涨，实际工资率会有所降低，从而促使企业增雇工人、扩大产量以谋取利润，促使国民产出增加，导致就业水平的提高。而消费者在通货膨胀时，通常预期价格会继续上涨，于是，为避免储蓄和现行收入的贬值，而宁愿在价格上升前提前花掉，从而增加了市场的购买力。而企业在通货膨胀时，当预期价格上升会持续一段时间时，会力求增加库存，甚至会使企业增加新设备，以便在价格提高后增加利润。这些会进一步促进企业增加生产，进而导致生产规模的扩大和经济规模的扩大。如果失业者唯有在通货膨胀条件之下才能得到就业机会，显然，这是受益于通货膨胀。

当然，当工人意识到实际工资水平下降的时候，不会长期容忍货币工资滞后于产品价格上涨的情况，他们会要求提高工资。而一旦工资真的提高以后，通货膨胀促使就业和产出增加的效果就会消失。因此，通货膨胀对就业和国民产出的影响只能是暂时的，并且工人们会对通货膨胀进行预测，采取措施防止工资增长滞后于价格上涨的情况。所以，如果通货膨胀是人们预料之中的，就不会对就业和国民产出水平发生直接的、实质性的影响。

（二）通货膨胀导致产出和就业的减少

这种情况发生在成本推进的通货膨胀发生的时候。在假定原总需求水平不变的情况下，如果发生了成本推进通货膨胀，则原来总需求所能购买的实际产品的数量将会减少。那就是说，当成本推进的压力抬高物价水平时，一个既定的总需求只能在市场上支持一个较小的实际产出，所以，实际产出会下降，失业率会上升。

（三）通货膨胀导致经济崩溃

从短期来看，通货膨胀有可能会出现促进产出提高的状况，但必须是有一定条件的，不可能长期维持。消费者在通货膨胀时增加的消费是以储蓄的减少为代价的，长期看会影响到投资的增加。企业增加生产的行为，遇到由于价格巨大变化而导致借贷行为受损所出现的资金障碍时，企业会越来越难得到贷款。企业被迫要减少存货，生产就会收缩。

尤其是当出现恶性通货膨胀时，经济状况更加不稳定。由于人们完全丧失对货币的信心，货币就不再能执行它作为交换手段和储藏手段的职能。这时，任何正常的生产和经营活动都无法进行。人们非常关注的是如何尽快把钱花出去，或进行种种投机活动。等价交换的正常买卖、经济合同的签订和履行、经营单位的经济核算，以及银行的结算和信贷活动等，都无法再实现。这时，整个市场运行机制完全被打乱，经济会出现崩溃的局面。

第四节　菲利普斯曲线

从长期来看，由于通货膨胀会对经济的稳定与协调发展产生很大的影响，西方政府和经济学家都主张对通货膨胀进行控制。但控制通货膨胀又可能对生产和就业产生影响。下面我们将研究通货膨胀与失业的关系。

一、菲利普斯曲线

菲利普斯曲线最初是说明失业率和货币工资变动率之间交替关系的一条曲线。它是由英国经济学家菲利普斯根据1861—1957年英国的失业率和货币工资变动率的经验统计资料提出的，故称之为菲利普斯曲线。由于货币工资超过劳动生产率提高幅度会引起价格水平的上涨，所以，货币工资变动率的提高，被认为是引起通货膨胀的原因。这样，菲利普斯曲线就可以看成是反映失业率和通货膨胀率之间关系的曲线。

在图16-3中，横轴代表失业率，纵轴代表通货膨胀率，则菲利普斯曲线为一条自左上方向右下方倾斜的曲线。这条菲利普斯曲线表明，在失业率较低时，存在较高的通货膨胀率；在失业率较高时，存在较低的通货膨胀率。这就是说，低失业率和高通货膨胀率相联系，高失业率和低通货膨胀率相联系。要降低失业率或实现充分就业，必须付出通货膨胀上升的代价；而要降低通货膨胀率，则必须以较高的失业率来换取。

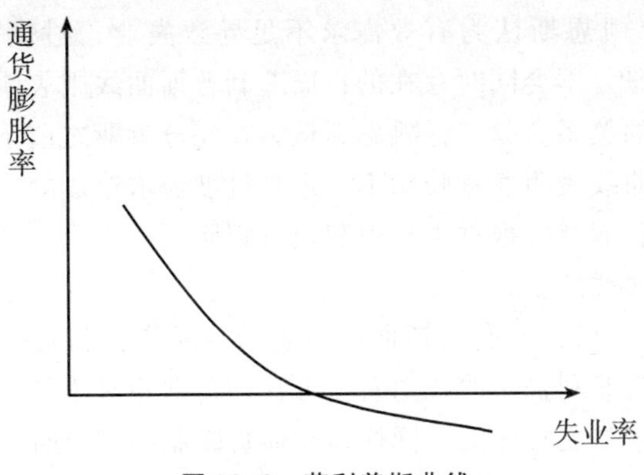

图16-3　菲利普斯曲线

二、菲利普斯曲线的应用

菲利普斯曲线为政府的政策制定提供了一个有力的工具。政府在运用菲利普斯曲线的时候，首先应确定经济中所能忍受的失业率和通货膨胀率作为社会所能承受的临界点。假如以4%作为通货膨胀率和失业率的临界点。如果失业率和通货膨胀率在这个临界范围内变化的话，说明没有超过经济的承受能力，所以，政府不必对经济进行干预。如果超过了临界范围，较高的失业率和较高的通货膨胀率会对经济和社会稳定产生不利的影响，政府就必须采取措施进行干预。图16-4反映了这一情况。

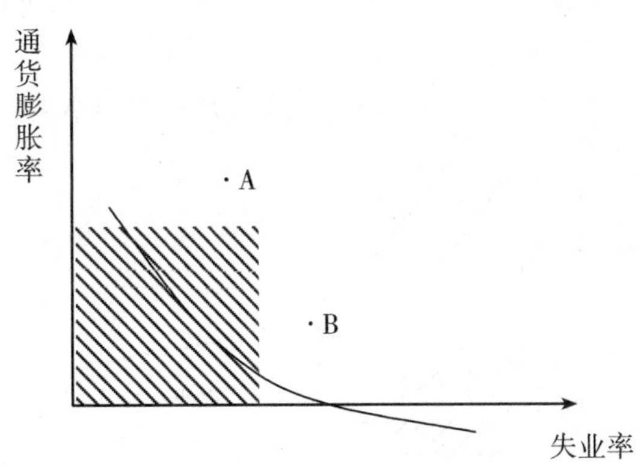

图16-4　菲利普斯曲线的应用

阴影部分表示经济的可承受部分。如果现实中的通货膨胀率和失业率的组合在这一范围内的话，政府不必对经济采取任何措施。而当组合点移到阴影部分以外的话，政府就要对经济进行干预了。假如组合处于A点的话，表明通货膨胀率已经超过了人们的承受能力，这时，政府可以采取诸如减少总需求、消除通货膨胀缺口的办法，来抑制通货膨胀率。但这一措施同时可能带来的后果是失业率的上升。如果组合处于B点的话，说明失业率超过了人们的承受能力，政府应该采取的措施是扩大总需求，增加就业，但可能同时导致价格水平的上升，即以较高的通货膨胀率换取较低的失业率。

虽然菲利普斯曲线被凯恩斯主义经济学家应用于需求管理，但它与凯恩斯的理论有所不同:其一，凯恩斯认为有效需求不足导致失业，过度需求会引起通货膨胀，失业和通货膨胀是不会同时存在的；而菲利普斯曲线则表明通货膨胀与失业有着并存和相互交替的关系。其二，凯恩斯认为在充分就业之前不会出现真正的通货膨胀，而菲利普斯曲线表明通货膨胀不一定是过度需求造成的，在未达到充分就业时，成本（工资或利润）的推进也会引起通货膨胀。

三、菲利普斯曲线的变化

20世纪70年代以后，菲利普斯曲线所表示的通货膨胀与失业的关系，发生了很大的变化，表现为菲利普斯曲线向右上方移动，即相对于某一水平的失业率，会有更高的通货膨胀率与之相伴随。同样，在通货膨胀率一定时，会有更高的失业率与其伴随，即高失业率与高通货膨胀率并存。

这种变化表明，要调节失业率与通货膨胀率之间的关系，就必须有高得多的通货膨胀率，才能使高失业率略有下降。如图16-5所示，假设发生了菲利普斯曲线的右移，菲利普斯曲线由F变成了F_1。这时，同样是4%的通货膨胀率，在原来的菲利普斯曲线上对应的失业率是2.5%，而在右移的菲利普斯曲线上，变成了5%。整条新的菲利普斯曲线都在原来的临界范围之外，所以，状况更加恶化。这种变化反映了20世纪70年代西方经济中长期存在的高失业率与高通货膨胀率同时并存的所谓“滞胀”局面。当时的通货膨胀主要是由于成本推进造成的，劳动成本和物价轮番上涨，使得通货膨胀率和失业率都居高不下。这样，政府若要抑制通货膨胀，采取减少总需求政策会使失业率提高；反之，若要降低失业率，采取扩大总需求政策，又会加剧通货膨胀。因此，凯恩斯的需求管理政策陷入了“两难境地”。

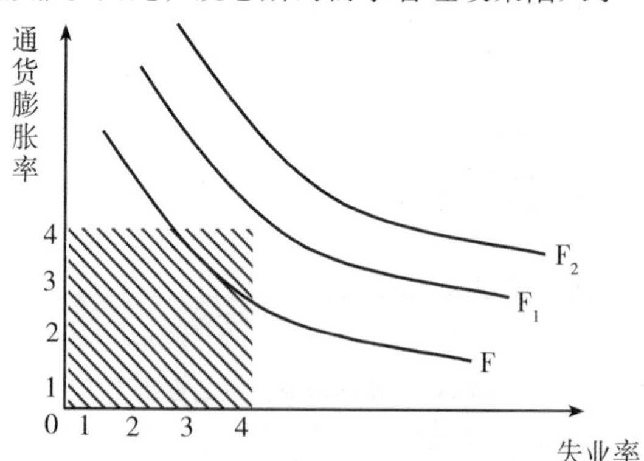

图16-5 菲利普斯曲线的变化

四、短期菲利普斯曲线与长期菲利普斯曲线

为了对失业率和通货膨胀率之间的关系问题进行研究，需要了解一个重要的概念，即我们前面已经涉及的最低可持续失业率（lowest sustainable unemployment rate，LSUR)，其含义和弗里德曼的自然失业率的概念基本相同。它是指那些作用

于价格和工资膨胀的向上或向下的力量得以平衡的失业率。经济处于这种失业率时，通货膨胀率是稳定的，不存在加速上升或下降的趋势。也就是说，最低可持续失业率是指在没有向上的通货膨胀压力的情况下，能够维持的最低失业率。

所以，现实的状况是，只要失业率偏离了最低可持续失业率，通货膨胀就会发生。假设现实的失业率低于最低可持续失业率，必将会导致通货膨胀。只有当失业率回复到最低可持续失业率时，通货膨胀率上升的趋势才能得到遏制。同样，只要失业率高于最低可持续失业率，通货膨胀率就会趋于下降。

只有当失业率等于最低可持续失业率时，通货膨胀率才会保持稳定。所以，从长期来看，并不存在失业率和通货膨胀率之间的替代关系，失业率将会趋向于最低可持续失业率。因此，长期的菲利普斯曲线只能是位于最低可持续失业率上的垂线。

如图16-6所示，F线为长期菲利普斯曲线，显然，U^*表示的是最低可持续失业率 。

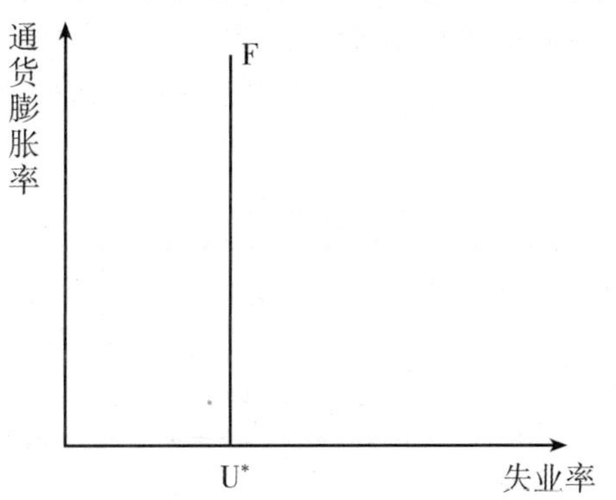

图16-6　长期菲利普斯曲线

长期菲利普斯曲线对政策的制定具有一定的指导意义。一个国家不可能使失业率长期处于最低可持续失业率之下而通货膨胀水平不上升。在短期内，政府可以用财政政策和货币政策来促进经济发展，使得失业率低于最低可持续失业率，从长期来看，这种低失业率是要以通货膨胀率的上升为代价的。

第五节　通货膨胀的治理

对于通货膨胀的治理，新古典综合派提出的措施有两个，即财政政策和货币政策。政策思路是，运用紧缩性的财政政策来抑制需求拉上的通货膨胀，包括紧缩性的财政政策和紧缩性的货币政策。20世纪70年代之后，人们开始重视这两个政策的分工。财政政策主要用来解决失业问题，而货币政策主要用来解决通货膨胀问题。当然，操作起来，政策会遇到两难，因为降低通货膨胀率的政策，会以失业率的上升为代价。一些学者对美国的研究表明，用提高失业率的办法使惯性通货膨胀率每降低一个百分点，就会使国内生产总值减少四个百分点。

货币主义者则认为通货膨胀的原因只能是货币供给量的增长超过了固定的货币增长率，会消除现代经济中的不稳定因素。货币政策应以控制货币总额为目标，使货币始终如一地按照一种事先规定的比率增长。

因为治理通货膨胀要付出代价，所以，指数化也是人们建立起来的一种适应通货膨胀的机制。所谓指数化（indexing），是一种能对工资、物价以及各种合约因价格水平变化而遭受的损失予以部分或全部补偿的机制。比如没有通货膨胀的时候，企业在第二年会给工人增加工资2%。但如果第二年的价格水平上涨10%，那么，企业就会增加工资的增长率，使工资增长6%，作为对生活费用支出的补偿。类似地，包括税收制度、租金和长期合同等，也会通过指数化的办法进行调整。

因为紧缩性的需求管理政策往往对成本推进型的通货膨胀束手无策，所以，20世纪70年代后，收入政策也引起了人们的重视。收入政策主要是指限制各种生产要素的收入增长率，从而限制物价上涨的政策。比如政府根据长期劳动生产率来确定工资和物价的增长标准，或政府对工资和物价进行硬性管制，必要时冻结工资和物价，或实行以税收为基础的奖惩制度。

事实上，每一种政策都存在着一定的代价，经济学家仍在寻求有效而代价小的反通货膨胀政策。

关键概念

通货膨胀　需求拉上的通货膨胀　成本推动的通货膨胀　结构性通货膨胀　菲利普斯曲线

综合训练十六

一、选择题（单项或多项选择）

1.通货膨胀必须具备以下几个条件：（　　）。

A.某种商品价格上涨　　B.所有商品的平均价格上涨

C.物价水平的持续上涨　　D.物价水平的短时间内大幅上涨

E.物价水平有较大幅度上涨

2.以下哪两种情况不可能同时发生？（　　）。

A.结构性失业与成本推进的通货膨胀

B.需求不足性失业与需求拉上的通货膨胀

C.摩擦性失业与需求拉上的通货膨胀

D.失业和通货膨胀

3.在充分就业的情况下，下列哪一个因素最可能导致通货膨胀？（　　）。

A.工资不变但生产率提高　　B.出口减少

C.政府支出不变但税收减少　　D.进口增加

4.在通货膨胀时期，持有货币的成本等于（　　）。

A.名义利率　　B.事后实际利率

C.事前实际利率加上预期的通货膨胀率　　D.A和C

二、简答题

1.通货膨胀的类型有哪几种？

2.通货膨胀的原因有哪些?

3.预期对通货膨胀有什么影响?

4.现代货币数量论对通货膨胀的原因如何分析?

5.通货膨胀对人们的收入有什么影响?

6.通货膨胀对人们所拥有的财富的影响是什么?

7.什么是菲利普斯曲线?为什么说它为政府制定政策提供了一个工具?

三、计算题

如果某国某一时期经济中的货币流通速度是常数，实际GDP增长了5%，货币供给增长了14%，名义利率是11%。

要求:

请计算实际利率。

第十七章　宏观经济政策

以20世纪30年代的经济危机为契机，西方各国政府开始走上了干预经济的道路。政府在经济生活中起到了越来越重要的作用。正因为如此，研究政府根据各国的实际情况制定干预经济的政策、调整经济的过程以及政府效果的分析、比较，就成了宏观经济学的重要内容。宏观经济政策是指政府对宏观经济运行过程进行管理与调节，实现经济均衡增长的各项政策的总称。

第一节　宏观经济政策概述

一、宏观经济政策的产生

提到宏观经济政策，凯恩斯可以说是一个分水岭。在他之前的许多经济学家认为，市场的作用是万能的。它可以通过价格机制自发地调节供求，使得资源能够得到理想的配置。即使出现过剩和失业等现象，也是经济中的暂时失衡。市场机制会通过对商品价格和工资的调节，自动地使失衡的经济趋向均衡，实现充分就业。所以，现代经济无需政府对经济进行干预或调节；相反，政府对经济进行干预，反而会给经济运行过程带来更大的混乱。20世纪30年代爆发的世界性的、空前严重的资本主义经济危机，使传统经济理论遇到了无法解释的矛盾而陷入困境。当市场经济的自动调节机制无法使资本主义经济摆脱沉重危机时，主张政府进行经济干预的思想就应运而生了。

凯恩斯于1936年出版了《就业、利息和货币通论》一书，提出了有效需求原理，建立了宏观经济理论体系。这一体系对经济现象提出了具有创造性的解释，因此被经济学家们称为凯恩斯革命。根据凯恩斯的理论，在资本主义市场经济的自发作用下，均衡的国民收入通常是小于充分就业的国民收入，于是经济萧条和失业就是不可避免的了。为了把经济从危机中挽救出来，必须实施政府对经济的干预政策。他提出了两个非常重要的观点:一是市场经济中高失业率和未被完全利用的生产能力是有可能长期存在的，并不能总是保证充分就业；二是政府的财政政策和货币政策能够影响经济产出，从而降低失业率并缩短经济衰退期。

凯恩斯的观点由于极具开创性，所以，引发了无数的反对和争议。但不可否认的现实是，很长时间以来，凯恩斯学派在经济学中一直占据主导地位。而各国的宏观经济政策，也在很大程度上基于凯恩斯的宏观经济分析理论。这一理论的应用，一方面，使得各国在一定程度上摆脱了经济的巨幅波动；另一方面，又引发了一些新的经济问题，比如20世纪资本主义国家普遍出现的“滞胀”和各国巨额财政赤字的积累等。

宏观经济理论因此也在不断发展，供给、预期、工资及价格的变动也开始成为经济学家的研究对象，出现了一些新的经济学流派。比如，供给学派、货币学派、理性预期学派等各个学派都从各自不同的角度对宏观经济问题进行了分析和研究，并提出了自己相应的政策主张，为不同的国家制定政策时所采用。正如经济学家萨缪尔森所描述的那样："凯恩斯主义早年一统天下的局面开始动摇……经济学和经济政策都已时过境迁，不再是凯恩斯伟大发现所处的那个年代了。"但无论如何，凯恩斯这样一位"宏观经济学守护神"的理论，是值得我们了解和研究的。另外，不能忽视的一点是，事实上，第二次世界大战之后，发达资本主义国家从来没有停止过政府对经济的干预，即使是反对凯恩斯国家干预理论、奉行自由主义经济政策的国家的政府，也远远没有做到彻底的自由放任。所以，国家干预主义和自由主义理论的分歧，不在于要不要国家对经济进行干预，而是在多大程度上干预的问题。

二、宏观经济政策的目标与工具

（一）宏观经济政策的目标

西方国家实施宏观经济政策的主要目标是经济增长、充分就业、价格稳定。

经济增长是达到一个适度的增长率，这种增长率要既能满足社会发展的需要，又是人口增长和技术进步所能达到的。一国的经济实力和产出水平密切相关。一般而言，经济增长越快，产出量越大，在一定条件下，国民的富裕程度和生活水平就越高。因此，对一个政府而言，追求经济的高速和稳定增长是必然的选择。

高就业、低失业也是经济政策的目标之一。如果有大量失业存在的话，一方面是社会资源的巨大浪费，导致产出水平的下降；另一方面，又会对社会的稳定产生一定的冲击。这里的充分就业指的是失业率处于社会可允许的范围之内，能为社会所接受。这时并不意味着人人都有工作，而是维持一定的失业率，使得由工作机会存在所造成的提高工资的压力恰好与由失业所造成的压低工资的压力相等。

价格稳定的含义是维持一个低而稳定的通货膨胀率，这种通货膨胀率能为社会所接受，对经济也不会产生不利的影响。价格稳定才能使以价格调节为手段的市场机制充分发挥作用，不至于因为价格尺度本身的变化而导致市场信号失灵，调节失控。

这几个经济目标的一致性是不言而喻的，从根本上说，都是为了稳定经济的需要，但它们之间是存在矛盾的。比如，经济增长与充分就业有一致的一面，也有矛盾的一面:一方面，经济增长会提供更多的就业机会，有利于充分就业；另一方面，经济增长中的技术进步又会引起资本对劳动的替代，相对地缩小对劳动的需求，使部分工人尤其是文化技术水平低的工人失业。此外，经济增长与物价稳定之间也存在矛盾，因为在经济增长过程中，通货膨胀是难以避免的；充分就业与价格稳定也存在一定的矛盾，因为要实现充分就业，就必须运用扩张性财政政策和货币政策，而这些政策又可能会导致财政赤字的增加和货币供给量的增加而引起通货膨胀。

这些矛盾的存在，使得经济政策各项目标在很多情况下难以兼得。这就为经济政策的制定增加了难度。所以，国家在制定经济政策时，要充分考虑各个目标之间的相互关系，有取有舍，分清主次，做出正确的选择。

（二）宏观经济政策工具

宏观经济政策就其内容来看，主要包括以下几个方面:财政政策、货币政策、收入政策、人力政策，以及汇率政策等。因为宏观经济的波动是在总需求和总供给的作用下形成的，所以，宏观经济政策也可以从需求管理和供给管理两个角度进行研究。传统的经济干预政策主要是按照凯恩斯的思路，强调需求管理，而现代自由主义则开始重视供给管理的重要性。

1.需求管理

需求管理政策是以凯恩斯的总需求分析理论为基础制定的，也是凯恩斯主义所重视的政策工具。假定潜在的国民生产能力是既定的，社会就业量就取决于由市场总供给和总需求在均衡条件下所决定的有效需求，有效需求小于潜在的国民生产能力，就是有效需求不足。而在资源存在闲置的情况下，供给不会成为制约因素。按照凯恩斯的观点，有效需求总是不足的。有效需求不足，必然产生失业现象。因此，国家干预经济的重点在于调节总需求，刺激总需求增长，以消除失业。所以，凯恩斯主义认为国家宏观经济管理的重点应是需求管理。需求管理的基本政策有两个方面，即实现充分就业政策和保证物价稳定的政策。在有效需求不足的情况下，政府应采取措施，刺激总需求增长，克服经济萧条，实现充分就业；而一旦出现有效需求过度增长的情况，政府应采取措施，抑制总需求，以克服因需求过度扩张而造成的通货膨胀。

凯恩斯经济理论为西方经济学引入了宏观需求管理理论，并为确定政府在经济管理中的地位和作用奠定了基础。

2.供给管理

与很长时间以来占据主导地位的凯恩斯主义的需求会创造供给、供给不会成为经济发展的制约因素的思想不同，面对着20世纪70年代出现的石油危机所引发的“滞胀”等用需求管理手段仍然束手无策的经济现象，经济学家开始重视决定经济状况的另外一个因素——总供给。供给学派开始从供给入手对宏观经济进行研究。供给学派理论的核心是把注意力从需求转向供给。既然凯恩斯理论无法解决诸如“滞胀”等问题，那么，他们从供给方面寻找消除通货膨胀和失业问题的办法，即主要推动需求不能解决的问题，经济走出困境的根本方法是增加供给，在政策方面的主要手段是减税。

在短期内影响供给的主要因素是成本，特别是生产成本中的工资成本。在长期内影响供给的主要因素是生产能力，即经济增长的潜力。因此，供给管理包括控制工资与物价的收入政策，改善劳动力市场状况的人力政策，以及促进经济增长的增长政策。

本章主要介绍需求管理政策，该政策由财政政策和货币政策两部分组成。具体内容如表17-1所示。

表17-1　**宏观经济政策的目标和主要政策工具**

目　标	工　具
经济增长	财政政策:政府支出、税收
充分就业	货币政策:控制影响利率的货币供给
价格水平稳定	

第二节　财政政策

宏观财政政策是指通过政府的财政收入政策和财政支出政策对经济过程进行宏观调控，以达到需求管理的目标。

一、财政制度

财政作为政府的经济活动，有多种功能。它既具有再分配的功能，也具有配置资源的功能。通过税收和社会保险、社会救济支出来实现社会公平，就是财政的国民收入再分配功能的体现；通过财政支出举办私人无力或无动力举办而为社会公众所需要的公共工程和环境保护工程，就是财政的配置资源功能的体现。自凯恩斯革命以来，财政还增加了调节宏观经济过程、稳定经济的功能。传统的国家理财思想是把政府活动降到最低限度，从而减少国家开支。而现代的理财思想是把政府的收支活动和国民经济状况联系起来，研究其内在的联系。本章所说的宏观财政政策，主要是研究财政的调节经济和稳定经济的功能。首先需要了解西方的财政制度，这一制度是由财政收入和财政支出两方面构成的。

（一）财政收入

财政收入的主要来源是各项税收。在现代财政制度中，税收已经不仅是维持政府运转的手段，而且是政府调节经济的重要手段。实际上，无论是需求管理还是供给管理政策，都非常重视税收的作用。

按照税收的对象，可以将税收分为所得税、财产税和流转税。所得税是对个人的收入和企业的所得课征的税收，主要包括个人所得税和公司所得税，在大多数西方国家中，所得税是最大的税种，因此税率或税收的变动会对经济产生重要影响；财产税是以动产和不动产为纳税对象的税种，主要包括财产税、遗产税和赠与税；流转税则是对商品和劳务的流转额征税，以商品的销售额和劳务的收入总额作为计税依据，主要包括增值税、营业税、消费税、关税，其中增值税是主要税种。

按税率的设置来划分，税收还可分为累进税、累退税和固定比例税。累进税是随纳税对象的增加，税率递增的税收；累退税则恰好相反；而固定比例税则是税率是固定值，不随纳税对象的变化而变化。所得税通常实行累进税率，如个人所得税是按个人收入划分若干档次，对每一档次增加的那一部分收入，规定比前一档次较高的税率。因此，累进税具有调节收入分配、实现分配公平的功能。间接税一般实行固定比例税率，不同收入水平的人购买相同商品的税金是相等的，但间接税的税负对纳税人的收入水平来说具有累退性质，即收入越多的人，税收占收入的比例越小，收入越少的人，税收占收入的比例越大。

（二）财政支出

西方国家的财政支出主要包括两个方面，即政府购买支出和政府转移支付。

1.政府购买支出

政府购买是指政府在市场上对商品和劳务的购买，这时政府作为市场的主体而存在，其行为和其他的市场主体无太大的区别，只是购买的意图有所不同。被政府购买的商品和劳务一般是用来满足社会的公共需要。政府购买支出主要包括：（1）由政府举办的公共工程支出。所谓公共工程支出,是指国家对于社会公众需要而私人无力举办或收益低而私人不愿举办的基建工程的投资，诸如桥梁、高速公路、环境卫生治理等等。（2）为管理各种社会事业的支出，包括政府对国家安全、政府行政、科学研究、教育、文化、环境保护、卫生等管理的需要而购买商品和劳务的支出，以及向公务人员支付的薪金等。政府购买支出是构成总需求的一项重要组成部分。

2.政府转移支付

政府转移支付主要是指政府对私人部门的无偿转移支付，包括政府在社会福利方面的各种支出，如政府的社会保障与社会救济支出、社会保险支出、政府津贴、产品价格补贴等转移支付。政府转移支付构成个人可支配收入的一部分。这部分支出在消费者和生产者手中会形成购买力，所以，也构成总需求的一部分。

二、财政政策的内容

财政政策的调节功能，主要是通过调整财政收入和财政支出政策，进而实现对总需求的控制，消除经济中的不稳定因素。

如果总需求恰好稳定于充分就业时的水平，那么，经济不稳定的因素将被消除。如果不是这样，经济将会产生波动。

（一）扩张性财政政策

在经济萧条时期，总需求的萎缩使得现实的国民收入小于潜在的国民收入，这时的情况是失业率大于最低可持续失业率。经济当中存在着紧缩缺口（contractionary gap）。如果听凭市场来消除这一缺口，将是一个很漫长的过程。于是，凯恩斯主义者认为，政府完全可以通过一些财政政策来消除这样的缺口。这时应该采用扩张性的财政政策，来抑制经济的收缩，以求得充分就业的实现。扩张性财政政策的具体内容是，增加政府支出，减少税收。政府支出的增加使得公共工程支出与政府购买支出增加，这有利于刺激私人投资；转移支付的增加则有利于消费水平的提高。两方面支出的增加，都会促进总需求的增加。而减税也会通过降低税率、免税或退税等手段起到同样的作用。减少公司所得税可以使公司的收入和利润增加，刺激企业的投资需求。而减少个人所得税，则可以扩大居民的可支配收入，刺激私人消费需求的增加。

无论是私人部门还是公共部门的自发支出的增加，都可以通过乘数效应，带来国民收入的成倍增加，从而消除通货紧缩缺口。

（二）紧缩性财政政策

在经济过度繁荣的时候，总需求大于总供给，经济中存在着通货膨胀。这时应该采取的是紧缩性的财政政策，即减少政府支出，增加税收。政府公共工程支出与购买支出的减少可以抑制投资，政府转移支付的减少可以减少私人消费，从而抑制总需求。而增加个人所得税可以使个人可支配收入减少，从而使消费减少。增加企业的所得税可以使企业的收入减少，从而使投资减少。这些政策手段的结果是总需求的减少、国民收入水平的收缩和经济的稳定。

表17-2反映了两种政策的具体内容和特点。

表17-2　**财政政策的目标与内容**

政策目标	政策特点	财政收入政策	财政支出政策
实现充分就业	扩张性财政政策	减少政府税收	增加政府支出
抑制通货膨胀	紧缩性财政政策	增加政府税收	减少政府支出

我们注意到，财政政策的运用，是根据经济状况的具体特点而采取不同的政策内容。其目的都是为了改变经济中的不稳定状况。当经济过热的时候，紧缩性的财政政策会抑制总需求的进一步增加；当经济不景气的时候，扩张性的财政政策则抑制总需求的进一步下降。这种政策的特点是“逆经济风向行事”。这种决策者根据现实经济状况在政策出台时审时度势、具体问题具体分析的财政政策，被称为斟酌使用的财政政策。

三、财政制度的内在稳定器

斟酌使用的财政政策是政策制定者根据具体情况制定的政策。其实，财政制度本身也有一种自动的调节作用。这种机制能在经济出现波动的时候对其产生缓冲的作用。这种作用被称为财政制度的内在稳定器或自动稳定器。

内在稳定器主要体现在三个方面:

（一）自动调节的税收

随经济状况变动而自动改变的税收主要是直接税，其中最重要的就是个人所得税和公司所得税。一般来说，个人所得税都具有累进的性质，当经济进入高涨期时，人们的收入水平会普遍提高，一方面会有更多人达到起征点，加入纳税人的行列；另一方面也必然有一部分人进入更高的税率档次，因此在经济繁荣时期，税收的增长速度要高于收入的增长速度，对经济的扩张起到了一定的限制作用。相反，当经济衰退时，个人收入会减少，在税率不变的条件下，肯定要有一些人的收入下降到起征点以下，而且另外一部分人退回较低的税级，税负总水平在下降，增强经济的抗衰退能力。从公司所得税的角度来观察，公司所得税一般也具有累进的性质，其效果类似于个人所得税。即使公司所得税不是累进税，在税率不变的情形下，在经济过度繁荣的情况下，企业收入的增加和利润水平的提高，也会使企业的所得税增加，有助于遏制经济的进一步扩张和通货膨胀的加剧。

从上述分析可以发现，在各种不同的情况下，税收的自发调节方向，与斟酌使用的财政政策的方向是相同的，但这并不是操纵的结果，而是制度本身自发调节的结果。

（二）自发调节的政府的转移支付

政府的转移支付主要包括政府发放的失业救济金和其他各种福利支出。在政府对个人的转移支付制度中，规定了失业救济金和其他福利支出的支付办法，比如规定了发放失业救济金的一定标准。当经济处于衰退或萧条时，失业人数会不同程度地增大，这时符合领取失业救济金条件的人数也同时上升，政府的转移支付增加，从而使得消费水平增加、总需求增加。反之，当经济兴旺时，就业机会增多，人们的收入水平提高，失业率下降，这时，依赖失业救济金和领取失业救济金的人相应减少，政府的转移支付自动地减少，在一定程度上抑制了消费，由此对经济的总体扩张起到了一定的限制作用，从而减轻了通货膨胀的程度。

（三）有助于经济稳定

“内在稳定器”有助于经济稳定，但不能完全消除经济的不稳定性。虽然在经济萧条时，内在稳定器有助于减缓经济衰退的趋势，但无法扭转衰退的总趋势。在通货膨胀时，也仅仅能缓和价格水平的上涨程度，但不能扭转价格上涨的趋势。所以，它只能是配合斟酌使用的财政政策，而不能替代之。所以，它只是经济波动的第一道防线。消除它所留下来的波动是斟酌使用的财政政策的任务。

四、赤字财政政策与公债

我们介绍的财政政策及其效果都是凯恩斯主义财政政策思想，被称为功能财政思想。功能财政思想是对传统的预算平衡思想的否定。西方政府在历史上曾长期重视和信奉财政预算平衡，即主张每年预算应力求平衡，或量入为出，或量出为入。功能财政思想一反上述平衡预算政策观念，主张财政预算不在于追求政府收支平衡，而在于追求无通货膨胀的充分就业。按功能财政思想，比起关心预算平衡，政府应当更加关心经济。

当有效需求不足时，政府有义务实行扩张性财政政策以实现充分就业。我们知道，扩张性财政政策的内容是扩大政府支出、减少政府收入。当然，这样通过乘数作用，刺激了国民收入水平的提高。但我们不能回避的问题是，作为财政预算，当我们要增加支出时，如果仍然要维持传统的预算平衡思想的话，只能通过增加税收的办法。而税收如果增加的话，可支配收入和消费支出就会下降，根本无法达到提高就业水平，克服萧条的目的，支出增加的效果会大打折扣。

如果坚持扩张性财政政策的选择的话，支出大于收入，财政必然会出现赤字。有一个办法就是发行公债（national debt），即政府的举债行为。这是西方国家弥补赤字最常用的方法。

按照凯恩斯主义的理论，公债并不可怕，而且是必需的。第一，对公众而言，作为公债的购买者，他们拥有公债的债权，作为纳税人，又欠下自己的债务，在这样的基础上，除向外国借的部分债务外，所有债务、债权都可以看做自己欠自己的债，一笔勾销。第二，国家会长期存在，完全可以用发行新债偿还旧债，不存在一次性偿还债务的压力。对公众而言，只要国家长存，就能确保每期债权兑现，因此，公债是一种安全的个人投资方式。第三，公债并不可怕，关键是要看其用途，只要政府不用于战争和浪费，而是潜心用于刺激经济发展，只要经济增长大于债务增长速度，举债是值得的。这就是一般所说的公债哲学。

公债的发行，保证了赤字财政政策的实施，但是，由谁来购买债务是非常重要的问题。如果把公债直接卖给公众或企业，可能会减少公众和企业的消费和投资，另外，假如货币的供给量不变，政府以举债（发行债券）弥补赤字，债券发行意味着对可贷资金需求的增加，在可贷资金的供给没有增加的前提下，为弥补赤字进行的举债行为将会驱使实际利率的上升。实际利率上升会对私人支出产生消极影响。对于消费者而言，消费者要考虑适当减少对利率反应敏感的物品或劳务的购买，比如汽车及其他耐用消费品。更为重要的是，高利率会提高投资项目的机会成本。生产者及其他投资者会因此而推迟对投资品的购买，其中包括居民的住宅建造和购买活动，由此可以看出赤字预算引起的高利率将会妨碍私人支出，经济学家将由赤字引发的利率提高从而使私人支出降低的现象称为挤出效应（crowding-out effect）。

在不同经济条件下，挤出效应是不同的。在经济萧条时，挤出效应并不严重，政府支出减少的私人支出比较少。所以，人们认为，和繁荣时期相比，在萧条时期的财政政策是强有力的。

五、财政政策的局限性

财政政策如果能正确制定并实施，会对总需求起到一定的影响并促进经济的稳定运行。但在实际操作中，可能存在许多因素限制其作用，这些限制因素主要有:

（一）政策时滞

一项政策从提出方案到产生效果，需要一定时间。首先，需要一定时间观察分析经济活动状况，预测未来变化趋势，以确认是否应当采取和采取何种政策；其次，要确定一项政策，特别是税收政策的变化，还需经过反复论证，经过长时间的立法程序；最后，政策变量还需一定时间才能输入经济和产生效果。由于存在时间滞后，根据确定经济形势所实施的逆向调节政策会因形势变化而失效，甚至会产生与预期相反的效果，加剧经济波动。

（二）预期的影响

对政府将要实施的政策，人们会根据自己对经济形势变化和对政府政策的预期，预先做出符合自己利益的行为调整，抵消政策作用。在经济萧条时，政府试图通过减税刺激私人部门支出，试图增加转移支付，然而由于家庭预期物价水平将继续下降，可能不会增加他们的消费；而企业则会因利润的悲观预期而不愿投资。所以，刺激总需求的目的并不必然实现。而在通货膨胀时期，即使政府减少开支，也会由于家庭预期物价上涨超前购买、企业预期收益扩大增加投资而降低了财政政策的政策效果。

（三）利益集团的阻挠

财政收支变动必然产生收入再分配效应，从而受到特定利益集团的阻挠。例如，增税、削减转移支付、压缩公共福利开支，会受到要求维持既定收入和福利水平的选民的反对；减少政府购买，会受到有关企业集团的反对；即使政府增加公共福利及其他公共设施上的支出，也会被一些企业认为是政府与民争利而遭到反对。各种利益集团或是直接向政府施加压力，或是通过院外集团影响立法机构阻挠财政政策的实施。

（四）挤出效应

挤出效应是指政府支出增加所引起的私人消费或投资降低的作用。由于存在挤出效应，政府的扩张性政策至少会部分地由于私人部门支出下降而被抵消。另外，赤字财政政策本身也对经济产生了一系列不利的影响。这是因为政府在实行扩张性的财政政策时，由于财政支出的增加会使社会总需求和国民收入增加，同时也引起货币需求的增加。在货币供给不变的情况下，货币需求增加就会引起利率上涨，利率上涨必然会引起私人投资的减少，从而财政政策的效果被“挤出”。在未实现充分就业的情况下，利率上涨得越多，“挤出效应”就越大，反之，利率上涨得越少，“挤出效应”就越小。

第三节　货币政策

货币政策也是宏观经济政策的重要组成部分，它是通过中央银行对货币供给量的控制来实现一般宏观经济目标的主要手段。

一、货币政策原理

通过调整货币供给量能够控制宏观经济，是因为存在着货币传导机制。凯恩斯主义认为，货币供给量的变化对总产出具有一定的影响。我们以货币供给量的增加为例进行分析，步骤如下:

第一步，货币供给量对利率的影响。我们已经了解，货币市场的利率和货币供给量有直接关系，货币供给量的增加，会导致利率的下降。

第二步，利率下降后，降低了资本投资的成本，刺激了资本投资的增加，即使得投资需求增加。

第三步，投资需求的增加，使得意愿总支出增加，意愿总支出曲线向上移动，国民收入增加。

我们可以通过图 17-1 来表示这种传导机制。

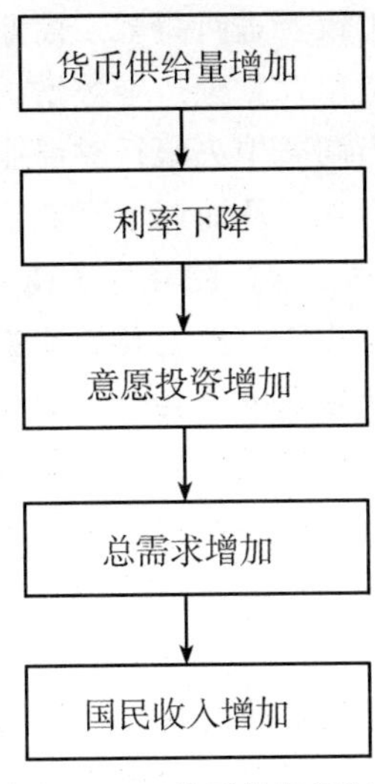

图 17-1 货币传导机制

二、货币政策的内容

既然货币供给量的变化会影响到总产出，那么，我们要调节总产出的时候，就可以以货币供给量为出发点进行调节。

(一) 货币政策工具

具体地，对于货币供给量的调节，可以通过以下政策工具:

1.公开市场业务

中央银行在公开市场上买卖政府债券的活动称为公开市场业务，它是中央银行调整货币供给量的重要工具。政府在发生财政赤字时，通常靠发行债券来弥补赤字。而债券本身成为政府的一种调节工具，即通过在公开市场上买卖政府债券，从而对公众持有的货币量实行调节。当中央银行在公开市场上出售债券时，如果是向商业银行出售，则中央银行给予的是债券，而得到的是货币。这意味着商业银行的存款准备金减少。最终通过乘数，会使商业银行的货币供给成倍地减少。比如卖给商业银行的债券数量是1亿元，而货币存款创造乘数是5的话，最终会减少的货币供给是5亿元；反之，如果中央银行进行反向操作即从商业银行买债券的话，商业银行得到的是货币，存款准备金增加，最终是增加货币供给。

当然，如果中央银行买卖债券的对象是非银行系统的企业和个人的话，同样也会影响到货币的供给量。同样地，中央银行买入债券，意味着货币供给的增加，而卖出债券的话，意味着货币供给的减少。

公开市场业务顺利进行的前提条件是必须要有发达的证券市场。

2.调整中央银行贴现率

中央银行贴现率是指中央银行向商业银行贷款的利息率。它一般低于商业银行向客户贷款的利息率。商业银行可以凭借本银行的收益资产，如商业银行持有的政府债券或银行为客户办理票据贴现的各种票据，向中央银行申请借款或票据再贴现。商业银行也可以直接向中央银行进行贷款。商业银行从中央银行获得借款后就扩大了它的贷款能力，并通过货币存款创造乘数增加货币供给量。所以，中央银行根据宏观需求管理的目标，适当调整中央银行对商业银行的贴现率，就可以使商业银行增加或减少向中央银行的借款，从而调节商业银行的贷款能力。当中央银行希望扩大供给量时，可降低贴现率，这样就降低了商业银行向中央银行借款的成本，商业银行就愿意向中央银行多借钱，以扩大其贷款能力，使经济领域中可流通的货币存量增加；同时中央银行调低贴现率也会引导商业银行降低其对客户的贷款利息率，有助于增加对客户的贷款，增加投资和消费需求。反之，当希望减少货币供给量时，中央银行提高贴现率，能直接导致商业银行贷款利息率上升，会对总需求起到抑制的作用。

3.调整法定准备金比率

法定准备金制度是中央银行规定的商业银行存款所需保持的最低准备金。根据货币乘数原理，中央银行规定的法定准备金比率越低，货币乘数就越大，银行创造货币的能力亦越大，派生存款就越多；反之，法定准备金比率越高，货币乘数就越小，银行就会减少贷款，抽紧银根，派生存款就越小。因此，中央银行通过调整法定准备金比率，可以起到调节货币供给、实现宏观需求管理的目标。如果要扩大货币的供给量，中央银行一般采取降低法定准备金比率的办法。通过乘数的作用，导致存款数量增加，市场中可流通的货币存量就增加，从而使利息率下降，投资成本降低，投资者就愿意向银行多要贷款，消费者亦会减少储蓄进行消费，进而刺激投资和消费；反之，当需要减少货币供给量时，中央银行一般会提高法定准备金比率。如果经济领域中可流通的货币存量减少，利息率就会上升，从而抑制投资和消费。

在通常情况下，上述三种货币政策工具是配合运用的。三种工具相比，各有其特点。公开市场业务最为主动灵活，中央银行能够始终处于主动地位，可以持续操作，运用方便，并可以随时调整买卖的方向，对经济过程的调节作用比较缓和，是中央银行常用的货币政策工具。中央银行贴现率政策对经济过程的调节作用在力度上不及调整法定准备金比率的政策有力，但比公开市场业务的作用有效，因而被较多运用，特别是在用于调节货币对外汇率时，调整中央银行贴现率的作用就更为明显。但其效力取决于商业银行的反应，不能直接干预商业银行的经营意向，所以对商业银行缺乏强制性影响。法定准备金比率的办法对经济过程的调节作用最为强烈，因为一旦提高准备金比率，就会立即使所有商业银行感到准备金不足，必须收回贷款，结果使借款人减少在银行的存款，压缩投资，会在短期内造成巨大的经济波动，所以，通常不轻易采用这一办法。

除了上述三项调节货币流通量的主要措施外，还有几种较为次要的手段。如道义上的劝告，即中央银行对商业银行在放款投资等方面所采取的措施给予指导或告诫；控制利息率的上限，即控制商业银行对定期存款所支付的最高利息，以达到减少定期存款，使存款更多地转化为易于流动的债券和短期存款；控制对消费者购买耐用消费品分期付款的条件，以便调节信贷结构，达到鼓励或限制消费的目的；控制抵押贷款条件，即通过放宽或收缩以抵押贷款购买住宅的各种条件，来调节房地产业的发展，最终达到控制总需求的目的等。但是，这些调节手段都不具有法律上的约束力，并且有些手段现在已很少使用。

（二）货币政策的种类

根据经济的不同情况，可以采用不同的货币政策，即扩张性货币政策和紧缩性货币政策。扩张性货币政策是当经济处于萧条时期时采用的货币政策。由于这时需要通过增加货币供给量来实现对总需求的刺激，可以运用在公开市场上购买债券、降低法定准备金率和降低贴现率的办法。而当经济过热出现通货膨胀时，为了抑制总需求，则应该采取紧缩性货币政策。这时的政策手段是在公开市场上出售债券、提高法定准备金率和中央银行的贴现率，以此减少货币供给量，进而减少总需求，抑制经济的进一步扩张。

三、货币政策的局限性

宏观货币政策在实施对总需求调节的过程中，由于时常遇到一些不利的情况，以及本身具有的缺陷，会减弱或影响其应有的作用。

首先，一些因素会阻碍货币传导机制的实现。假如投资对利率不敏感的话，传导机制将无法进行下去。另外，根据凯恩斯主义的货币理论，不断地增加货币供给量会遇到“流动陷阱”，而失去对利息率的调节作用。因为在其他条件不变的情况下，利息率会随着货币供给量的增加而下降，从而导致投资的增加和国民收入的增加。但在“流动陷阱”存在的情况下，继续增加货币供给量就不会再使利息率下降，货币供给量的增加不会导致国民收入的增加。所以，一般人们认为，紧缩性货币政策效果比较明显，而扩张性货币政策的效果相对要差一些。

其次，货币政策作用程度还受其他许多因素的影响。如在萧条时期，尽管中央银行采取鼓励贷款的政策，但商业银行通常不愿扩大贷款，以免承担风险。在通货膨胀时期，尽管中央银行采取限制贷款的政策，但商业银行因有较高的利息率，仍然愿意多贷款以多获利润，因而难以减少货币供给量。这就是说，商业银行可能采取与中央银行的宏观货币政策相反的行为。

再次，公开市场业务也往往由于公众的不配合而影响其对经济的调节作用。通货膨胀时期，人们不一定购买政府发行的债券；萧条时期，人们也不一定出卖债券。

最后，货币政策作用的外部时滞也影响政策效果。中央银行变动货币供给量，要通过影响利率，再影响投资，最终传导至就业和国民收入。因而，货币政策要经过相当长的时间才会得到充分发挥。尤其是利率变化后，投资规模并不会很快发生变化，在此过程中，经济情况有可能发生了和人们原先预料的相反的变化。

由于存在着诸多问题，货币政策作为平抑经济波动的手段，作用是有限的。

第四节 财政政策和货币政策的配合

尽管财政政策和货币政策的最终目标是一致的，但两者并不能完全相互取代来实现政府的目标。比如，在存在流动陷阱的时候，货币政策将失效，比较有效的是财政政策。当出现极度的通货膨胀时，只使用货币政策而不配合使用财政政策，效果也不会理想。在制定和执行政策时，有必要根据实际情况，斟酌使用财政政策和货币政策，而且，在不同的情况下，正确地确定不同的政策组合，会带来最佳的效果。

扩张性的财政政策和紧缩性的货币政策混合会导致利率的上升，产生“挤出效应”。当经济萧条但又不太严重时可采取这种组合:一方面用扩张性的财政政策刺激需求；另一方面用紧缩性的货币政策控制通货膨胀。

紧缩性的财政政策和紧缩性的货币政策混合会使总需求减少，国民收入水平下降，导致国民经济发展缓慢，甚至开始衰退，当经济发生严重的通货膨胀时，可采用这种组合:一方面用紧缩性的财政政策压缩总需求；另一方面用紧缩性的货币政策提高利率，抑制通货膨胀。

紧缩性的财政政策和扩张性的货币政策混合会引起利率的下降，投资增加，总需求减少。当经济出现通货膨胀但又不太严重时，可采用这种组合:一方面用紧缩性的财政政策压缩总需求；另一方面用扩张性的货币政策降低利率，刺激投资，遏止经济的衰退。

扩张性的财政政策和扩张性的货币政策的混合会引起总需求的增加，从而促进经济的复苏、高涨。当经济严重萧条时，可采用这种组合:一方面用扩张性财政政策增加总需求；另一方面用扩张性货币政策降低利率，减少“挤出效应”。

对两种政策的合理搭配运用，能够增强财政政策和货币政策的效果，增强宏观经济政策的力度，但财政政策和货币政策的配合运用，在实践中是一个比较复杂的问题。

关键概念

政策时滞　扩张性财政政策　紧缩性财政政策　内在稳定器　公开市场业务　扩张性货币政策　紧缩性货币政策

综合训练十七

一、选择题（单项或多项选择）

1.内在稳定器的功能是（　　）。

A.旨在减少周期性的波动　　B.旨在稳定收入，刺激价格波动

C.足够保持经济的充分稳定　　D.推迟经济的衰退

2.货币政策影响经济的渠道之一是（　　）。

A.直接影响收入　　B.改变资金的周转率

C.直接影响价格　　D.改变借款的成本

3.如果中央银行采取扩张的货币政策，可以（　　）。

A.在公开市场买入债券，以减少商业银行的准备金，促使利率上升

B.在公开市场卖出债券，以增加商业银行的准备金，促使利率下跌

C.在公开市场买入债券，以增加商业银行的准备金，促使利率下跌

D.在公开市场卖出债券，以减少商业银行的准备金，促使利率上升

4.随着（　　），总需求曲线向右移动。

A.政府支出或税收的增加　　B.政府支出的增加或税收的削减

C.政府支出和税收的等量削减　　D.政府支出的削减或税收的增加

二、填空题

1.财政收入的主要来源是________。

2.财政支出主要包括两个方面，即________和________。

3.西方国家实施宏观经济政策的主要目标是________、________、________。

4.挤出效应是指________。

三、简答题

1.西方国家的财政支出主要包括哪两个方面?

2.什么是扩张性财政政策?有什么作用?

3.什么是紧缩性财政政策?有什么作用?

4.财政制度的内在稳定器主要体现在哪些方面?

5.财政政策的局限性是什么?

6.货币政策的种类有哪些?

7.货币政策的局限性是什么?

四、论述题

1.论述货币政策工具的种类和运用。

2.论述在经济萧条时怎样配合财政政策和货币政策才能刺激经济增长。

3.论述在经济过热时应当采取的财政政策和货币政策。

各章练习题参考答案

综合训练一

一、选择题

1.C 2.C 3.D 4.B 5.D

二、填空题

1.自给自足经济 计划经济 市场经济 混合经济

2.实证分析方法 规范分析方法

3.微观经济学 宏观经济学

三、简答题（略）

综合训练二

一、选择题

1.C 2.B 3.B 4.B 5.C

二、填空题

1.反向变动

2.正向变动

3.1.5

三、简答题（略）

四、计算题

均衡价格是 $\frac{3}{4}$，均衡数量为10，需求价格弹性是0.4，供给价格弹性是0.8。

提示:均衡时，供给量等于需求量，即:

$Q_D=Q_S$

$14-3P=2+6P$

解得:

$P=\frac{4}{3}$，$Q_S=Q_D=10$

当价格提高10%时，即:

$\Delta\frac{P}{P}=10\%$，$Q_D'=14-3\times\frac{4}{3}\times(1+10\%)=9.6$

则:

$\Delta Q_D=Q_D'-Q_D=9.6-10=-0.4$

所以，价格提高10%时该商品的需求价格弹性为:

$$E^{P}_{d}=\frac{\frac{-0.4}{10}}{\frac{10}{100}}=0.4$$

当价格提高10%时，即：

$$Q_S'=2+6\times\frac{4}{3}\times(1+10\%)=10.8$$

$$\Delta Q_S=Q_S'-Q_S=0.8$$

所以，价格提高10%时该商品的供给价格弹性为：

$$E^{P}_{s}=\frac{\frac{0.8}{10}}{\frac{10}{100}}=0.8$$

综合训练三

一、选择题

1.A 2.B 3.D 4.BCDE 5.BC

二、填空题

1.消费者愿意支付的价格

2.每一单位货币的边际效用

3.基数效用 序数效用

三、简答题（略）

四、计算题

消费者要消费10个单位的X和50个单位的Y。

提示:消费者均衡的条件是:

$$\frac{-dy}{dx}=MRS_{XY}=\frac{P_X}{P_Y}$$

所以:

$$\frac{20}{Y}=\frac{2}{5}$$

$$Y=50$$

根据收入$I=XP_X+YP_Y$，可以得出:

$$270=X\times2+50\times5$$

$$X=10$$

所以，消费者要消费10个单位的X和50个单位的Y。

综合训练四

一、选择题

1.ABC 2.ACDE 3.A 4.ABDE 5.C 6.BD 7.A 8.D 9.C 10.ABCDE

二、填空题

1.生产专业化程度提高　生产要素的不可分性　管理效率的提高

2.相等

3.等产量曲线　等成本曲线

三、简答题（略）

四、计算题

$VC=3Q^3+2Q^2+5Q$，$TC=VC+FC$，$FC=750$，$TC=3Q^3+2Q^2+5Q+750$，$AC=\frac{3Q^2+2Q+5+750}{Q}$

$AVC=3Q^2+2Q+5$

综合训练五

一、选择题

1.C　2.ABCE　3.B　4.DE　5.AD　6.B

二、填空题

1.MR=MC

2.企业停业点以上部分的边际成本所代表的曲线

3.平均变动成本曲线的最低点

三、简答题（略）

四、计算题

1.产量是500，固定成本是1 500美元。

提示:TR=5 000，AC=8，MC=10，AVC=5

利润最大化时，MC=MR=P

所以，P=10

由 TR=PQ=5 000

所以，Q=500

因为，$AC=\frac{TC}{Q}$

所以，TC=AC · Q=8×500=4 000

VC=AVC · Q=5×500=2 500

所以，FC=TC−VC=4 000−2 500=1 500

即产量为500，固定成本为1 500美元。

2.（1）产量是20，利润是790。

提示：$MC=0.3Q^2-4Q+15$，利润最大化时MR=P=MC，得Q=20，TR=1 100，STC=310，利润=790。

（2）当价格下降至AVC最低点时，厂商停产。AVC最小值时Q=10，P=5。

综合训练六

一、选择题

1.C 2.ABCD 3.ABDE 4.D 5.BCE 6.A

二、填空题

1.平均成本

2.不能通过有效的管理而使成本最小或垄断行业所出现的组织结构的松散，即由于资源所有者缺乏有效的激励所引起的产出损失

3.2倍

三、简答题（略）

四、计算题

（1）价格为29，数量为24，利润为576。

提示:（1）$P=53-Q_D$

$TR=53Q_D-Q_D^2$

$MR=53-2Q_D$，根据利润最大化的条件：MR=MC，得 $Q_D=24$，P=29，利润=TR-TC=576

（2）根据完全竞争利润最大化条件P=MC，得 $Q_D=48$。

综合训练七

一、选择题

1.BCDE 2.C 3.D 4.ABCDE 5.C

二、填空题

1. $\frac{1}{n+1}Q_1$ $\frac{n}{n+1}Q_1$

2.MR=MC

3.小于 高于

三、简答题（略）

综合训练八

一、选择题

1.C 2.B

二、填空题

1.劳动 资本 土地 企业家才能 工资 利息 地租 利润

2.一条向后弯曲的供给曲线

3.1

三、简答题（略）

综合训练九

一、选择题

1.ABDE　2.ABC　3.BCE　4.ABCDE　5.ACD

二、填空题

1.经济效率

2.垄断　外部性　共用品　信息不对称

3.交易成本并不总为零

三、简答题（略）

综合训练十

一、选择题

1.BCDE　2.ABCE　3.ABCDE　4.ACD　5.A

二、填空题

1.产品流动法　收入法　增值法

2.出口总额　进口总额

3.折旧　净投资

三、简答题（略）

四、计算题

（1）40万美元。

（2）银器公司增值10万美元，银器制造商增值30万美元；增值法计算的GDP为40万美元。

（3）工资=7.5+5=12.5（万美元）

利润=（10-7.5）+（40-10-5）=27.5（万美元）

收入法计算的GDP=工资+利润=40（万美元）

综合训练十一

一、选择题

1.C　2.ABD　3.ABCE　4.ABC

二、填空题

1.同向

2.反向

3. 总需求

三、简答题（略）

综合训练十二

一、选择题

1.ABC　2.B　3.A　4.A　5.B

二、填空题

1.基础货币　货币乘数

2.交易动机　谨慎动机　投机动机

3.反比

三、简答题（略）

综合训练十三

一、选择题

1.BCD　2.ABD　3.B　4.AC

二、填空题

1.消费支出　投资支出　政府购买支出

2.增加　不变

3.不变　上升

三、简答题（略）

综合训练十四

一、选择题

1.ABC　2.ABD　3.A

二、填空题

1.乘数　加速

2.供给

3.创新　引进新产品　开辟新市场　采用新技术和新的生产方法　创造和使用新材料、新能源　创立新的企业组织

三、简答题（略）

综合训练十五

一、选择题

1.ABCD　2.ABCD　3.C　4.C

二、简答题（略）

综合训练十六

一、选择题

1.BCE　2.B　3.C　4.D

二、简答题（略）

三、计算题

依据题意，该国在这一时期的通货膨胀率为：

$\pi = 14\% + 0 - 5\% = 9\%$

因为实际利率r = 名义利率i - 通货膨胀率π，所以有：

$r = i - \pi = 11\% - 9\% = 2\%$

实际利率为2%。

综合训练十七

一、选择题

1.A　2.D　3.C　4.B

二、填空题

1.各项税收

2.政府购买支出　政府转移支付

3.经济增长　充分就业　价格稳定

4.政府支出增加所引起的私人消费或投资降低的作用

三、简答题（略）

四、论述题

1.提示:参见本书第十七章第三节的内容。需要答出三种主要的货币政策工具:（1）公开市场业务；（2）调整中央银行贴现率；（3）调整法定准备金比率。还要对实行这些货币政策工具的经济情况及对应的方法进行说明。

2.提示:参见本书第十七章第二节、第三节、第四节的内容。需要答出治理经济萧条的财政政策的措施和货币政策工具，并对它们的效果加以评述。回答问题时可以按照下面步骤:（1）经济萧条的特征；（2）扩张的财政政策的内容；（3）扩张的货币政策工具的内容。

3.提示:参见本书第十七章第二节、第三节、第四节的内容。注意是经济过热的情况下采取的财政政策和货币政策，与经济萧条时的措施正好相反。回答问题时可以按照下面的步骤:（1）经济过热的特征；（2）紧缩的财政政策的内容；（3）紧缩的货币政策工具及其运用。

附录

经济学原理标准试题（一）

第一部分　选择题

一、单项选择题（每题1分，共20分）

在每小题列出的四个备选项中只有一个是符合题目要求的，请将其代码填写在题后的括号内。错选、多选或未选均无分。

1.一国的生产可能性曲线上的点表示（　　）。

A.通货膨胀

B.失业或者资源没有被充分利用

C.该国可利用的资源减少及技术水平降低

D.社会使用既定的生产资源所能生产商品的最大组合

2.学校里一块新停车场的机会成本是（　　）。

A.由此引发的所有费用

B.由用于其他用途产生的最大价值决定

C.由用于建造停车场的机器设备的折旧大小决定

D.由在停车场停车所需的费用来决定

3.下列有关无差异曲线的特点说法正确的是（　　）。

A.离原点越远，无差异曲线代表的效用水平越小

B.同一平面中，两条无差异曲线可能会相交于一点

C.无差异曲线向右上方倾斜，并凸向原点

D.无差异曲线的斜率为负值

4.如果商品A和B是可替代的，则A的价格下降将造成（　　）。

A.A的需求曲线向右移动　　B.A的需求曲线向左移动

C.B的需求曲线向右移动　　D.B的需求曲线向左移动

5.当总效用增加时，边际效用应该（　　）。

A.为正值，并且其值不断增加　　B.为正值，并且其值不断减少

C.为负值，并且其值不断减少　　D.以上任何一种情况都有可能

6.边际成本低于平均成本时（　　）。

A.平均成本上升　　B.平均成本下降

C.成本下降　　D.平均可变成本上升

7.如果价格高于平均可变成本，一个完全竞争厂商的供给曲线就是（　　）。

A.在市场价格时的水平线　　B.在零产量时的垂线

C.和边际成本曲线一样　　D.和平均可变成本曲线一样

8.垄断者要实现市场分割的条件之一是（　　）。

A.各个子市场必须具有不同的需求价格弹性

B.各个子市场必须具有相同的需求价格弹性

C.各个子市场必须具有相同的需求人数

D.各个子市场必须具有相同的市场价格

9.不完全竞争市场中出现低效率的资源配置是因为产品价格（　　）边际成本。

A.大于　　B.小于

C.等于　　D.不等于

10.市场不能向公众提供纯粹的公共物品是因为（　　）。

A.公共物品具有非排他性　　B.公共物品具有非竞争性

C.消费者都想“搭便车”　　D.以上三种情况都有

11.市场失灵是指（　　）。

A.市场没有达到其可能达到的最佳结果

B.市场没有使社会资源的分配达到最有效率的状态

C.市场未能达到社会收入的公平分配

D.以上三种情况都有

12.在一个有家庭、企业、政府和国外部门构成的四部门经济中，GDP是（　　）的总和。

A.消费、总投资、政府购买和净出口

B.消费、净投资、政府购买和净出口

C.消费、总投资、政府购买和总出口

D.工资、地租、利息、利润和折旧

13.在下列何种情况下，会产生挤出效应（　　）。

A.货币供给的下降提高利率，从而挤出了对利率敏感部门的私人投资

B.对私人部门税收的增加引起私人部门可支配收入和支出的下降

C.政府支出增加使利率提高，从而挤出了私人部门的支出

D.政府支出的下降导致消费支出的下降

14.下列哪一项不列入国内生产总值的核算？（　　）

A.出口到外国的一批货物

B.政府给贫困家庭发放的一笔救济金

C.经纪人为一笔旧房买卖收取的佣金

D.保险公司收到的一笔家庭财产保险

15.假定其他条件不变，税收增加将引起国民收入（　　）。

A.增加，但消费水平下降　　B.增加，同时消费水平上升

C.减少，同时消费水平下降 D.减少，但消费水平上升

16.中央银行提高再贴现率会导致货币供给量（ ）。

A.增加和利率提高 B.减少和利率提高

C.增加和利率降低 D.减少和利率降低

17.经济周期的实质是（ ）。

A.失业率的波动 B.利息率的波动

C.价格水平的波动 D.国民收入的波动

18.（ ）将使长期总供给曲线向右移动。

A.生产技术水平的进步 B.生产要素投入数量的增加

C.扩张性的财政政策 D.扩张性的货币政策

19.抑制需求拉上的通货膨胀应该（ ）。

A.降低工资 B.减税

C.控制货币供给量 D.解除垄断组织

20.某人由于工作转换而失去工作属于（ ）。

A.摩擦性失业 B.结构性失业

C.周期性失业 D.永久性失业

二、多项选择题（每题2分，共10分）

在每小题列出的五个备选项中有两至五个是符合题目要求的，请将其代码填写在题后的括号内。错选、多选、少选或未选均无分。

21.以下选项中不满足需求定理的是（ ）。

A.炫耀性商品 B.吉芬商品

C.土地 D.投机性商品

E.以上答案都正确

22.市场不能提供纯粹的公共物品是因为（ ）。

A.公共物品不具有竞争性 B.公共物品不具有排他性

C.有的消费者不需要公共物品 D.公共物品具有排他性

E.消费者都想免费搭便车

23.具有自动稳定宏观经济的作用机制是（ ）。

A.所得税制度 B.政府的失业救济

C.福利性支出 D.农产品价格维持制度

E.公债发行制度

24.通货膨胀的收入分配效应有（ ）。

A.利润所得者收入增加，工资收入者收入下降

B.名义收入普遍上升、政府税收增加、公众实际收入降低

C.实际收入普遍下降

D.刺激需求，增加产出

E.对债务人有利，对债权人不利

25.凯恩斯认为，有效需求不足是导致失业的原因，而有效需求不足是三大基本心理规律起作用的结果，这三大基本心理规律是（　　）。

A.边际消费倾向递减规律　　B.边际收益递减规律

C.流动偏好规律　　D.资本边际效率递减规律

第二部分　非选择题

三、名词解释（每题4分，共32分）

26.机会成本

27.价格歧视

28.纳什均衡

29.摩擦失业

30.逆向选择

31.自动稳定器（内在稳定器）

32.固定汇率制

33.挤出效应

四、简答题（18分）

34.基数效应论如何分析消费者购买商品的效用最大化问题？（8分）

35.失业的社会经济损失有哪些？（10分）

五、综合分析题（20分）

36.钻石用处极小而价格昂贵，生命必不可少的水却非常之便宜。请用边际效用的概念加以解释。（10分）

37.论述通货膨胀的经济效应和成本推动的通货膨胀的发生机理。（10分）

经济学原理标准试题（二）

第一部分　选择题

一、单项选择题（每题1分，共20分）

在每小题列出的四个备选项中只有一个是符合题目要求的，请将其代码填写在题后的括号内。错选、多选或未选均无分。

1.为了防止臭氧层空洞，是否应该对二氧化碳征税？这个问题（　　）。

A.是一个实证经济学问题

B.是一个规范经济学问题

C.是一个经济学问题，它涉及物理和化学知识

D.A和B

2.下面哪种情况不会导致棒球需求的改变？（　　）

A阳光明媚的好天气　　　　B.棒球棍价格的下降

C.9岁孩子数量增加　　　　D.棒球价格的上升

3.乔治一直把瓶装矿泉水和果汁混合起来喝。另外，他强调是精确地以每9盎司矿泉水与1/8盎司果汁相混合。对乔治来说，这两种商品是（　　）。

A.完全替代品　　　　B.完全互补品

C.非传递性的　　　　D.必需品

4.个人电脑的需求对价格富有弹性，20世纪80年代，当个人电脑的价格下降时，其他的都不变，除了（　　）。

A.消费者剩余上升，总支出下降　　　　B.消费者剩余下降，总支出下降

C.消费者剩余上升，总支出上升　　　　D.消费者剩余下降，总支出上升

5.某商品的需求曲线是一条平行于横轴的水平直线，则其需求价格弹性是（　　）。

A.无限弹性　　　　B.单位弹性

C.富有弹性　　　　D.缺乏弹性

6.下面关于边际成本和平均成本的说法中哪个是正确的？（　　）

A.如果平均成本上升，边际成本一定上升

B.在边际成本曲线的最高点，边际成本等于平均成本

C.如果边际成本下降，平均成本一定下降

D.在平均成本曲线的最高点，边际成本等于平均成本

7.若猪肉的需求曲线向下倾斜，下列哪种说法是正确的？（　　）

A.替代效应与收入效应的方向相同

B.替代效应与收入效应的方向相反，同时收入效应相对较大

C.替代效应与收入效应的方向相反，同时替代效应相对较大

D.A或者C

8.生产函数描述了（　　）。

A.利润最大化的产出数量

B.企业有效生产时，技术上可行的区域

C.有效生产时的收益

D.在给定投入下，企业的实际产出

9.周末滑雪比平时更贵。对其的解释是（　　）。

A.高峰定价　　B.周末相对于平时需求更缺乏弹性

C.周末相对于平时需求更富有弹性　　D.A和B

10.当劳动的边际收益产出如何时，厂商应该减少劳动的雇佣量？（　　）

A.等于产出价格　　B.等于工资率

C.小于工资率　　D.向下倾斜

11.垂直的长期总供给曲线表明，如果价格可以充分调节，那么（　　）。

A.任何价格水平下，潜在的实际国民收入都是一样的

B.产出仅仅取决于总需求水平

C.均衡的实际国民收入不能确定

D.价格水平仅由总供给决定

12.个人可支配收入是（　　）。

A.个人收入-折旧　　B.个人收入-转移支付

C.个人收入-个人所得税　　D.个人收入-间接税

13.以下哪两种情况不可能同时发生？（　　）

A.摩擦性失业和需求拉上的通货膨胀

B.结构性失业和成本推动的通货膨胀

C.需求不足的失业和需求拉上的通货膨胀

D.季节性失业和成本推动的通货膨胀

14.财政政策的内在稳定器作用体现在（　　）。

A.延缓经济衰退　　B.刺激经济增长

C.减缓经济波动　　D.促使经济达到均衡

15.假定经济已实现充分就业，总供给曲线是垂直的，减税的政策将（　　）。

A.提高价格水平和实际产出　　B.提高价格水平但不影响实际产出

C.提高实际产出但不影响价格水平　　D.对价格水平和产出均无影响

16.如果某人因为制造业景气而失去了工作，这种失业属于（　　）。

A.摩擦性失业　　B.结构性失业

C.周期性失业　　D.季节性失业

17.说明失业率与实际国民收入之间关系的经验统计规律是（　　）。

A.萨伊定律 B.洛伦茨曲线

C.恩格尔定理 D.奥肯定理

18.由于工会垄断力量要求提高工资，导致雇主提高商品售价，最终引发整个社会物价水平上涨，这就是（ ）。

A.需求拉上型 B.成本推动型

C.结构型 D.供求混合推动型

19.如果出现通货膨胀，实行的财政政策应该是（ ）。

A.减少税收 B.减少政府购买

C.增加转移支付 D.减少货币供给

20.基尼系数的增大表明（ ）。

A.收入不平均程度增加 B.收入不平均程度减少

C.洛伦茨曲线与横轴重合 D.洛伦茨曲线与纵轴重合

二、多项选择题（每题2分，共10分）

21.按照凯恩斯的观点，人们需要货币是出于（ ）。

A.交易动机 B.预防动机

C.投机动机 D.虚荣心理

E.安全措施

22.影响供给的因素有（ ）。

A.商品本身的价格 B.生产技术的变动

C.消费者对未来的预期 D.其他相关商品的价格

E.政府的政策

23.下面各项能够列入国内生产总值核算的有（ ）。

A.出口到国外的一批货物

B.政府给贫困家庭发放的一笔救济金

C.经纪人为一笔二手房买卖收取的佣金

D.汽车制造厂买进10吨钢板

E.购买普通股股票

24.下列属于财政政策的措施是（ ）。

A.政府投资兴建基础设施 B.政府为社会低保家庭发放救济金

C.政府降低个人所得税税率 D.中央银行降低再贴现率

25.有关偏好的三个假设，正确的是（ ）。

A.无差异曲线不能相交

B.无差异曲线上右上方的点有更高的满足程度

C.每个市场篮子都落在同一条无差异曲线上

D.以上都不正确

第二部分　非选择题

三、名词解释（每题3分，共12分）

26.市场均衡

27.边际效用递减规律

28.菲利普斯曲线

29.结构性失业

四、计算题（每题8分，共16分）

30.一家企业的长期总成本函数为C（Q）=180 000+30Q+$2Q^2$（Q>0），C（0）=0。边际成本为MC（Q）=30+4Q。

求：（1）平均总成本函数。

（2）产量为多少时，平均总成本最低？

31.对小机械的需求为Q_D（P）=1 000−50P。长期边际成本和平均总成本为10美元/单位。求：在竞争和垄断情形下的均衡价格和产量分别为多少？

五、简答题（每题8分，共16分）

32.为什么在大多数高速公路边都有垃圾，而在人们的院子里却很少呢？

33.一些工人的工资，特别是不熟练工人和无经验工人的工资由于最低工资法而高于均衡水平。一项关于福利津贴的强制性管制对这些工人会有什么影响？

六、论述题（每题13分，共26分）

34.试述古诺模型的主要内容和结论。

35.试述中央银行的货币政策及其运用。

经济学原理标准试题（一）参考答案

一、单项选择题（每题1分，共20分）

1.D 2.B 3.D 4.D 5.B 6.B 7.C 8.A 9.A 10.D 11.D 12.A 13.C 14.B 15.C 16. B 17.D 18.A 19.A 20.C

二、多项选择题（每题2分，共10分）

21.BC 22.ABE 23.ABCD 24.ABD 25.ACD

三、名词解释（每题4分，共32分）

26.机会成本

答案要点：机会成本是指为了采取一种决策而放弃的其他决策所获得的最大收益。

27.价格歧视

答案要点：以不同的价格销售同一种产品，被称为价格歧视。垄断厂商实行价格歧视的条件是：市场的消费者具有不同的偏好；不同的消费者群体或不同的消费市场是相互隔离的。

28.纳什均衡

答案要点：纳什均衡是指博弈论中的一种均衡，如果给出其他局中人的策略，在此均衡下，所有的局中人都没有理由改变他自己的策略。

29.摩擦失业

答案要点：摩擦失业是指在生产过程中由于难以避免的摩擦造成的短期、局部性失业，如劳动力流动性不足、工种转换的困难等所引致的失业。

30.逆向选择

答案要点：逆向选择是指由于交易双方信息不对称和市场价格下降产生的劣质品驱逐优质品，进而出现市场交易产品平均质量下降的现象。

31.自动稳定器（内在稳定器）

答案要点：自动稳定器是指经济系统本身存在的一种会减少各种干扰对国民收入冲击的机制，能够在经济繁荣时期自动抑制通胀，在经济衰退时期自动减轻萧条，无须政府采取任何行动。

32.固定汇率制

答案要点：固定汇率制是指一国货币同他国货币的汇率基本固定，其波动限定在一定的幅度之内。

33.挤出效应

答案要点：挤出效应是指政府支出增加所引起的私人消费或投资降低的作用。

四、简答题（18分）

34.基数效应论如何分析消费者购买商品的效用最大化问题？（8分）

答案要点：基数效用是指用基数1、2、3等具体数量衡量的效用。假如消费者的收入一定，并且每单位货币收入的边际效用是一定的，此时消费者购买一种商品的最大效用原则是MU=λ·P。即商品的边际效用等于货币的边际效用乘以商品价格。如果消费者购买多种商品，则最大效用原则是各种商品的边际效用与各自的价格之比相等。即 $\frac{MU_X}{P_X}=\frac{MU_Y}{P_Y}=\lambda$。

35.失业的社会经济损失有哪些？（10分）

答案要点：失业的社会影响：失业威胁着作为社会单位和经济单位的家庭稳定。家庭的要求和需要得不到满足，家庭关系将因此受到损害。高失业率常与吸毒、高离婚率、高犯罪率联系在一起。家庭之外的人际关系也会受到影响，失业者个人则会失去信心，在情感上受到严重打击。失业的经济影响：当失业率上升时，经济中本可由失业工人生产出来的产品和劳务就损失了。从产出核算的角度来看，失业者的收入总损失等于生产的损失，经济处于非充分就业状态，则实际产出的GDP就会减少。

五、综合分析题（20分）

36.钻石用处极小而价格昂贵，生命必不可少的水却非常之便宜。请用边际效用的概念加以解释。（10分）

答案要点：钻石于人的用处确实远不如水，所以，人们从水的消费中所得的总效用远远大于人们从钻石的使用中所得的总效用。但是，商品的需求价格不是由总效用而是由商品的边际效用的大小来决定，即由 $P=\frac{MU}{\lambda}$ 决定。

虽然人们从水的消费中所得的总效用很大，但是，由于世界上水的数量很大，因此，水的边际效用很小，人们只愿付非常低的价格。相反，钻石的用途虽远不及水大，但世界上钻石数量很少，因此，其边际效用很大。

37.论述通货膨胀的经济效应和成本推动的通货膨胀的发生机理。（10分）

答案要点：（1）一是通货膨胀的再分配效应。产出和价格水平是一起变动的，通货膨胀常常伴随有扩大的实际产出，只有在较少的一些场合中，通货膨胀的发生伴随着实际产出的收缩。二是通货膨胀的产出效应，有三种情况：①随着通货膨胀的出现产出增加，收入增加。②成本推动的通货膨胀会使收入或产量减少，从而引致失业。③超级通货膨胀导致经济崩溃。

（2）成本推动的通货膨胀，主要是由工资的提高造成的，工资推动的通货膨胀是指不完全竞争的劳动市场造成的过高工资所导致的一般价格水平的上涨，由于工资的增长率超过生产增长率，工资的提高导致成本的提高，从而导致一般价格水平的上涨。